**ENZYKLOPÄDIE
DEUTSCHER
GESCHICHTE
BAND 87**

ENZYKLOPÄDIE
DEUTSCHER
GESCHICHTE
BAND 87

HERAUSGEGEBEN VON
LOTHAR GALL

IN VERBINDUNG MIT
PETER BLICKLE
ELISABETH FEHRENBACH
JOHANNES FRIED
KLAUS HILDEBRAND
KARL HEINRICH KAUFHOLD
HORST MÖLLER
OTTO GERHARD OEXLE
KLAUS TENFELDE

MILITÄR, STAAT UND GESELLSCHAFT IM 20. JAHRHUNDERT (1890–1990)

VON
BERNHARD R. KROENER

R. OLDENBOURG VERLAG
MÜNCHEN 2011

Bibliografische Information der Deutschen Nationalbibliothek

Die Deutsche Nationalbibliothek verzeichnet diese Publikation in der Deutschen Nationalbibliografie; detaillierte bibliografische Daten sind im Internet über <http://dnb.d-nb.de> abrufbar.

© 2011 Oldenbourg Wissenschaftsverlag GmbH, München
Rosenheimer Straße 145, D-81671 München
Internet: oldenbourg.de

Das Werk einschließlich aller Abbildungen ist urheberrechtlich geschützt. Jede Verwertung außerhalb der Grenzen des Urheberrechtsgesetzes ist ohne Zustimmung des Verlages unzulässig und strafbar. Dies gilt insbesondere für Vervielfältigungen, Übersetzungen, Mikroverfilmungen und die Einspeicherung und Bearbeitung in elektronischen Systemen.

Umschlagentwurf: Dieter Vollendorf
Umschlagabbildung: Detail einer Wehrmachtskaserne, in: Wolfgang Schmidt, Historische Militärarchitektur in Potsdam heute, hrsg. vom Militärgeschichtlichen Forschungsamt, Berlin 2001, S.4
Gedruckt auf säurefreiem, alterungsbeständigem Papier (chlorfrei gebleicht).
Satz: le-tex publishing services, Leipzig
Druck: Grafik+Druck, München
Bindung: Buchbinderei Kolibri, Schwabmünchen

ISBN 978-3-486-57635-1 (brosch.)
ISBN 978-3-486-57636-8 (geb.)
eISBN 978-3-486-70455-6

Für Milo und Max

Vorwort

Die „Enzyklopädie deutscher Geschichte" soll für die Benutzer – Fachhistoriker, Studenten, Geschichtslehrer, Vertreter benachbarter Disziplinen und interessierte Laien – ein Arbeitsinstrument sein, mit dessen Hilfe sie sich rasch und zuverlässig über den gegenwärtigen Stand unserer Kenntnisse und der Forschung in den verschiedenen Bereichen der deutschen Geschichte informieren können.

Geschichte wird dabei in einem umfassenden Sinne verstanden: Der Geschichte der Gesellschaft, der Wirtschaft, des Staates in seinen inneren und äußeren Verhältnissen wird ebenso ein großes Gewicht beigemessen wie der Geschichte der Religion und der Kirche, der Kultur, der Lebenswelten und der Mentalitäten.

Dieses umfassende Verständnis von Geschichte muss immer wieder Prozesse und Tendenzen einbeziehen, die säkularer Natur sind, nationale und einzelstaatliche Grenzen übergreifen. Ihm entspricht eine eher pragmatische Bestimmung des Begriffs „deutsche Geschichte". Sie orientiert sich sehr bewusst an der jeweiligen zeitgenössischen Auffassung und Definition des Begriffs und sucht ihn von daher zugleich von programmatischen Rückprojektionen zu entlasten, die seine Verwendung in den letzten anderthalb Jahrhunderten immer wieder begleiteten. Was damit an Unschärfen und Problemen, vor allem hinsichtlich des diachronen Vergleichs, verbunden ist, steht in keinem Verhältnis zu den Schwierigkeiten, die sich bei dem Versuch einer zeitübergreifenden Festlegung ergäben, die stets nur mehr oder weniger willkürlicher Art sein könnte. Das heißt freilich nicht, dass der Begriff „deutsche Geschichte" unreflektiert gebraucht werden kann. Eine der Aufgaben der einzelnen Bände ist es vielmehr, den Bereich der Darstellung auch geographisch jeweils genau zu bestimmen.

Das Gesamtwerk wird am Ende rund hundert Bände umfassen. Sie folgen alle einem gleichen Gliederungsschema und sind mit Blick auf die Konzeption der Reihe und die Bedürfnisse des Benutzers in ihrem Umfang jeweils streng begrenzt. Das zwingt vor allem im darstellenden Teil, der den heutigen Stand unserer Kenntnisse auf knappstem Raum zusammenfasst – ihm schließen sich die Darlegung und Erörterung der Forschungssituation und eine entsprechend gegliederte Auswahlbibliographie an –, zu starker Konzentration und zur Beschränkung auf die zentralen Vorgänge und Entwicklungen. Besonderes Gewicht ist daneben, unter Betonung des systematischen Zusammenhangs, auf die Abstimmung der einzelnen Bände untereinander, in sachlicher Hinsicht, aber auch im Hinblick auf die übergreifenden Fragestellungen, gelegt worden. Aus dem Gesamtwerk lassen sich so auch immer einzelne, den jeweiligen Benutzer besonders interessierende Serien zusammenstellen. Ungeachtet dessen aber bildet jeder Band eine in sich abgeschlossene Einheit – unter der persönlichen Verantwortung des Autors und in völliger Eigenständigkeit gegenüber den benachbarten und verwandten Bänden, auch was den Zeitpunkt des Erscheinens angeht.

Lothar Gall

Inhalt

Vorwort des Verfassers XI

I. Enzyklopädischer Überblick 1

1. Einleitung 1
   1.1 Zäsuren eines gewaltsamen Zeitalters in erfahrungsgeschichtlicher Perspektive (1890–1990) . . 1
2. Militär und Gesellschaft zwischen autoritärem Obrigkeitsstaat und verdeckter Militärdiktatur 1890–1918 . . . 3
   2.1 Wehrpflicht als Instrument eines sozialpolitischen Integrationsmilitarismus 1890–1914 3
   2.2 Schlieffenplan und industrialisierter Massenkrieg 1914–1918 6
3. Revolution, Revision und totale Niederlage 1918–1945 . 18
   3.1 Reichswehr, Rüstung und Republik (1918–1935) – Der Kampf um das staatliche Gewaltmonopol . . . 18
   3.2 Wehrmacht, Nationalsozialismus und Kriegsvorbereitung 1935–1938 23
   3.3 Vom „besonderen Einsatz" zum Weltanschauungskrieg 1939–1941 26
   3.4 Vernichtungskrieg, Weltkrieg, Zusammenbruch 1942–1945 32
4. Wiederbewaffnung, Verteidigung in Bündnissen und nukleare Bedrohung 1945–1990 36
   4.1 An der Front des Kalten Krieges – Wiederbewaffnung in den beiden deutschen Staaten zwischen Kriegserinnerung und Bedrohungsperzeption (1945–1955) 36
   4.2 Deutsche Streitkräfte in unterschiedlichen Bündnissen (1955–1990) 39
   4.3 Militär, Staat und Gesellschaft in der Bundesrepublik und in der DDR (1956–1990) 41

Inhalt

II. Grundprobleme und Tendenzen der Forschung 51
  1. Wege und Perspektiven der Militärgeschichte 51
    1.1 Von der Kriegsgeschichte zur Wehrgeschichte ... 51
    1.2 Militärgeschichtsschreibung in den beiden deutschen Staaten nach 1945 54
    1.3 Die „neue Militärgeschichte"/„Militärgeschichte in der Erweiterung" 59
    1.4 Militärgeschichte als Kulturgeschichte der Gewalt . 62
  2. Militär, Krieg und Gesellschaft im ausgehenden 19. und im 20. Jahrhundert 63
    2.1 Der gedachte Krieg – Militär und Gesellschaft im späten Kaiserreich (1890–1914) – Zwischen Sonderwegsthese, Militarismus und industrieller Rüstung 63
    2.2 Das Erleben des Krieges – Zwischen „Augusterlebnis" und „Dolchstoßlegende" 1914–1920 ... 71
    2.3 Das Laboratorium des Krieges: Volkskrieg, Blitzkrieg, Totaler Krieg 1920–1945 75
    2.4 Entmilitarisierung, konventionelle Verteidigung, nukleare Bedrohung 1945–1990 94

III. Quellen und Literatur 113
  1. Gedruckte Quellen 113
  2. Einführungen, Überblicksdarstellungen, Bibliographien . 114
  3. Historiographie der Militärgeschichte 116
  4. Literatur zur Militärgeschichte zwischen 1890 und 1990 119
    4.1 Militär und Gesellschaft im späten Kaiserreich ... 119
    4.2 Zwischen „Augusterlebnis" und „Dolchstoßlegende" 1914–1920 122
    4.3 Reichswehr, Wehrmacht und Zweiter Weltkrieg 1920–1945 125
    4.4 Nachkriegszeit und Wiederbewaffnung in der Bundesrepublik und in der DDR 1945–1990 ... 134

Register 141
  1. Personen- und Autorenregister 141
  2. Ortsregister 144
  3. Sachregister 145

Themen und Autoren 151

Vorwort des Verfassers

Der hier vorgelegte Band zu Militär, Staat und Gesellschaft im 20. Jahrhundert ist der dritte in einer auf drei Darstellungen zur Militärgeschichte von 1300 bis 1990 angelegten Reihe. Zeitliche Zäsuren gliedern den Ablauf der historischen Entwicklung anhand nachträglich festgelegter Kriterien. Sie bestimmen Ausgangs- und Endpunkt von Strukturveränderungen und Prozessen, wobei sie ihre Plausibilität aus den Gegenständen gewinnen, die sie in rückblickender Perspektive betrachten. Für die Militärgeschichte im Zeitalter der Weltkriege zwingt dies zur Fokussierung auf die jeweiligen Vor- und Nachkriegszeiten, in denen die gesellschaftlichen und politischen Voraussetzungen und Wirkungen zwischenstaatlicher Konflikte ebenso erkennbar werden wie Zielsetzung und Intensität der darauf folgenden Auseinandersetzungen.

In diesem Verständnis von Militär, Krieg und Gewalt setzt diese Darstellung in den 1890er Jahren ein, als in einem sich zunehmend verschärfenden Klima radikal nationalistischer Bestrebungen weniger Kriegsverhinderung gesucht wurde, als vielmehr eine expansive Behauptung in einem als unvermeidbar, schließlich sogar als notwendig angesehenen Krieg der Großmächte. Das Ende der bipolaren Welt, deren Existenz im Kalten Krieg ebenso Ergebnis des Zweiten Weltkrieges gewesen war wie die Realität zweier deutscher Staaten und ihrer Streitkräfte in unterschiedlichen gegeneinander gerichteten Bündnissystemen, markiert mit dem Schlüsseljahr 1990 den Endpunkt dieser Darstellung der deutschen Militärgeschichte. Die Vereinigung der beiden deutschen Staaten, die Auflösung der Nationalen Volksarmee der DDR und die Strukturveränderungen innerhalb der Bundeswehr in Richtung auf eine Einsatzarmee charakterisieren die grundsätzlichen Veränderungen innerhalb der militärischen Organisationen ebenso wie das gewandelte Verhältnis von Militär und Gesellschaft in Deutschland am Ende des 20. Jahrhunderts.

Deutsche Militärgeschichte des 20. Jahrhunderts ist untrennbar verbunden mit der politischen Geschichte dieses gewaltsamen Säkulums. Die Geschichte der Weltkriege bleibt damit integraler Bestandteil der allgemeinen historischen Entwicklung. In Bezug auf die Geschichte des späten Kaiserreichs, der Weimarer Republik, des Nationalsozialismus und der Sicherheitspolitik der Bundesrepublik und der DDR galt es daher Überschneidungen zu anderen Bänden dieser Reihe zu vermeiden. Insofern lag es nahe, den Fokus der Betrachtung auf ein Untersuchungsfeld zu richten, das sich mit der Disposition moderner Gesellschaften zur bewussten Anwendung staatlich verordneter Gewalt beschäftigt.

Militärgeschichte, als Kulturgeschichte organisierter Gewaltverhältnisse verstanden, hat in den vergangenen anderthalb Jahrzehnten einen festen Platz innerhalb der historischen Forschung gefunden. Sie ist in diesem Sinne nicht länger eine Sub- oder Spezialdisziplin der allgemeinen Geschichtswissenschaft, für deren Erforschung bestimmte Spezialkenntnisse erforderlich sind, deren Einübung dem universitätsausgebildeten Historiker in der Regel versagt bleibt. Diese Einstellung hat über lange Zeit dazu geführt, dass eine vertiefte Beschäftigung mit militärgeschichtlichen Fragestellungen nicht als zwingend erforderlich zum Verständnis historischer Epochen angesehen wurde. Die vorliegende Darstellung beabsichtigt dagegen nachdrücklich dafür zu werben, dass Militärgeschichte als integraler Bestandteil der Geschichtswissenschaft anerkannt wird, ohne deren Kenntnis die Beurteilung einer Epoche notwendigerweise unvollkommen bleiben muss.

Der Band verdankt sein Zustandekommen einer vielfältigen kollegialen und freundschaftlichen Unterstützung, für die ich an dieser Stelle Dank sagen möchte. Er richtet sich in besonderer Weise an meinen Freund und Kollegen Ralf Pröve, der mich zu diesem Unternehmen überredet und den Entstehungsprozess motivierend begleitet hat. Er gilt meinen langjährigen Freunden aus Freiburger Zeiten, Jürgen Förster und Bruno Thoß, die ebenso wie Rüdiger Wenzke die Abschnitte zu Wehrmacht, Bundeswehr und Nationaler Volksarmee mit viel Sachkunde und Kritikbereitschaft gelesen haben.

Da diese Arbeit während einer langjährigen Dekanatstätigkeit verfasst werden musste, wechselten sich Phasen intensiven Schreibens mit solchen ab, in denen Verwaltungsarbeit den Tagesablauf regierte. Dass gleichwohl am Ende eine gewisse stilistische und inhaltliche Einheitlichkeit erreicht werden konnte, verdanke ich der Unterstützung meiner Mitarbeiter: Rüdiger Bergien, Gundula Gahlen, Mario Kaun, Julia Wille, Sarah Edding und Oliver Stein.

Ich widme dieses Buch meinen Enkeln. Mögen ihnen Verirrungen und Leiden, wie sie die Generation ihrer Urgroßeltern geprägt haben, in ihrem Leben erspart bleiben.

Bernhard R. Kroener

I. Enzyklopädischer Überblick

1. Einleitung

*1.1 Zäsuren eines gewaltsamen Zeitalters
in erfahrungsgeschichtlicher Perspektive (1890–1990)*

Militärgeschichte bildet einen integralen Bestandteil der Geschichtswissenschaft. Was in Bezug auf die Erforschung des Spätmittelalters und der Frühen Neuzeit auf den ersten Blick noch gewöhnungsbedürftig erscheint, bedarf angesichts weltweit ausgetragener Konflikte und nuklearer Bedrohung für das 20. Jahrhundert keiner näheren Erläuterung. Mehr noch: die moderne Militärgeschichtsschreibung scheint untrennbar mit der Geschichtsschreibung der beiden Weltkriege des vergangenen Jahrhunderts verbunden. Militärgeschichte ein integraler Bestandteil der Geschichtswissenschaft

Auf den ersten Blick könnte es nahe liegen, die deutsche Militärgeschichte des 20. Jahrhunderts als militärische Geschichte des Zeitalters der Weltkriege zu beschreiben und die Darstellung demzufolge mit dem Ersten Weltkrieg als der „großen Urkatastrophe dieses Jahrhunderts" – wie es der amerikanische Historiker George F. Kennan formulierte – einsetzen zu lassen. Ein derartiger Ansatz übersieht aber, dass die europäischen Mächte seit der Mitte der neunziger Jahre des 19. Jahrhunderts gleichsam auf einer schiefen Ebene einem gewaltsamen Konflikt entgegen trieben. Das Zeitalter der Weltkriege

Die Abkehr vom außenpolitischen Programm Bismarcks leitete in den 1890er Jahren einen außen- und militärpolitischen Paradigmenwechsel ein. Die damit verbundene Gefahr einer zunehmenden Blockbildung musste den außenpolitischen Handlungsspielraum jeder Regierung in einer Weise beschränken, die letztlich einen friedlichen Interessenausgleich zunehmend erschwerte. Die Verkrustung der machtpolitischen Frontstellungen schuf innerhalb der beteiligten Staaten ein gesellschaftliches Klima, in dem nationalistische Vorurteilsstereotype und kulturelle Vormachtphantasien gediehen.

In außenpolitischer Perspektive speisten sich steigende Bedrohungsvorstellungen aus selbstinduzierten Einkreisungsängsten, einer sich beschleunigenden Rüstungsspirale und der sich zu einem ersten Kalten Krieg der europäischen Mächte vor 1914 entwickelnden internationalen Lage.

Militärgeschichte als Erfahrungsgeschichte

Die deutsche Militärgeschichte des 20. Jahrhunderts mit dem Jahrzehnt vor der Jahrhundertwende einsetzen zu lassen, besitzt ihre Plausibilität auch in erfahrungsgeschichtlicher Perspektive. Es waren gerade die Angehörigen der Geburtsjahrgänge nach 1890, die, während der letzten Friedensjahre des Kaiserreiches sozialisiert, die Entgrenzung des Krieges unmittelbar zu spüren bekamen, deren Lebensentwurf nach 1918 grundlegend in Frage gestellt wurde und die sich im Klima einer zunehmenden „Vergesellschaftung von Gewalt" (Michael Geyer) während der zwanziger und dreißiger Jahre positionieren mussten. Eine begrenzte Anzahl von Offizieren der „alten Armee", fand sich in einer Reichswehr der Republik wieder, während ihre Kameraden in paramilitärischen Wehrverbänden darauf sannen, die Gesellschaft in eine soldatische Gemeinschaft für den Krieg der Zukunft umzuformen. Der unvermeidliche Krieg der Vorkriegszeit mutierte zum erdachten Krieg, in dem die „Volksgemeinschaft" zur „Wehrgemeinschaft", der Gegner zum absoluten Feind erhoben wurde.

Die Angehörigen der Generation um 1890, während des Zweiten Weltkrieges vielfach in militärischen Spitzenverwendungen eingesetzt, trugen Mitverantwortung für die Barbarisierung eines Krieges, der sich von jeglicher Gesittung gelöst hatte. Schließlich schlug die Gewalt auf ihre Urheber zurück, wurde flächendeckende Zerstörung ganzer Landschaften, eine millionenfache Flucht und Vertreibung zu einem Schmelzofen, bei dessen Erkalten sich die Überlebenden den ausgebrannten Schlacken ihrer Wertvorstellungen und politischen Orientierungen gegenübersahen.

Militarisierung des Kalten Krieges

Der Neubeginn, der Militär und kriegerische Gewalt endgültig bannen sollte, der nationalistischen Allmachtsphantasien unter rasseideologischem Vorzeichen internationale Verständigung und europäischen Geist entgegenzusetzen suchte, sah sich nur wenige Jahre nach der Katastrophe einem Kalten Krieg gegenüber. Erneut wurde, diesmal vor dem Schreckensszenario eines nuklearen Armageddon, die Aufstellung deutscher Streitkräfte realisiert. Wieder waren es die Angehörigen der um 1890 geborenen Generation, die nun zum vierten Mal in ihrer Lebensspanne eine andere Uniform trugen und aufgefordert wurden, am Aufbau demokratischer und Einzelne auch an dem Fundament sozialistischer Streitkräfte auf deutschem Boden an entscheidender Stelle mitzuwirken.

Ausgehend von einer umfassend kontrollierten Aufrüstung der beiden deutschen Staaten wurde die an einer potentiellen militärischen Konfrontation orientierte europäische Sicherheitspolitik im Kalten

Krieg durch eine Rüstungskontrolle und Abrüstungsbemühungen abgelöst, die den Ost-West-Gegensatz letztlich in einer Entspannungspolitik zu regulieren suchten. Dennoch standen sich deutsche Streitkräfte an der Nahtstelle zweier antagonistischer Gesellschaftsordnungen über dreißig Jahre organisiert in sich belauernden Militärblöcken gegenüber, bis 1990 das Zeitalter der Weltkriege und ihrer Vor- und Nachkriegszeiten sein Ende fand.

2. Militär und Gesellschaft zwischen autoritärem Obrigkeitsstaat und verdeckter Militärdiktatur 1890–1918

2.1 Wehrpflicht als Instrument eines sozialpolitischen Integrationsmilitarismus 1890–1914

Dem Institut der Allgemeinen Wehrpflicht war eine doppelte Funktion zugedacht. Als „Schule der Nation" im Frieden sollte sie breite Bevölkerungsschichten durch das persönliche Treue- und Gehorsamsverhältnis zum Dynasten gegen die zentrifugalen Tendenzen des Klassenstaats immunisieren und damit dem industrialisierten Massenkrieg der Zukunft genügend ausgebildete Reserven zur Verfügung stellen. Der Wehrdienst erscheint in diesem Verständnis als Initiationsritus des loyalen Staatsbürgers, der über seinen aktiven Militärdienst hinaus, etwa als Mitglied in einem der zahlreichen Kriegervereine, innerhalb seines jeweiligen Sozialmilieus systemkonform stabilisiert werden sollte. Die Teilnahme an den Aktivitäten der Kriegervereine bildete für die Angehörigen aus den städtischen und ländlichen Unterschichten, die die Mehrzahl der Mitglieder stellten, eine öffentlichkeitswirksame Maßnahme, um mit dem Hinweis auf ihre Militärdienstzeit soziale Anerkennung zu erlangen und damit letztlich auch politische Partizipation einzufordern. Der Militärdienst beförderte auf diese Weise einen Integrationsmilitarismus, mit dem die Angehörigen der politischen Opposition, der konfessionellen und ethnischen Minderheiten eine staatsbürgerliche Statusverbesserung zu erreichen suchten [117: B. R. KROENER, Integrationsmilitarismus]. Massenarmeen aus eingezogenen Wehrpflichtigen erforderten eine industrielle Massenproduktion von Rüstungsgütern.

Für die Zeitspanne zwischen 1890 und 1914 lassen sich drei grund-

Doppelte Funktion der Allgemeinen Wehrpflicht

Kriegervereine

Integrationsmilitarismus

Phasen der Rüstungspolitik vor 1914

legende Richtungsänderungen der deutschen Heeresrüstungs- und Mobilisierungspolitik erkennen:

Angesichts des allmählich erkaltenden Verhältnisses zu Russland stieg ausgangs der 1880er Jahre für das Deutsche Reich die Gefahr eines Zweifrontenkrieges, den Bismarck verhindern wollte, seine Nachfolger und die Führung des Generalstabes jedoch als ernstzunehmende Möglichkeit in ihre strategischen Planungen einbeziehen mussten. Damit wurde eine quantitative Heeresvermehrung zwingend notwendig.

Zwischen 1897 und 1911 verringerte sich zunächst die Gefahr eines kontinentaleuropäischen Krieges, während das Reich gleichzeitig aus seiner halbhegemonialen Position heraus versuchte, Machtpolitik in globalen Dimensionen zu betreiben. Die in den späten 1890er Jahren einsetzende umfangreiche Flottenrüstung band in diesem Maße die finanziellen Ressourcen des Reiches, dass eine gleichzeitige Heeresvermehrung unterbleiben musste.

Das außenpolitische Fiasko, in dem die zweite Marokkokrise im Herbst 1911 für das Reich endete, beförderte nicht nur in der aggressivnationalistisch aufgeheizten deutschen Öffentlichkeit, sondern auch in den Generalstäben der Großmächte die Überzeugung, der Krieg zwischen den europäischen Mächten sei nicht mehr zu vermeiden, ja sollte nicht vermieden werden. Nur durch ihn, so schien es, ließen sich die außen- und innenpolitischen Probleme mittelfristig lösen. Auf der Propagandawelle einer hochgradig emotional aufgeladenen öffentlichen Meinung wurde eine möglichst umfassende Durchführung der Allgemeinen Wehrpflicht besonders nachdrücklich gefordert.

Politisch-administratives Kompetenzchaos bei Kriegsbeginn

Eine bis zur Planlosigkeit schwankende Rüstungspolitik hatte unmittelbare Auswirkungen auf Stärke, Ausrüstung und Dislozierung des deutschen Kriegsheeres und begrenzte damit die Operationsführung im August 1914. Von entscheidender Bedeutung war zunächst das politisch-administrative Kompetenzchaos innerhalb der Führungsspitze des Reiches. Weder war der Reichskanzler eine starke, mit dem uneingeschränkten Vertrauen des Kaisers ausgestattete zentrale Leitungs- und Koordinationsfigur, noch vermochte der Monarch selbst diese Rolle wahrzunehmen, da Wilhelm II. aufgrund seiner Persönlichkeit Teil des Problems und nicht geeignet war, zu seiner Lösung beizutragen.

Spannungen zwischen Kriegsministerium und Generalstab

Während der rüstungspolitische Gegensatz zwischen Heer und Flotte in der historischen Forschung durchaus wahrgenommen wurde, fanden die Spannungen zwischen Kriegsministerium und Generalstab lange Zeit vergleichsweise wenig Aufmerksamkeit.

Dem Verhältnis von operativer und organisatorischer Führung liegt ein struktureller Gegensatz zugrunde, der die deutsche militärische Füh-

2. Militär und Gesellschaft 1890–1980

rung während des zwanzigsten Jahrhunderts geprägt hat. Weniger die Zuverlässigkeit des militärischen Instruments nach innen als vielmehr die mit einer raschen Heeresvermehrung verbundenen ausbildungstechnischen und logistischen Probleme haben das Kriegsministerium zu einer eher restriktiven Haltung bewogen. Eine umfassend durchgeführte Allgemeine Wehrpflicht hätte eine Vielzahl neuer Kasernen, Übungsplätze, Waffen, Ausrüstungen und bei Mobilmachung Transportkapazitäten erforderlich gemacht, die das Reich angesichts immer knapper werdender öffentlicher Mittel nicht zur Verfügung stellen konnte.

Bereits Wilhelm II. hatte unmittelbar nach seiner Thronbesteigung das Adelsprivileg bei der Offizierstellenbesetzung zugunsten einer verstärkten Aufnahme bürgerlicher Aspiranten gelockert, um einerseits den Offiziernachwuchs, den der Adel immer weniger in der Lage war, aus seinen Reihen zu füllen, durch Bewerber aus bürgerlichen Familien zu ergänzen, die sich durch einen staatstragenden „Adel der Gesinnung" auszeichnen sollten. Andererseits mochte der damit einhergehende soziale Aufstieg das gehobene Bürgertum für die mangelnde politische Partizipation entschädigen. So bewährte sich auch auf diesem Feld der wilhelminische Integrationsmilitarismus. Für die Söhne bürgerlicher Familien ermöglichte das Privileg des Einjährig-Freiwilligen einen verkürzten Militärdienst, eine deutlich gemilderte Ausbildung und schließlich die Chance, über den Dienstgrad eines Unteroffiziers der Reserve zum Reserveoffizier aufzurücken. Damit erhielt das Heer eine große Zahl selbständig denkender, geistig beweglicher junger Unterführer, die in der Lage waren, im Rahmen einer weitgespannten Auftragstaktik selbständig Führungsentscheidungen zu treffen.

Offizierergänzung und Bürgertum

Einjährig-Freiwillige

Bei Ausbruch des Ersten Weltkrieges bestand das Offizierkorps der preußischen Armee zu 70 Prozent aus Angehörigen des Bürgertums, die weniger in Spitzenverwendungen als vielmehr in den Infanterieregimentern, im Bereich der militärischen Organisation und Logistik sowie in den technischen Truppen, wie etwa der Feld- und Schweren Artillerie, Dienst leisteten. Junge Offiziere bürgerlicher Herkunft, zu einem nicht geringen Teil Absolventen der naturwissenschaftlich orientierten Realgymnasien, lieferten der Armee das Führungspersonal für den technisch-industrialisierten Krieg der Zukunft, während das äußere Bild der Armee bis in den Krieg hinein von den in den Residenzen stationierten Gardeformationen und Kavallerieregimentern bestimmt wurde, die zwar sozial den Ton angaben, deren Waffengattung aber ihre schlachtbestimmende Bedeutung längst eingebüßt hatte.

Sozialprestige von Garde und Kavallerie

Über das Instrument der Selbstrekrutierung suchten die Kommandeure der Regimenter die soziale Homogenität und damit die innere

Kohärenz ihres Offizierkorps zu sichern. Auf diese Weise ließ sich über die wirtschaftliche Leistungsfähigkeit der Angehörigen einer Einheit die soziale Exklusivität der einzelnen Verbände steuern. Der Zwang zu Repräsentation begünstigte entsprechende Heiratsstrategien bürgerlicher wie adeliger Familien. Der Große Generalstab der preußischen Armee und seine Nachfolger symbolisierten bis weit ins 20. Jahrhundert den Heiligen Gral deutscher operativer Führungskunst. Eine zunehmende Verwissenschaftlichung der Ausbildung zukünftiger Generalstabsoffiziere und eine Selektion nach Leistung erzeugten eine Professionalisierung, mit der aber angesichts zunehmend komplexer werdender Rahmenbedingungen eine problematische fachliche Einseitigkeit erreicht wurde. Die Planungen des Generalstabes orientierten sich in erster Linie an Kriegsführungsfähigkeit und operativem Erfolg, denen gegenüber innen- wie außenpolitische Rücksichten als nachgeordnet angesehen wurden.

<small>Repräsentation und Lebensführung</small>

<small>Generalstabsdienst und Professionalisierung</small>

Bei Kriegsbeginn 1914 dienten im Großen Generalstab der preußischen Armee etwa 600 Offiziere. Geprägt von einem umfassenden Leistungsdenken und technokratischem Spezialistentum stellte der Generalstab, im Vergleich zu den zum Teil vormodern-feudalen Regimentsstrukturen vor allem der tonangebenden Garde- und Reiterregimenter, eine nach den Grundmustern der bürgerlichen Gesellschaft organisierte moderne Bürokratie par excellence dar. Der Generalstab entwickelte die operative Planung für den nächsten Krieg. Er besaß jedoch im Frieden keine unmittelbare Befehlsgewalt. Sie oblag den Kommandierenden Generalen der Armeekorps hinsichtlich der Ausbildung und Führung der Verbände, dem Kriegsministerium in Bezug auf Ausrüstung, Versorgung und Verwaltung sowie dem Militärkabinett, soweit es sich um Beförderungen und Versetzungen von Offizieren handelte. Über allen thronte der Kaiser als Oberster Kriegsherr, der aber seine Leitungs- und Koordinationskompetenz nicht adäquat wahrnahm.

2.2 Schlieffenplan und industrialisierter Massenkrieg 1914–1918

<small>Schlieffenplan</small>

Die Entstehungs- und Wirkungsgeschichte des sogenannten Schlieffenplanes lässt diesen katastrophalen Mangel an zivil-militärischer Koordinations- und Entscheidungspraxis besonders anschaulich hervortreten. Gefangen in der Vorstellung eines sich verfestigenden Einkreisungstraumas bereitete sich der Generalstab in den 1890er Jahren auf einen Zweifrontenkrieg vor, wobei der Chef des Generalstabes, Generaloberst Graf Alfred von Schlieffen, zu der Überzeugung gelangte, dass eine rasche Kriegsentscheidung nur gegen Frankreich zu erreichen sei. Zu diesem Zweck musste das französische Festungssystem nördlich umgangen werden und die Masse des französischen Feldheeres durch eine gigantische Südostschwenkung westlich von Paris im rückwärtigen Raum ihres eigenen Festungsgürtels eingeschlossen und vernichtet werden. Mit seiner bewussten Missachtung der Neutralität Belgiens und Luxemburgs konterkarierte der Generalstab die auf Ausgleich gegenüber England gerichtete Politik des Reichskanzlers von Bethmann Hollweg. Der rechte Angriffsflügel des deutschen Heeres musste zahlenmäßig stark und gleichzeitig von erheblicher Beweglichkeit sein, damit es gelingen konnte, die französischen Streitkräfte an einem Ausweichen nach Südwestfrankreich zu hindern. Geprägt von der traditionellen Vorstellung von der Langsamkeit der russischen Mobilmachung, gab man sich der Hoffnung hin, die Ostgrenze des Reiches durch einen dünnen Truppenschleier ausreichend sichern zu können. Gleichzeitig glaubte man, der österreichische Verbündete werde die Armeen des Zaren so lange binden können, bis der Feldzug im Westen siegreich beendet sei. Somit stellt der Schlieffenplan nur das operative Konzept für einen Feldzug dar, dessen Erfolg selbst unter optimalen personellen und materiellen Voraussetzungen nicht garantiert werden konnte, aber keinen Gesamtkriegsplan. Schlieffens Nachfolger, Helmuth von Moltke, der Neffe des legendären Generalfeldmarschalls, erkannte denn auch rasch die Undurchführbarkeit des von seinem Vorgänger aus der Erfahrung des Krieges von 1870 angelegten Feldzugsplanes, vermochte sich jedoch zu einer grundlegenden Änderung der Dispositionen nicht aufzuraffen.

Am Vorabend des Ersten Weltkrieges war man im deutschen Generalstab überzeugt, dass der Angriff in Frankreich nur der Eröffnungszug in einem längeren Krieg sein werde, dessen Ausgang angesichts der Rüstungsanstrengungen Frankreichs und Russlands immer ungewisser werden würde, je länger das Reich zögerte, bei sich bietender politischer Gelegenheit die Gelegenheit zur Aufnahme der Feindseligkeiten zu ergreifen. „Langer" oder „kurzer" Krieg

Im Sommer 1914 bestand unter den europäischen Großmächten eine seit Jahren angelegte latente Kriegsbereitschaft. Dabei übernahm das Deutsche Reich, das als Ergebnis seiner selbstgeschaffenen Zwangslage zu der Überzeugung gelangt war, den Gegner durch eine minutiös angelegte Mobilmachung und beschleunigte Ausrückfähigkeit überraschen zu müssen, die Initiative. Gleichzeitig bestand bei den anderen Mächten, allen voran Russland, keine Neigung, den erwarteten großen Konflikt durch eine Bündnispolitik der Kriegsvermeidung noch in letzter Minute zu verhindern. Die jahrzehntelange Fixierung auf den Mobilmachungsplanungen

Zweifrontenkrieg hatte im Deutschen Reich eine komplexe Mobilmachungsplanung erzeugt, durch die ein begrenzter Aufmarsch im Westen oder im Osten unmöglich geworden war.

Das Attentat von Sarajewo, das im Juni 1914 den Thronfolger des hochbetagten österreichischen Kaisers und seine Ehefrau in den Tod riss, erfolgte in einer politisch-ethnisch hoch sensiblen Region, wo die Interessen und das Renommee der beiden Großmächte Österreich und Russland auf dem Spiel standen. Beide Staaten waren aufgrund ihrer innenpolitischen Situation überzeugt, sich keine weitere als Zeichen außenpolitischer Schwäche zu deutende Kompromissbereitschaft leisten zu können. Aber auch bei den nicht unmittelbar involvierten Mächten bestand innerhalb der politisch-militärischen und vor allem der intellektuellen Eliten die vulgärsozialdarwinistisch verbrämte Vorstellung, dass ein europäischer Krieg die in jeder Hinsicht als erstarrt empfundenen gesellschaftlichen und politischen Verhältnisse aufbrechen, wie ein Reinigungsbad die abgestorbenen Glieder des Volkskörpers wegschwemmen und demjenigen Volk den raschen Sieg zuerkennen werde, das neben Erfindergeist, wirtschaftlicher Leistungsfähigkeit und militärischer Macht die moralische Kraft zu nationaler Erneuerung besäße.

„Augusterlebnis" und „Geist von 1914"

Es waren vor allem die intellektuellen und gesellschaftlichen Eliten in den Residenzen, Universitätsstädten und, deutlich abgeschwächt in den Ballungszentren des Kaiserreiches, die dem in erster Linie bürgerlichen Gesinnungsmilitarismus im Sommer 1914 Bild und Stimme verliehen. Der „Geist von 1914" wurde als Erlebnis, Erfahrungs- und Erinnerungschiffre des Kriegsbeginns, zum sichtbaren Ausdruck einer spezifisch politisch-ideologischen Sinngebung für den bevorstehenden Kampf als Motor individueller und gesellschaftlicher Erneuerung stilisiert. Er fand jedoch gerade im ländlichen Raum, wo die Bevölkerung mit Sorge die Wirkungen der Mobilmachung auf die Einbringung der Ernte voraussah, unter den Angestellten und in den Quartieren der Arbeiterschaft, mithin bei der Mehrheit der Bevölkerung kaum Resonanz. Gleichwohl ist das „Augusterlebnis" zum zentralen Bezugspunkt der öffentlich vermittelten Kriegslegitimation erhoben worden.

Bereits nach wenigen Kriegswochen wurde deutlich, dass die grundlegenden Voraussetzungen eines raschen militärischen Erfolges nicht gegeben waren. Weder war der deutsche Angriffsflügel im Westen zu einem weit ausholenden Flankenangriff befähigt, noch zeigte sich die Nachschuborganisation in der Lage, die für ein Millionenheer notwendigen Güter rasch nachzuführen. Schließlich versagten auch die zentralen Kommunikationsstrukturen, die notwendig gewesen wären,

2. Militär und Gesellschaft 1890–1980

um mehrere Armeen über weite Entfernungen konzentriert zu führen. Im Osten erwies sich die Aufmarschgeschwindigkeit der russischen Armeen höher als vorausberechnet, sodass nicht nur ein zeitlich begrenzter Verlust von Grenzregionen in Ostpreußen, sondern sogar eine Bedrohung der Kernprovinzen des Reiches befürchtet werden musste. Die rasche Verlegung von Truppen aus dem Westen in den Osten bannte diese Gefahr und sicherte den in der Schlacht bei Tannenberg erzielten Erfolg, indem sie die nachsetzende Verfolgung der russischen Armeen im Winter 1914/15 ermöglichte.

<small>Schlacht bei Tannenberg</small>

Im Westen kulminierten die Mängel hinsichtlich Kräfteeinsatz, Führung und Versorgung in der Schlacht an der Marne und leiteten angesichts der deutschen Befürchtung, nun ihrerseits durch ein kombiniertes Vorgehen französischer Verbände und des britischen Expeditionskorps an der rechten Flanke überflügelt zu werden, einen Wettlauf ein, der erst an der Kanalküste endete. Im Spätherbst 1914 war der deutsche Angriff endgültig zum Stehen gekommen. Die Frontlinie im Westen verfestigte sich und der Krieg nahm in den folgenden Jahren den Charakter eines materialintensiven und kräftezehrenden Stellungskampfes an.

<small>Wettlauf zum Meer</small>

Von Anfang an begleitete die deutschen Truppen das bewusst instrumentalisierte Schreckgespenst eines Volkskrieges. Der Kampf nicht nur gegen die regulären Truppen des Gegners, sondern gegen ein Volk in Waffen, das jeden Bürger moralisch verpflichtete, den Kampf gegen den Feind, die fremde Nation, mit allen Mitteln zu führen, wurde auf der Grundlage der Erfahrungen gegen die irregulären Franktireurs des deutsch-französischen Krieges postuliert. Die Kombination aus einem bewusst geschaffenen, negativ aufgeladenen Szenario mit der Forderung nach beschleunigtem Vormarsch und seine Wirkung auf eine kampfunerfahrene Truppe hat bis in den November 1914 zu einer erheblichen Zahl von zumeist militärisch angeordneten Gewalttaten an belgischen und französischen Zivilisten geführt.

<small>Gewaltexzesse zu Beginn des Krieges</small>

Die Vorgänge wurden von Großbritannien und Frankreich in unmittelbare Kriegspropaganda umgemünzt, wobei die vor allem in den intellektuellen Milieus beider Seiten geführte Auseinandersetzung um den Charakter des Krieges als Konflikt zwischen antagonistischen politischen Kulturen massenwirksam sprach- und bildgewaltig umgesetzt wurde.

Mit dem Einmarsch nach Russisch-Polen und ins Baltikum wurden der ostmitteleuropäische Raum und der Kampf an der Ostfront von den deutschen Soldaten aller Dienstgrade einerseits als kulturell fremd und in Bezug auf die militärische Leistungsfähigkeit des Gegners als unter-

<small>Kulturelle Überlegenheitsstereotype dem russischen Gegner gegenüber</small>

legen empfunden, während er andererseits hinsichtlich der klimatischen Bedingungen und der gerade im Kriege besonders intensiv wahrgenommenen Raumerfahrung bedrückend und bedrohlich zugleich erschien. Das gleichzeitige Gefühl von Über- und Unterlegenheit ließ eine Unsicherheit entstehen, aus der sich in unmittelbarer Beziehung zueinander aggressiver kultureller Sendungsglaube ebenso wie quasikoloniale Ausbeutungspolitik gestalten ließen.

Mit dem Scheitern der offensiven Kriegführung und damit dem Übergang zum munitionsintensiven Stellungskrieg an der Westfront im Herbst 1914 beschleunigte die deutsche militärische Führung die Entwicklung und Erprobung alternativer Kampfmittel. Ihr Masseneinsatz schien geeignet zu sein, einen Durchbruch durch die gegnerische Front zu erzwingen, und eröffnete damit die vage Hoffnung, den Krieg *Gaskrieg* wieder in Bewegung bringen zu können. Am 22. April 1915 wurden, nach vorangegangenen wenig erfolgreichen Versuchen, an der Front bei Ypern auf deutscher Seite erstmals chemische Kampfmittel im Masseneinsatz verwendet. Der Gaskrieg, der das Zeitalter der modernen Massenvernichtungsmittel einläutete, war geboren. Mit der Verwendung von schleichenden, zumeist unsichtbaren und geruchlosen Kampfstoffen wurde das herkömmliche Bild des „ritterlichen Krieges", in dem der Soldat seinen Gegner, dessen Waffeneinsatz und seine Wirkung beobachten und sich dagegen schützen konnte, endgültig obsolet. Der moderne industrialisierte Massenkrieg, in dem der Tod in der Retorte fabriziert und massenhaft zur Anwendung gebracht wurde, hatte sein spezifisches Gesicht erhalten. Das apokalyptisch anmutende Bild des Soldaten mit aufgesetzter Gasmaske wurde zum Ausdruck des technisch entgrenzten Krieges.

Führungswechsel Während dem jüngeren Moltke das operative Fiasko an der Marne *von Moltke* zum Verhängnis wurde und seine Entlassung nach sich zog, wurde sein *zu Falkenhayn* Nachfolger Erich von Falkenhayn nach der unter ungeheuren Verlusten fehlgeschlagenen Offensive bei Verdun im Herbst 1916 von seinem Posten als Chef der 2. Obersten Heeresleitung abgelöst. Der Vergleich der beiden Ereignisse lässt einen entscheidenden Mangel in der Gesamtkriegsplanung bei den Mittelmächten erkennen. Weder Moltke noch Falkenhayn verfolgten eine strategische Gesamtkonzeption. Auch waren sie nicht in der Lage, innerhalb der rivalisierenden politischen und militärischen Führungsorgane des Reiches eine abgestimmte und umfassende Kriegsplanung zu entwickeln. Im Wissen, dass das Reich einen Abnutzungskrieg nicht gewinnen, sondern möglicherweise verlieren würde, hatte Falkenhayn das Unmögliche versucht, den Gegner militärisch an den Verhandlungstisch zu zwingen.

2. Militär und Gesellschaft 1890–1980   11

Während der Krieg im Westen zur Materialschlacht entlang weitgehend unbeweglicher Fronten erstarrt war, entfaltete sich im Osten ein Bewegungskrieg, dessen Geländegewinne die Hoffnung beflügelten, das Zarenreich könne durch weitere Niederlagen zu einem Sonderfrieden gezwungen werden. Angesichts der erkennbaren Schwäche der k. u. k. Armee und der nach dem alliierten Landungsunternehmen bei Gallipoli dringlich gewordenen Landverbindung zum türkischen Bündnispartner, verlagerte sich der Schwerpunkt der Operationen der Mittelmächte 1915 in den Osten und Südosten, während sich die Front im Westen, durch Verluste und Personalabgaben geschwächt, nur mit Mühe den Angriffen französischer und englischer Verbände erwehren konnte. Der Durchbruchssieg bei Gorlice-Tarnow östlich von Krakau führte zu einem von den Mittelmächten nicht erwarteten kontinuierlichen Rückzug der russischen Truppen, beförderte aber keineswegs die Bereitschaft der russischen Regierung zu Separatfriedensverhandlungen. Zwar war Ende 1915 die Bedrohung im Osten gebannt, jedoch eröffnete der Kriegseintritt Italiens im Mai einen weiteren Kriegsschauplatz. Im Herbst 1915 gelang den Mittelmächten, verstärkt durch bulgarische Truppen, die Niederwerfung Serbiens und damit die Öffnung einer Landverbindung zum Osmanischen Reich, die aber durch die gleichzeitige Landung britisch-französischer Truppen in Saloniki ständig gefährdet blieb. Trotz der insgesamt positiven Bilanz dieses Kriegsjahres waren die Mittelmächte an keiner Front zu einem kriegsentscheidenden Erfolg in der Lage gewesen.

Für das Kriegsjahr 1916 suchte die OHL daher im Westen die militärischen Voraussetzungen für eine politische Beendigung des Krieges herbeizuführen. Nachdem das russische Reich nicht zu Verhandlungen gezwungen werden konnte, glaubte Falkenhayn durch einen massierten Angriff gegen die als schwächer eingeschätzte französische Armee, den kontinentalen Verbündeten Großbritanniens, militärisch in die Defensive zu drängen, in der Hoffnung, dass damit das Engagement Londons an der Westfront insgesamt brüchig werden würde.

Die Wahl des Angriffspunktes fiel auf die französische Eckfestung Verdun. Die schwierig zu verteidigenden Anlagen westlich und östlich der Maas mussten der französischen Armee erhebliche Verluste zufügen. Sie ließen sich nur vermeiden, wenn der prestigeträchtige Ort aufgegeben würde. Die dadurch eintretende innenpolitische Destabilisierung in Paris müsste, so die Hoffnungen der deutschen Führung, die Friedensbereitschaft erhöhen. In jedem Fall wäre Großbritannien zu Entlastungsangriffen gezwungen gewesen, deren Abwehr nach den

Stellungskrieg – Bewegungskrieg

Verdun – Symbol des Abnutzungskrieges

Erfahrungen des vergangenen Jahres dem Angreifer erheblich höhere Verluste als den eigenen Truppen zugefügt hätte.

Parallel zu den Landoperationen sollte die Marine, ungeachtet der zu erwartenden negativen Reaktionen der neutralen Staaten, vor allem der USA, den uneingeschränkten U-Bootkrieg gegen die Seeverbindungen Großbritanniens eröffnen. Der Widerstand der zivilen Reichsleitung gegen die Vorstellungen der OHL und die geringe Zahl der zur Verfügung stehenden Boote ließen diese Vorstellungen Falkenhayns rasch obsolet werden. Doch auch zu Lande lief sich der Angriff bei Verdun bereits nach wenigen Tagen fest. Verdun wurde zum Inbegriff des kräftezehrenden Stellungskrieges, zur „Blutpumpe", indem die in diesem Kampfraum eingesetzten deutschen Verbände letztlich ohne erkennbaren operativen Nutzen verbluteten. Damit wurden im Westen unersetzbare Personalreserven geopfert, ohne dass Falkenhayn seinem Ziel näher gekommen wäre.

Brussilov-Offensive und Sommeschlacht

Im Juni 1916 begann die russische Generaloffensive zur Entlastung der Italiener und Franzosen. Unter General Alexej Brussilov, der dieser erfolgreichen Offensive seinen Namen gab, wurde die k. u. k. Front durchbrochen. Der Rückzug artete in eine regelrechte Flucht aus, von der sich die österreichisch-ungarische Armee nicht mehr erholen sollte. Deutsche Verbände von der Westfront, die dort dringend zur Abriegelung der inzwischen begonnenen französisch-britischen Offensive an der Somme benötigt wurden, stabilisierten im Herbst 1916 die Ostfront. Jedoch auch die unter beispiellosem Materialeinsatz vorgetragenen Angriffe der Entente im Westen blieben jeweils nach geringen Geländegewinnen liegen und verursachten ungeheure Verluste an Menschen und Material. Verdun und die Somme wurden zum Symbol für die moderne Abnutzungsschlacht, in der die Angreifer trotz zahlenmäßiger Überlegenheit nicht in der Lage waren, ein tiefgestaffeltes Stellungssystem zu durchbrechen und den operativen Erfolg dauerhaft zu sichern.

„Kriegszitterer"

Im Stellungskrieg musste der Soldat die Angriffe des Gegners nahezu unbeweglich in seiner Stellung verharrend erdulden. Eine psychische Tortur, der eine immer größere Zahl von Soldaten nicht mehr gewachsen war. Dennoch wurden auf beiden Seiten der Front die „Kriegszitterer" als Verwundete des industrialisierten Krieges noch kaum in der klinischen Dimension ihres Leidens ernst genommen.

Die Schwere Artillerie beherrschte zunehmend das Schlachtfeld, ihre Geschosse verursachten bisher nicht für möglich gehaltene Verluste. Splitterverletzungen ließen die Zahl grauenvoll verstümmelter Invaliden in die Höhe schnellen.

2. Militär und Gesellschaft 1890–1980

Zwischen den einzelnen Offensiven und neben ihnen existierten ruhige Frontabschnitte, in denen eine Männergesellschaft Frontalltag praktizierte. Versatzstücke einer zurückliegenden bürgerlichen Friedenswelt suggerierten die Normalität des Anormalen und ließen es überlebbar werden. An anderen Fronten, etwa im Osten und Südosten, entsprach der Krieg noch am ehesten der traditionellen Form des Bewegungskrieges. Die parallelen Erfahrungsräume der Front und der unter weitgehenden Friedensbedingungen existierenden Etappe, in der eine immer größere Zahl von Dienststellen, Lagern und Werkstätten den Bedarf einer mechanisierten Massenarmee befriedigte, erzeugten zwischen den Angehörigen der Kampf- und Unterstützungstruppen zunehmend unüberbrückbare Spannungen. Sie bewirkten identitätsstiftende pseudoreale Selbstbilder, auf deren Grundlage schließlich der Frontsoldat zum eigentlichen Träger des Kampfes stilisiert werden konnte.

Frontalltag

Der operative Misserfolg im Westen, eine illusionäre Lagebeurteilung im Osten, mangelndes Vertrauen der politischen Reichsleitung, Zerwürfnisse mit der k. u. k. Heeresleitung und schließlich fortgesetzte Intrigen von Ludendorff und Hindenburg führten angesichts des Kriegseintritts Rumäniens auf Seiten der Entente zum Sturz Falkenhayns. Mit der Ernennung von Hindenburg und Ludendorff als Exponenten der 3. Obersten Heeresleitung im Spätsommer 1916 trat Wilhelm II. auch in der öffentlichen Wahrnehmung hinter Hindenburg zurück, der es seinerseits meisterhaft verstand, sich als die Inkarnation zeitlosen Heldentums, als Exponent des Durchhaltewillens der deutschen Bevölkerung zu präsentieren. Hindenburg stilisierte seine Befehlsgewalt zu einer Form charismatischer Herrschaft [157: W. PYTA, Hindenburg], auf deren Basis er bemüht war, die Leistung und Durchhaltefähigkeit der gesamten Nation auf allen Feldern der Kriegsunterstützung zu verstärken.

Hindenburg und Ludendorff, 3. OHL

Mit dem Beginn des Stellungskrieges beschleunigte sich der Übergang zur Kriegswirtschaft. In der Heimat waren das Kriegsministerium, vor allem aber die stellvertretenden Kommandierenden Generale für sämtliche Maßnahmen zur Steuerung der Kriegsbedürfnisse und der öffentlichen Sicherheit verantwortlich. Produktion und Konsum gerieten zunehmend unter das Diktat militärischer Notwendigkeit. Angesichts der hohen Verluste entwickelte sich die Frage der Verteilung der wehrfähigen Bevölkerung zwischen den Bedürfnissen der Truppe und den Forderungen der Industrie zur Sicherung ihrer Arbeitskräfte zu einem unlösbaren Problem.

Kriegswirtschaft

Mit dem Hindenburg-Programm, zu dessen Erfüllung General-

Hindenburg-Programm 1916 — leutnant Wilhelm Groener als Chef des Kriegsamtes im preußischen Kriegsministerium bestellt wurde, sollte 1916 eine gigantische Leistungssteigerung der Rüstungsindustrie vor allem auf dem Sektor der Artilleriegeschütze und der Munition ermöglicht werden. Zwar wurde durch eine in alle Lebensbereiche eingreifende Kriegswirtschaftspolitik eine intensive Ressourcenmobilisierung erreicht, die jedoch ihrem Ziel, der Front rasch erhebliche Munitionsmengen zuzuführen, nicht gerecht werden konnte. Die immensen Personalverluste führten seit 1916 zu einem erbitterten Kampf um Soldaten und Arbeiter. Der personelle Engpass ließ sich auch durch die massenhafte Verwendung von Kriegsgefangenen in der Landwirtschaft sowie in der Rüstungsproduktion und den gesteigerten Einsatz von Frauen in Verwaltung, Transportwesen und Industrie nicht befriedigen. Frauenarbeit führte zudem zu erheblichen Belastungen innerhalb der Familien und ließ Verwahrlosungserscheinungen bei Jugendlichen befürchten. In dieser Situation schlug die OHL ein „Gesetz über den vaterländischen Hilfsdienst" vor. Es orientierte sich an den militärischen Maximalforderungen, ließ sich aber innenpolitisch nicht durchsetzen und erlangte erst in erheblich entschärfter Form Gesetzeskraft.

Kriegsziele — Hinsichtlich der Kriegszieldiskussion vertrat die 3. OHL extrem annexionistische Forderungen. In ihrem Sinne suchte sie auch das deutsche Friedensangebot vom Dezember 1916 zu beeinflussen. Am Beispiel der seit September 1914 auf unterschiedlichen Ebenen, aber stets unter Einbeziehung der öffentlichen Meinung betriebenen Kriegszieldiskussion wird deutlich, wie auf die politisch gewollte und propagandistisch betriebene Mobilisierung für den Krieg zwangsläufig die Diskussion darüber folgte, welche territoriale Entschädigung für die Opfer, die in diesem Krieg gebracht wurden, angemessen sei.

Unbeschränkter U-Bootkrieg — Während 1917 in der Landkriegführung mit Ausnahme des Feldzuges gegen Rumänien, der Anfang des Jahres erfolgreich abgeschlossen werden konnte, die Defensive dominierte, suchte das Deutsche Reich nach dem nur begrenzten taktischen Erfolg in der Skagerrak-Schlacht den Krieg zur See mit der Erklärung des unbeschränkten U-Bootkrieges offensiv zu führen. Mit dieser Entscheidung nahm die Reichsleitung unter dem Primat der Kriegführung sogar den Kriegseintritt der USA in Kauf. Angesichts der Lage an den Landfronten und der zunehmenden Wirkung der britischen Blockade auf die Ernährungslage der Bevölkerung glaubte die militärische Führung auf dieses Mittel nicht verzichten zu können.

Die bewegliche Verteidigung des deutschen Heeres im Westen ließ alle Angriffe unter hohen Verlusten scheitern, obwohl die Alliier-

2. Militär und Gesellschaft 1890–1980

ten erstmals das Vorgehen ihrer Infanterie mit Tanks und Flugzeugen unterstützten. Im April 1917 begann das Zeitalter der mechanisierten Kriegführung. Im Osten scheiterte die nach der russischen Februarrevolution 1917 durch die neue Regierung begonnene „Kerenskioffensive". Ihr Misserfolg verstärkte die beginnenden Auflösungserscheinungen im russischen Heer und ermöglichte den Mittelmächten in der Folge erhebliche Geländegewinne. Kräfteabgaben aus dem Westen wurden hingegen notwendig, um den Zusammenbruch der österreichischen Isonzofront zu verhindern. Ende Oktober 1917 gelang ein Angriff auf die unvorbereiteten italienischen Verbände, deren Rückzug in eine ungeregelte Flucht ausartete, die erst an der Piave zum Stehen gebracht werden konnte.

Zusammenbruch Russlands

Im Spätjahr 1917 war die Widerstandskraft der russischen Truppen weitgehend zusammengebrochen. Statt die beginnenden Waffenstillstandsverhandlungen in Brest-Litowsk rasch zur endgültigen Beendigung der Kampfhandlungen zu nutzen, versuchte die 3. OHL extrem annexionistische Forderungen durchzusetzen. Als die revolutionäre sowjetische Regierung, die zunächst nur zu einem Frieden ohne Annexionen bereit war, den deutschen Forderungen nicht entsprechen wollte, setzte Ludendorff einen erneuten deutschen Vormarsch im Osten durch. Diese Operation band erhebliche Truppen als Kampfeinheiten und später als Besatzungskräfte, die Anfang 1918 im Westen fehlten. Die Wirkung der russischen Revolution beförderte die Kriegsmüdigkeit der im Osten eingesetzten deutschen Truppen. Sie erfasste schließlich auch die Widerstandskraft der in fast vier Kriegsjahren ausgezehrten Bevölkerung in der Heimat. Politisch motivierte Massenstreiks der Rüstungsarbeiter, an denen sich zunehmend auch weibliche Arbeitskräfte und Angehörige von Soldaten beteiligten, wurden zum Menetekel des drohenden Zusammenbruchs.

Noch einmal suchte Ludendorff, angesichts der vordergründig günstigen Situation im Osten und in Italien, durch einen massierten Angriff auf die britischen Truppen die Entente im Westen friedensbereit zu stimmen, bevor sich der Kräfteeinsatz der amerikanischen Truppen auswirken konnte. Doch auch der unter dem Decknamen „Michaeloffensive" vorgetragene Angriff folgte keinem strategischen Konzept, denn es blieb unklar, ob Franzosen und Amerikaner selbst nach einer vernichtenden Niederlage der britischen Truppen bereit sein würden, mit dem Reich in Verhandlungen einzutreten, solange die OHL noch die extensiven Kriegsziele eines Siegfriedens vertrat, dessen Voraussetzungen längst nicht mehr gegeben waren. Mit einer ungeheuren Anstrengung gingen die deutschen Truppen im März 1918 in

„Michaeloffensive" 1918

eine Offensive ohne überzeugende Zielbestimmung. Trotz erheblicher Geländegewinne blieben die Angriffe, die nacheinander an verschiedenen Frontabschnitten geführt wurden, in immer kürzeren Abständen im gegnerischen Abwehrfeuer liegen. Der Durchbruch britischer Kräfte bei Amiens am 8. August 1918 drohte die Front zum Einsturz zu bringen. Da der Gegner sich mit begrenzten Geländegewinnen zufrieden gab, vermochte die deutsche Führung die Lage noch einmal zu stabilisieren, sodass der „schwarze Tag des deutschen Heeres" (Ludendorff) nicht zu einem völligen Zusammenbruch der deutschen Westfront führte. Mangelndes Vertrauen in die Oberste Führung, gepaart mit gravierendem Fehlverhalten in der Menschenführung, die die abgekämpfte Truppe in der Etappe einem unangemessenen Friedensdienst unterwarf, der den Gegensatz zwischen Front und rückwärtigem Gebiet mit seinen abstoßenden Bildern einer ungezügelten Besatzungsherrschaft besonders grell hervortreten ließ, veranlasste immer mehr Soldaten, sich im Schutze auflösender Verwaltungsstrukturen dem Dienst zu entziehen.

Über Urlauber, Verwundete und die vielfältigen unkontrollierten Kommunikationswege einer Massenarmee erreichte der psychisch-moralische Zusammenbruch die kriegsmüde, von Entbehrungen gezeichnete Zivilbevölkerung in der Heimat, die nach jahrelanger Kriegspropaganda mit der Realität einer drohenden Niederlage konfrontiert wurde.

Nachdem die OHL seit 1916 für sich in Anspruch genommen hatte, als zwingende Voraussetzung einer Konzentration aller Kräfte auf den Sieg die Kriegspolitik des Reiches umfassend und verantwortlich zu gestalten, suchte sie angesichts der drohenden Niederlage sich eben dieser Verantwortung zu entledigen. In dieser Situation nutzte sie das politische Dispositiv der Dolchstoßlegende. Der heldenhaft kämpfenden Front, so der Vorwurf, habe eine durch sozialistische Agitation aufgehetzte Heimat den Dolch in den Rücken gestoßen. Es sollte in den folgenden Jahrzehnten in einer zutiefst verunsicherten, politisch weitgehend orientierungslosen und sozial fragilen Gesellschaft eine furchtbare Wirkung entfalten. Da das Militär erkennbar keine Möglichkeit mehr besaß, den Kampf fortzuführen, bestand auch für die neue Regierung keine Hoffnung, einen Waffenstillstand, der de facto einer Kapitulation gleichkam, zu verhindern. In dieser Situation suchten Hindenburg und Ludendorff den Nimbus einer „im Felde unbesiegten Armee" in die Nachkriegszeit zu retten.

Ende Oktober 1918 durchbrachen überlegene italienische Verbände die Dolomitenfront und zwangen Österreich am 3. November zum Waffenstillstand, nachdem wenige Tage zuvor auch das Osmanische

2. Militär und Gesellschaft 1890–1980

Reich kapituliert hatte. Das ausgebrannte deutsche Heer war weder bereit, bis zum Untergang zu kämpfen, noch sahen einsichtige Offiziere der Frontverbände eine realistische Chance, dass die Truppe unter ihrem Obersten Kriegsherrn in die Heimat zurückmarschieren könne, um die sich dort wie ein Flächenbrand ausbreitende revolutionäre Bewegung niederzuschlagen. Am 9. November begab sich Kaiser Wilhelm II. ins Exil nach Holland.

Während das Heer, das sich in letzten erbitterten Gefechten vom Gegner löste, keine Kraft und Neigung zur Inszenierung seines eigenen Unterganges besaß, suchte die Marineführung, der bereits bekannt war, dass sie dem Gegner die Flotte würde ausliefern müssen, in einem letzten Schlagabtausch die Bedeutung und das Renommee der Hochseeflotte in die Zukunft hinüberzuretten. Die Mannschaften, die in der erzwungenen Untätigkeit, in der die Flotte während der überwiegenden Zeit des Krieges verharrt war, die elitär distanzierte Mentalität ihrer mehrheitlich bürgerlichen Offiziere unter den extremen Bedingungen an Bord in zum Teil entwürdigender Weise zu spüren bekommen hatten, verweigerten den Gehorsam und gingen am 4. November in offene Meuterei über.

Meuterei in der Hochseeflotte

Der ungeregelte Rückmarsch der Etappenformationen verstärkte das revolutionäre Potential in der Heimat, wo Arbeiter- und Soldatenräte das politische Vakuum zu füllen suchten. In dieser Situation glaubte die provisorische Regierung eine politische Radikalisierung nur durch ein Bündnis mit der Führung des Feldheeres steuern zu können. Dabei haben beide Seiten übersehen, dass die besonnenen Kräfte unter den Soldaten bestrebt waren, möglichst rasch zu ihren Familien zurückzukehren. Die Auflösung des Feldheeres vollzog sich in wenigen Wochen. Letztlich blieben neben den Berufssoldaten mit Masse diejenigen in den Kasernen zurück, denen der Krieg bereits als Ausweg aus einer perspektivlosen Lebenssituation erschienen und das Heer zur Heimat geworden war. Intellektuelle, Schüler und Studenten sowie Kriegsfreiwillige, die den Kampf als Reinigungsritual empfunden hatten, fanden in der Dolchstoßlegende ihre moralische Legitimation. Durch das fatale Etikett „im Felde unbesiegt" geadelt, sammelten sie sich zumeist unter den ihnen vertrauten unmittelbaren Vorgesetzten in einer großen Zahl von äußerst heterogen zusammengesetzten Freiwilligenverbänden. Mit dem Begriff Freikorps wurde bewusst an das historische Vorbild der Befreiungskriege angeknüpft, das bereits bei Kriegsbeginn in Erinnerung an die Säkularfeiern von 1913 als geschichtsmächtiges ideologisches Treibmittel verwendet worden war.

Arbeiter- und Soldatenräte

„Im Felde unbesiegt"

Freikorps

3. Revolution, Revision und totale Niederlage 1918–1945

3.1 Reichswehr, Rüstung und Republik (1918–1935) – Der Kampf um das staatliche Gewaltmonopol

Die Auseinandersetzungen über die Artikel des Versailler Vertrages, das moralische Verdikt der alleinigen Schuld Deutschlands am Krieg und die Forderung nach Auslieferung von Angehörigen der militärischen Elite als Kriegsverbrecher haben eine kritische Auseinandersetzung über den Ersten Weltkrieg von Anfang an nicht zustande kommen lassen. Der Kapp-Lüttwitz-Putsch (13. März 1920), der sich vordergründig an der durch die Entente geforderte Entlassung der als besonders kampfkräftig und in den Augen der rechtskonservativen Kräfte innenpolitisch besonders zuverlässig eingeschätzten Marinebrigaden entzündete, war als Fanal für einen Befreiungskrieg gedacht. Dem Szenario von 1813 vergleichbar, sollte, ausgehend von den Ostprovinzen, eine Volkserhebung das Reich im Kampf gegen seine Unterdrücker vereinen. Doch der Putsch war dilettantisch vorbereitet. Dem Aufruf des Reichswehrgruppenbefehlshabers I, General von Lüttwitz, folgten nur die in den preußischen Kernprovinzen und in Mecklenburg stationierten Einheiten. Als die Mehrzahl der Verbände sich abwartend bis loyal verhielt, die Verwaltung sich in passivem Widerstand übte und die Arbeiterschaft dem Aufruf zum Generalstreik folgte, brach der Putsch nach wenigen Tagen zusammen. Die Generation der jüngeren, später in die Reichswehr übernommenen Offiziere wurde durch die ihnen damit vermittelte Erfahrung, dass ein Staatsstreich ohne Unterstützung durch die Bevölkerung zum Scheitern verurteilt sei, so nachhaltig geprägt, dass sie weder im Krisenjahr 1923 noch 1932 bereit war, entsprechende Überlegungen zu unterstützen.

Die Entwicklung der Reichswehr durchlief bis zur Mitte der dreißiger Jahre drei deutlich voneinander zu unterscheidende Phasen:

Der erste Abschnitt umschließt die Jahre zwischen der Auflösung des alten Heeres (1919) und dem Ende des Jahres 1923. Der Aufbau einer Armee aus länger dienenden Freiwilligen kennzeichnete ihn ebenso wie der fortgesetzte innenpolitische Kampf um das staatliche Gewaltmonopol.

Mit der Ernennung des Generals Hans von Seeckt zum Chef der Heeresleitung übernahm ein Offizier die Führung der Reichswehr, der in der elitären Tradition des Generalstabs erzogen worden war. Während der Krisenjahre der Republik bewies die Reichswehr, zumal in

3. Revolution, Revision und totale Niederlage 1918–1945

ihrem weitaus gewaltsameren Vorgehen gegen Feinde der Republik von links als gegenüber denen von rechts, wo ihre politischen Sympathien lagen. Mit seiner Forderung, der Soldat habe unpolitisch zu sein, knüpfte der Chef der Heeresleitung nur äußerlich an die extrakonstitutionellen Traditionen der alten Armee an. Da die Reichswehr den Eid auf die Verfassung ablegte, hätte es nahe gelegen, den Soldaten ein eindeutiges Bekenntnis zur Republik abzufordern. Seeckt rettete sich in einen Attentismus, der bewusst die Sicherheit des Staates über die Sicherung der Verfassung stellte. Damit blieb es dem einzelnen Offizier überlassen, wie er, jenseits des täglichen Befehlsgehorsams, Staat und Staatswohl für sich persönlich ausdeutete.

In dem auf 100.000 Mann begrenzten Friedensheer fanden nur etwa 4.500 Offiziere Verwendung, sodass die jüngeren Generalstabsoffiziere der alten Armee aufgrund ihrer Ausbildung die besten Voraussetzungen zur Übernahme hatten. Daher betrieb Seeckt eine Offizierrekrutierung, die besonders befähigten, den Wertvorstellungen des Korps verpflichteten Bewerbern den Vorzug gab. Das Offizierkorps der Reichswehr besaß gegenüber den Kadern der in ihrem Umfeld fortbestehenden Freikorps, den nationalen Wehrverbänden und anderen paramilitärischen Formationen eine Sonderstellung, in der es als professionelle Elite bewundert, in seinen Ritualen jedoch häufig als wenig zeitgemäß abgelehnt wurde. Bei den paramilitärischen Verbänden überwogen aus der zum Mythos stilisierten Frontkameradschaft geschöpfte, charismatisch begründete personale Gefolgschaftsverhältnisse. Während die Reichswehr das Militär als Produkt institutionalisierter, hierarchisch geprägter Befehlsstrukturen begriff, setzten die Freikorps auf die Wirkungen einer völkisch begründeten Schicksalsgemeinschaft, in der allein der Kampf das soldatische Führertum legitimierte.

Aufgrund ihrer zahlenmäßigen Schwäche glaubte die Reichswehrführung mittelfristig nicht auf die rechtlich unzulässige Unterstützung durch paramilitärische Verbände verzichten zu können. Dabei musste sie rasch feststellen, dass sie diese nicht wirkungsvoll zu kontrollieren vermochte. Die paramilitärischen Angehörigen der Schwarzen Reichswehr sicherten und pflegten die vor den Alliierten versteckten überzähligen Waffenbestände und dienten darüber hinaus als Personalreserve.

Die Ereignisse des Jahres 1923 ließen erkennen, dass die Reichswehr nicht in der Lage sein würde, auch nur eine Handvoll französischer und belgischer Divisionen von einem Vormarsch nach Mitteldeutschland abzuhalten. Gleichzeitig erwies sich der Münchener Hitler-Putsch als eine innere Gefährdung der Reichswehr durch antirepublikanisch eingestellte Mitglieder radikaler Wehrverbände. Da man zunächst

Der unpolitische Soldat

Traditionelle Offizierergänzung in der Reichswehr

Paramilitarismus in der Weimarer Republik

Schwarze Reichswehr

nicht glaubte, auf eine paramilitärische Verstärkung der Reichswehr verzichten zu können, wurden in den folgenden Jahren unterschiedliche Konzepte einer Zusammenarbeit zwischen Reichswehr und nationalen Wehrverbänden entwickelt, die alle daran scheiterten, dass angesichts der Illegalität dieser Einrichtungen wirksame Kontrollmechanismen nicht greifen konnten.

Geheime Rüstungskooperationen

Um ihre durch die Bestimmungen des Versailler Vertrages auferlegten Rüstungsbeschränkungen zu umgehen und waffentechnisch und ausbildungsmäßig den Anschluss an die Entwicklung in den anderen europäischen Staaten nicht zu verlieren, kooperierte die Reichswehr schon früh mit der Sowjetunion. Diese hatte ihrerseits ein gesteigertes Interesse, sich die Führungsgrundsätze deutscher Streitkräfte anzueignen und an ihrem waffentechnischen Fortschritt teilzuhaben.

Mit der Konsolidierung der Weimarer Republik setzte 1924 der Übergang zur zweiten Phase (1924–1927) ein. Inzwischen hatten sich auch die militärpolitischen Rahmenbedingungen grundlegend verändert. Zwar wurde das Ziel einer gewaltsamen Revision der durch den Versailler Vertrag geschaffenen Realitäten nicht aufgegeben, doch richtete sich die militärische Führung auf eine mittel- bis langfristige Perspektive ein. Die wirtschaftliche Erholung der Weimarer Republik nutzte die Reichswehrführung zunächst, um über eine verdeckte Finanzierung nationalkonservative Wehrverbände, wie etwa den Stahlhelm – Bund der Frontsoldaten, zu einer paramilitärischen Sport- und Geländeausbildung junger Männer zu gewinnen.

Verdeckte Mobilisierungsmaßnahmen

Die fabrikatorischen Voraussetzungen einer Steigerung des Rüstungsausstoßes ließen sich auf Dauer ebenso wenig wie die notwendigen administrativen Maßnahmen zur Gewinnung von Wehrfähigen der jüngsten Jahrgänge unentdeckt unter den misstrauischen Blicken der Interalliierten Militärkontrollkommission (IMKK) bewerkstelligen.

Aufhebung der interalliierten Militärkontrolle

Mit der Aufhebung der interalliierten Militärkontrolle 1927 endete die Phase der militärpolitischen Halbillegalität, in der die Reichswehr letztlich erfolglos versucht hatte, Einfluss auf Freikorps, Arbeitsgemeinschaften, Schwarze Reichswehr und nationale Wehrverbände zu gewinnen, um die Wehrkraft der Nation und ihre Ressourcen bereits im Frieden zu erfassen und für einen gesamtgesellschaftlichen Krieg der Zukunft nutzbar zu machen.

Gesellschaftliche Militarisierung

In ihren Zielen übereinstimmend, in ihren Methoden unterschiedlich, hielten die in und außerhalb der Reichswehr angesiedelten Vertreter der militärischen Elite an den Vorstellungen einer konfliktbestimmten Außenpolitik fest. Auf der Basis einer umfassenden gesellschaftlichen Militarisierung sollte das militärische Instrument in

3. Revolution, Revision und totale Niederlage 1918–1945

die Lage versetzt werden, die hegemoniale Stellung des Reiches in Europa zu erkämpfen. Sie wurde ihrerseits als unbedingte Voraussetzung zur Erlangung einer Weltmachtposition Deutschlands angesehen.

Vor allem durch die Aufhebung der interalliierten Militärkontrolle waren die Voraussetzungen für die dritte Phase (1928–1935) geschaffen, in der der Nachfolger Geßlers als Reichswehrminister, der ehemalige General und Chef des Kriegsamtes Wilhelm Groener, die Rüstungspolitik der Reichswehr in den Rahmen der staatlichen Gesamtpolitik zurückführte. Im Zusammenwirken mit der Reichsregierung und damit integriert in das politische System der Weimarer Republik betrieb er mit dem Ersten Rüstungsprogramm (1928–1932) die Aufrüstungsmaßnahmen der Reichswehr, die eindeutig gegen die Bestimmungen des Versailler Vertrages und damit gegen geltendes Recht verstießen. Dieser „Rechtsbruch" aus nationaler Verantwortung [284: B. R. KROENER, Fromm, 109], der selbst definierte nationale Sicherheitsinteressen absolut setzte, schuf die Voraussetzungen dafür, dass die militärischen Spitzenvertreter der endgültigen Zerstörung des Rechtsstaates im Nationalsozialismus keinen grundsätzlichen Widerstand entgegensetzten.

Erstes Rüstungsprogramm (1928)

Das von Groener verfochtene militärpolitische Konzept setzte zwingend eine politisch-ökonomische Stabilität voraus, die mit Ausbruch der Weltwirtschaftskrise immer weniger gegeben war. In dieser Situation wurde die Reichswehr von den ihr innerlich zuneigenden Kräften der nationalen Rechten zunehmend als Bestandteil des Systems wahrgenommen, das es zu beseitigen galt. Groeners Rücktritt, der von General von Schleicher durch eine Einflussnahme bei Reichspräsident von Hindenburg vorbereitet worden war, katapultierte den General auf den Sessel des Reichswehrministers. Angesichts der tiefgreifenden Staats- und Gesellschaftskrise der Weimarer Republik suchte er eine tragfähige außerparlamentarische Basis für eine Neuordnung des Wehrsystems zu erreichen, bei dem der Kern einer Berufsarmee durch eine Miliz ergänzt werden sollte. Es war daran gedacht, dieses Konzept gesellschaftspolitisch durch eine Einbindung des linken Flügels der NSDAP und von Teilen der Gewerkschaften zu überwölben. Angesichts der Prognosen der rüstungswirtschaftlichen Planer, dass unter den gegebenen politischen und ökonomischen Konstellationen voraussichtlich erst 1948 ein tragbarer Mindestrüstungsstand erreicht sein werde, löste sich die Reichswehr Ende 1932 aus ihren Loyalitätsbindungen an die Republik, auch wenn sie zu diesem Zeitpunkt nicht bereit war, durch einen Staatsstreich zu einer radikalen Umgestaltung der politischen Verhältnisse beizutragen.

Damit hatten sich einflussreiche Kreise der Reichswehrführung von dem bis dahin geübten Prinzip, Militärpolitik nur innerhalb der bestehenden Ordnung zu betreiben, endgültig verabschiedet. Die von Hindenburg auf Betreiben seiner reaktionär-konservativen Umgebung erzwungene Demission Schleichers machte den Weg frei für die Regierung der „nationalen Erhebung", die nur noch für kurze Zeit in die Hülle der Weimarer Verfassung schlüpfte.

Rede Hitlers vor der Generalität der Reichswehr, 3. Februar 1933

Nur wenige Tage nach seiner Ernennung zum Reichskanzler erläuterte Hitler am 3. Februar 1933, vor den Spitzen der Reichswehr, sein militärpolitisches Konzept. Seine zentralen Aussagen verhießen den militärischen Führern die Erfüllung lange gehegter Hoffnungen. Sein klares Bekenntnis zu einer umfassenden Wehrertüchtigung der Jugend als Bestandteil einer bereits im Frieden vorbereiteten gesamtgesellschaftlichen Ausrichtung auf den „Krieg der Zukunft" und die Aussicht auf eine umfassende und endgültige Revision des „Systems von Versailles" trafen bei den Zuhörern auf ungeteilte Zustimmung.

Der strukturelle Gegensatz zwischen dem Truppenamt, das die Aufgaben des ehemaligen Generalstabes wahrnahm, und dem Kriegsministerium, der bereits den Dualismus der beiden Institutionen während der Vorkriegszeit und des Ersten Weltkrieges bestimmt hatte, brach angesichts der Herausforderungen, die der Reichswehr gestellt waren, erneut auf. Trotz unterschiedlicher Auffassung hinsichtlich des Zeitplanes war man sich allerdings grundsätzlich einig, dass nur eine Wehrpflichtarmee in der Lage sein würde, die gestellten Aufgaben zu meistern. Die von der militärischen Führung maßgeblich bestimmte

Aufrüstung und Wehrhaftmachung der deutschen Gesellschaft

Militär- und Außenpolitik bestand darin, nicht nur das Tempo der Aufrüstung selbst zu bestimmen, sondern auch die gesamtgesellschaftlichen Mobilmachungsvorbereitungen in ihrem Umfang festzulegen und an maßgeblicher Stelle zu koordinieren.

Reichswehr – SA

Angesichts der außenpolitischen Klimaverbesserung, die 1934 zu einem Nichtangriffspakt zwischen dem Reich und Polen führte, drängte die militärische Führung auf eine politische Entscheidung zugunsten der Allgemeinen Wehrpflicht und gegen ein Miliz-Konzept, das von der SA-Führung verfochten wurde. Der Druck der Militärs, Röhms starke Stellung innerhalb der Parteiorganisation, die Erwartungen der Öffentlichkeit auf ein Ende des von der NS-Führung geduldeten Straßenterrors und die latente Unruhe innerhalb der SA veranlassten

Röhm-Putsch

Hitler Ende Juni 1934 zum Handeln. Die Liquidierung ihrer Führungsspitze im sogenannten Röhm-Putsch, dem gleichzeitig zahlreiche Gegner des Regimes, unter anderen die Generale von Schleicher und von Bredow, zum Opfer fielen, bestätigte die Rolle der Reichswehr

3. Revolution, Revision und totale Niederlage 1918–1945

als einziger „Waffenträger der Nation". Die Zwei-Säulen-Theorie, der zufolge der Aufbau des nationalsozialistischen Staates auf den beiden Säulen Partei und Wehrmacht ruhte, war damit augenfällig unter Beweis gestellt. Nach dem Tod des Reichspräsidenten von Hindenburg Anfang August 1934 beeilte sich die militärische Führung daher durch einen persönlichen Treueid auf den Staatschef, der nun die Ämter des Reichskanzlers und des Reichspräsidenten in seiner Person vereinigte, sich als loyaler Partner zu präsentieren.

3.2 Wehrmacht, Nationalsozialismus und Kriegsvorbereitung 1935–1938

Mit der Entmachtung der SA war der Weg frei für die Einführung der Allgemeinen Wehrpflicht, mit deren Hilfe die Militärführung möglichst rasch die Aufstellung eines erheblich vergrößerten Kriegsheeres vorantreiben wollte. Sie erfolgte unter Bruch internationaler vertraglicher Bindungen. Diese Entscheidung ließ das unkalkulierbare Risiko eines Präventivschlages der Garantiemächte der Versailler Nachkriegsordnung entstehen. Die gleichzeitigen Planungen der Reichsmarine und der im Entstehen begriffenen Luftwaffe lassen erkennen, dass das „Risikoheer" nicht unähnlich der „Risikoflotte" der Tirpitzära in möglichst kurzer Zeit aufgebaut werden sollte, um potentiellen Gegnern das Risiko eines Krieges inakzeptabel hoch erscheinen zu lassen. War dieser Zustand erreicht, konnten die deutschen Streitkräfte offensiv in den Kampf um die Hegemonie auf dem europäischen Kontinent eintreten.

Einführung der Allgemeinen Wehrpflicht 1935

Das Deutsche Reich hatte damit eine sich zunehmend beschleunigende Rüstungsspirale in Gang gesetzt.

Die durch die deutsche „Wehrhaftmachung" herbeigeführte Labilität des internationalen Systems beförderte Nachrüstungsanstrengungen der europäischen Mächte, die den Rüstungsvorsprung des „Dritten Reiches" zunehmend verringerten und damit Hitlers Ziel einer hegemonialen Position in Europa gefährdeten. Die gravierenden Rüstungsengpässe veranlassten ihn am 5. November 1937 zu einer grundsätzlichen Aussprache mit den Oberbefehlshabern der Wehrmachtteile, dem Reichskriegsminister und dem Reichsaußenminister, in der er seine Pläne zur Zerschlagung der Tschechoslowakei und der Besetzung Österreichs darlegte. Die durch das Gedächtnisprotokoll seines Adjutanten Friedrich Hoßbach als Hoßbach-Protokoll überlieferten Ausführungen gelten als Grundsatzdokument der nationalsozialistischen Aggressionspolitik. Durch den Aufbau bilateraler Pakte und

Hoßbach-Protokoll 1937

Vereinbarungen glaubte Hitler die Phalanx seiner Gegner aufbrechen zu können. Da in den folgenden Monaten gleich drei der Teilnehmer der Besprechung vom November 1937 ihren Abschied erhielten oder wie Außenminister Freiherr von Neurath auf weniger bedeutsame Posten abgeschoben wurden, hat sich in der Nachkriegszeit über lange Zeit beharrlich die Auffassung gehalten, die begrenzte fachliche Kritik der Betroffenen sei in Wirklichkeit eine fundamentale Opposition gegen den Kriegskurs des Regimes gewesen, die zu ihrer Absetzung geführt habe.

Blomberg-Fritsch-Krise

Das betrifft die Interpretation der sogenannten Blomberg-Fritsch-Krise, die nach dem Zweiten Weltkrieg vor allem von Vertretern der militärischen Elite dazu genutzt wurde, in exkulpatorischer Absicht darzulegen, Hitler habe sich von seinen zur Mäßigung ratenden militärischen Ratgebern getrennt. Generalfeldmarschall von Blomberg war durch eine Messalliance in der Öffentlichkeit und in der Wehrmacht diskreditiert. Hitler hat seinen treuen Parteigänger nur ungern entlassen. Es war Blombergs Rat, Hitler möge doch selbst den Oberbefehl über die Wehrmacht übernehmen. Die wenig später durch eine unglückliche Namensähnlichkeit in Bezug auf angebliche homosexuelle Verfehlungen erhobenen Verdächtigungen gegenüber dem Oberbefehlshaber des Heeres, Generaloberst Freiherr von Fritsch, trafen auf eine durch die Blomberg-Affäre sensibilisierte politische Führung, die dadurch öffentliche Aufmerksamkeit zu vermeiden suchte, dass sie den General scheinbar turnusmäßig in den Ruhestand versetzte.

Militärische Spitzengliederung

Folgenreicher als die Blomberg-Fritsch-Krise erwies sich hingegen die Änderung der militärischen Spitzengliederung. Als Oberbefehlshaber der Wehrmacht schuf sich Hitler mit dem Oberkommando der Wehrmacht (OKW) ein militärisches Beratungsgremium und Sekretariat, dem er die Aufgabe zuwies, seine strategischen, militärpolitischen und später auch operativen Absichten in Weisungen für die Wehrmachtteile umzusetzen. Das Oberkommando der Wehrmacht bildete damit eine zusätzliche militärische Hierarchieebene, die keine eigene Kommandobefugnis besaß, da die Oberbefehlshaber der Wehrmachtteile in ihrem Bereich weiterhin eigenverantwortlich führten.

Einmarsch nach Österreich

Die neue Spitzengliederung war erst wenige Wochen alt, als im Windschatten einer internationalen Krise (Italiens Überfall auf Äthiopien) im Februar 1938 die Phase der gewaltsamen Annexionspolitik begann. Mit dem Einmarsch in Österreich erprobte die Wehrmacht erst-

3. Revolution, Revision und totale Niederlage 1918–1945

mals unter Anwendung einer Teilmobilmachung das Prinzip einer beschleunigten Ausrückfähigkeit seiner motorisierten Verbände.

Der nach dem Anschluss Österreichs für den Spätsommer 1938 ins Auge gefasste Angriff auf die Tschechoslowakei folgte dem Dogma des Erstschlages, mit dem das Regime in einer außenpolitisch günstigen Situation einen zuvor außenpolitisch isolierten Gegner mit den Kräften eines um wenige Reserveformationen erweiterten Friedensheeres niederzuwerfen suchte. Die Geschwindigkeit der Mobilmachung gepaart mit einer forcierten Angriffsbewegung bildeten die Garanten dieses operativen Konzepts.

Dogma des Erstschlages

Während Hitler im Frühsommer 1938 zu der Ansicht gelangte, die außenpolitische Konstellation begünstige eine rasche Niederwerfung der Tschechoslowakei, befürchtete der Chef des Generalstabes des Heeres, Generaloberst Ludwig Beck, dass Frankreich als Vormacht der Kleinen Entente (Frankreich, Rumänien, Jugoslawien, Tschechoslowakei) im Konzert mit England militärisch eingreifen könnte. Auch ließ sich die Haltung der Sowjetunion nicht abschätzen. Unter diesen Bedingungen mit einem noch unfertigen Heer gegen die befestigten Grenzen der ČSR anzurennen, erschien Beck unverantwortlich. Durchaus Befürworter eines mitteleuropäischen Revisionskrieges, den er mit einem voll ausgerüsteten Heer glaubte 1941/42 wagen zu können, wandte er sich gegen einen Angriff zu diesem Zeitpunkt und trat, als er auch innerhalb der militärischen Führung keine Unterstützung fand, von seinem Amt zurück.

Sudetenkrise und Militäropposition

Die Befürchtung, eine militärische Niederlage werde die innenpolitische Machtposition der militärischen Elite zerstören und den territorialen Bestand des Reiches gefährden, ließ im Spätsommer 1938 erste Ansätze zu einem aktiven militärischen Widerstand entstehen. Die Gegner Hitlers handelten nicht aus einer Fundamentalopposition heraus gegen das NS-Regime, sondern wandten sich gegen eine in ihren Augen unverantwortliche Kriegspolitik.

Mit dem Münchener Abkommen durchkreuzten die Westmächte und Italien Hitlers Pläne zu einer Besetzung der Tschechoslowakei. Das, was von der ČSR noch übrig geblieben war, besaß für die Westmächte danach jedoch keine strategische Bedeutung mehr. Die von Berlin aus bewusst unterstützte Loslösung der Slowakei bot Hitler im März 1939 die Gelegenheit, die „Resttschechei" militärisch zu besetzen.

Münchener Abkommen, 29. September 1938

Seit Herbst 1938 verband sich in der nationalsozialistischen Politik der Wille zum Krieg mit der Absicht, die bevorstehenden Auseinandersetzungen zur Durchführung einer auf seiner Rasseideologie beruhenden Vernichtungspolitik zu nutzen. In diesem Zusammenhang bilden

Kriegsplanungen und rasseideologische Vernichtungsvorstellungen

die vom Regime bewusst gesteuerte Reichspogromnacht vom 9. November 1938, Hitlers Reichstagsrede vom 30. Januar 1939, in der er die Vernichtung der jüdischen Bevölkerung als ein Ziel der Expansionspolitik ankündigte, und der Entschluss vom März 1939, Polen bei günstiger Gelegenheit zu vernichten, eine programmatische Einheit. Am 23. Mai 1939 ließ Hitler in einer Besprechung mit den führenden Vertretern der Wehrmachtführung keinen Zweifel an seiner Absicht, den Krieg gegen Polen nicht um den Rückgewinn der ehemals preußischen Provinzen im Osten, sondern als „Volkstumskampf" um „Lebensraum" führen zu wollen.

Der deutsch-sowjetische Nichtangriffspakt vom 23. August 1939

Nach den Erfahrungen des vorangegangenen Jahres schien ein Eingreifen der Westmächte auf der Grundlage der Polen gegenüber abgegebenen Garantieerklärung eher unwahrscheinlich. Dagegen musste mit der Sowjetunion zur Vermeidung eines Zweifrontenkrieges eine Übereinkunft getroffen werden. Der deutsch-sowjetische Nichtangriffspakt vom 23. August 1939 befreite die Sowjetunion aus einer möglichen Umklammerung durch Japan und das Deutsche Reich. In der Perspektive der sowjetischen Führung bildete der Pakt die Voraussetzung dafür, dass der – auch in der Sowjetunion als unvermeidlich angesehene – Entscheidungskampf zwischen den beiden antagonistischen Weltanschauungen, Kommunismus und Nationalsozialismus, später unter zweifellos günstigeren Bedingungen würde ausgetragen werden können. Für Berlin schienen die Voraussetzungen zu einer Niederwerfung Polens so günstig, dass man sich entschloss, den Kampf nach dem Muster der vorangegangenen Aktionen durchzuführen.

3.3 Vom „besonderen Einsatz" zum Weltanschauungskrieg 1939–1941

Krieg gegen Polen als begrenzter Einsatz

Als mit der Kriegserklärung der Westmächte am 3. September 1939 der als „besonderer Einsatz" geführte, begrenzte Konflikt gegen Polen zum europäischen Krieg ausgewachsen war, entstanden bei der Umstellung der Wirtschaft auf Kriegsproduktion erhebliche Engpässe. Angesichts einer Munitionsausstattung der Wehrmacht, die nur für wenige Großkampftage ausreichte, sollten bewegliche Stoßheere die ungünstige geographische Lage Polens, das im Osten, Westen und Süden an deutsche, an vom Deutschen Reich besetzte und an mit Deutschland verbündete Territorien grenzte, ausnutzen und die polnischen Streitkräfte in konzentrischen Schlägen niederringen.

Die deutsche Heeresführung zeigte sich im Verlauf des Feldzuges zunehmend beunruhigt über eine erstaunlich große Zahl von Verstößen

3. Revolution, Revision und totale Niederlage 1918–1945

gegen die Disziplin und „Manneszucht", womit man das Verhalten der Truppe gegenüber der feindlichen Bevölkerung und ihrem Eigentum bezeichnete. Offensichtlich verwilderte die Truppe angesichts der ideologischen Verhetzung, die bereits vor Beginn des Feldzuges unter Hinweis auf angebliche polnische Gräueltaten gegen die deutsche Minderheit stattgefunden hatte, und zunehmender Gewaltakte von Polizei und SS-Formationen vor allem gegenüber der jüdischen Bevölkerung. Einige militärische Befehlshaber erhoben massiven Protest gegen die völkerrechtswidrigen Maßnahmen. Vor diesem Hintergrund verstärkte sich bei Hitler die Überzeugung, dass im Volkstumskampf zukünftig die Wehrmacht den Waffenkrieg, Polizei und bewaffnete Formationen der Partei hingegen den rasseideologischen Vernichtungskampf führen sollten.

<small>Ausschreitungen und Gräueltaten als Elemente des „Volkstumskampfes"</small>

Mit dem Angriff auf Polen erreichte das nationalsozialistische Regime seinen eigentlichen ideologischen Aggregatzustand. Dieser Krieg stellte keinen traditionellen Konflikt um europäische Hegemonie oder Gleichgewicht dar. Es handelte sich von Anfang an um einen erbarmungslosen Existenzkampf, in dem der nationalsozialistischen Weltanschauung zufolge die Herrschaft der „germanischen Rasse" auf der Versklavung der „slawischen" und der Vernichtung der „jüdischen Rasse" errichtet werden sollte.

<small>Der Krieg – ideologischer Aggregatzustand des Nationalsozialismus</small>

Obwohl die Reichsgrenzen im Westen nur durch schwache Kräfte geschützt waren, erfolgten, von unbedeutenden Scharmützeln abgesehen, während des Krieges gegen Polen keine französischen Angriffe. Frankreich und Großbritannien hielten ihre Landstreitkräfte 1939 für unterlegen. So verschanzten sich die französischen Truppen hinter den sicheren Betonwällen der Maginotlinie, um die eigene Aufrüstung voranzutreiben und das Eintreffen des britischen Expeditionsheeres abzuwarten.

<small>„Sitzkrieg" im Westen</small>

Hitler, der einen kurzen Krieg erhoffte und stets den langen Abnutzungskrieg drohend vor Augen hatte, beabsichtigte, den raschen Sieg über Polen zu nutzen, um Frankreich anzugreifen, bevor britische Expeditionsstreitkräfte die französischen Armeen wirkungsvoll verstärken konnten.

Für die deutsche militärische Führung war aufgrund ihrer Erfahrungen aus dem Ersten Weltkrieg Frankreich ein Angstgegner, dem man nur nach intensiver Vorbereitung erfolgreich gegenübertreten zu können glaubte. Insofern löste der vorzeitige Angriffstermin, den Hitler befohlen hatte, bei führenden Militärs eine in erster Linie fachlich begründete Oppositionshaltung aus, die bei einzelnen Offizieren angesichts der Gewaltpolitik des Regimes in Polen bereits einen fundamentalen Gegen-

<small>Militärische Opposition vor dem Angriff gegen Frankreich</small>

satz erkennen ließ. Ein gewaltsamer Umsturz kam indes umso weniger in Frage, je weiter der Zeitpunkt eines Angriffs gegen Frankreich hinausgeschoben wurde und damit die Chancen für einen erfolgreichen Waffengang stiegen.

Mängel bei Luftwaffe und Kriegsmarine

Im Gegensatz zu dem vorsichtigen Optimismus der Heeresführung blickten Kriegsmarine und Luftwaffe in eine verdüsterte Zukunft. Bei Kriegsausbruch standen lediglich so geringe Überwasserstreitkräfte in Dienst, dass die Marineführung glaubte, in einem Konflikt mit England nur zeigen zu können, „daß sie (die Seestreitkräfte, B. K.) mit Anstand zu sterben verstehen" [178: MGFA, DRZW, Bd. 1, 473]. Die befürchtete britische Blockade ließ sich nur umgehen, wenn die Schiffe bereits vor Kriegsbeginn in den Atlantik ausliefen, womit sich aber die Frage nach ihrer Versorgung stellte, die bis Kriegsbeginn nicht befriedigend gelöst werden konnte. Erst durch den Besitz der norwegischen Häfen oder, noch günstiger, der französischen Atlantikküste würde es der Kriegsmarine möglich sein, die britische Blockade auszuheben.

Auch die Luftwaffenführung sah sich bei Kriegsbeginn außerstande, einen von Heeresoperationen unabhängigen strategischen Luftkrieg gegen die britischen Inseln oder Rüstungszentren im französischen Hinterland zu führen. Die deutsche Luftkriegsdoktrin hatte die Luftstreitkräfte auf der Basis der Erfahrungen des Ersten Weltkrieges, die ihre Exponenten, vor allem auch Hermann Göring, geprägt hatten, auf ihre Rolle als Erdkampfunterstützungswaffe festgelegt. Als fliegende Artillerie des Heeres vermochte sie zunächst erfolgreich das Konzept des entscheidungssuchenden Bewegungskrieges zu unterstützen.

„Friedensmäßige Kriegswirtschaft"

Die Scheu des nationalsozialistischen Regimes, die eigene von der Erinnerung des Ersten Weltkrieges geprägte Bevölkerung mit der Tatsache eines großen Krieges zu konfrontieren, verhinderte seit Kriegsbeginn eine entsprechend umfassende Ausrichtung der Wirtschaft und der öffentlichen Verwaltung und führte zu einer „friedensmäßigen Kriegswirtschaft", die im Inland wie im Ausland den Eindruck entstehen ließ, die Kriegsproduktion habe in Deutschland bereits ihren Höhepunkt erreicht. Mit Zustimmung der Industrie wurde im März 1940 der Generalinspekteur für das deutsche Straßenwesen, Fritz Todt, zum Reichsminister für Bewaffnung und Munition ernannt. Damit war dem Regime ein erster bedeutsamer Einbruch in die Alleinverantwortung des Militärs für die Gestaltung der Kriegswirtschaft gelungen. Hitler hatte auf diese Weise dem Primat der Politik zur Geltung verholfen und der militärischen Führung zu verstehen gegeben, dass er die Rolle der Streitkräfte in erster Linie auf die Führung der Operationen beschränkt sehen wollte.

Fritz Todt, Reichsminister für Bewaffnung und Munition

3. Revolution, Revision und totale Niederlage 1918–1945

Die Abhängigkeit des Deutschen Reiches von der Einfuhr strategischer Rohstoffe wie Öl, Nichteisenmetalle und Eisenerz veranlasste vor allem die französische Führung, einem strategischen Konzept zu folgen, das neben einem kräftesparenden Warten im Schutze der Maginotlinie darauf gerichtet war, die deutsche Rüstung von ihren Rohstoffquellen in Südost- und Nordeuropa abzuschneiden. Diesem Ziel sollte auch die von Großbritannien angestrebte Besetzung Norwegens dienen, der die deutsche Landung in Skandinavien nur um wenige Tage zuvorkam.

Die Besetzung Norwegens lag im Kalkül der deutschen Seekriegführung gegen England. Das „Unternehmen Weserübung" wurde als triphibische Operation geplant, wobei das OKW unter Wilhelm Keitel die Gelegenheit ergriff, seine Rolle als operatives Führungsinstrument bei kombinierten Einsätzen der drei Wehrmachtteile unter Beweis zu stellen und damit konkurrierend neben den Generalstab des Heeres zu treten. So entstand erstmals ein eigenständiger OKW-Kriegsschauplatz mit allen führungstechnischen und logistischen Implikationen dualistischer Operationsführung. Die Kriegsmarine verlor bei dem Landungsunternehmen einen Großteil ihrer Zerstörerflottille und musste einsehen, dass sie zur Durchführung und Absicherung großräumiger amphibischer Unternehmen nicht in der Lage war.

Besetzung Dänemarks und Norwegens

Der Generalstab des Heeres hatte den Feldzug gegen Frankreich zunächst in Anlehnung an die Planungen des Jahres 1914 als Operation durch die Niederlande und Belgien nach Nordfrankreich entworfen. Durch das zufällige Zusammentreffen des Truppengeneralstäblers Erich von Manstein mit dem Panzerexperten Heinz Guderian entstand der Plan, mit Panzer- und motorisierten Verbänden durch die Ardennen bis zur Maas bei Sedan vorzustoßen und die französischen Befestigungslinien an einer Stelle zu überwinden, wo sie im Schutze der Mittelgebirgszüge schwächer ausgebaut waren. Nach einem gelungenen Durchbruch sollte der bewegliche Stoßkeil nach Norden eindrehen und wie mit einem „Sichelschnitt" die Masse der französisch-britisch-belgischen Truppen, die in Erwartung eines deutschen Angriffs vorgeschoben in Belgien standen, einkesseln und vernichten. In einem zweiten Schritt sollte von der Einbruchstelle nach Südosten marschiert und die stark befestigte Maginotlinie von ihrer schwach verteidigten rückwärtigen Seite eingenommen werden.

„Sichelschnittplan" gegen Frankreich

Während die französische Führung versuchte, ihr Hinterland im Süden und Westen abzuriegeln, anstatt die nach Nordosten vorstoßenden deutschen Verbände in die Flanke zu fassen, bremsten Hitler und die militärischen Traditionalisten den Vormarsch der nur begrenzt motorisierten Verbände. Dadurch gelang es, die Masse des britischen Ex-

„Wunder" von Dünkirchen

peditionskorps und zahlreiche französische Soldaten von Dünkirchen aus nach England zu evakuieren.

Einheit von Politik und Kriegführung

Hitler sah sich durch den Erfolg des „Sichelschnittplans" als „größter Feldherr aller Zeiten" bestätigt. Durch seinen Angriffsbefehl und sein erstmaliges unmittelbares Eingreifen in die operative Führung erschien er jetzt als Oberster Kriegsherr, den das Militär im Ersten Weltkrieg so schmerzlich vermisst hatte.

Im „Blitzsieg" über den Angstgegner Frankreich und seinen Begleiterscheinungen liegt der Keim der Niederlage Deutschlands im Zweiten Weltkrieg. Im Rausch der Vorstellung, dass es nach diesem Sieg über die mächtigste Militärmaschinerie des Kontinents in Europa keine der Wehrmacht ebenbürtigen Streitkräfte mehr gebe, verabschiedete sich die deutsche militärische Führung von einem Grundsatz operativer Planung: die eigenen Absichten an einer möglichst exakten Beurteilung der gegnerischen Kampfkraft und Leistungsfähigkeit zu orientieren.

Die Hoffnung, dass Großbritannien nach der Kapitulation Frankreichs einlenken und zu einer Zusammenarbeit mit dem „Dritten Reich" bereit sein werde, zerschlug sich im Sommer 1940 ebenso rasch wie die Vorstellung, eine Landung in England könne den endgültigen Sieg im Westen herbeiführen. Die Kriegsmarine sah nach den Erfahrungen des Norwegen-Unternehmens keine realistische Chance für ein amphi-

Zunehmende Bedeutung der U-Bootwaffe

bisches Unternehmen gegen die britischen Inseln. Hingegen bot sich mit der Besetzung der Häfen vom Nordkap bis zur Biskaya die Chance einer U-Boot-gestützten Blockade Großbritanniens und seiner Seeverbindungen. Die Erfolge der U-Bootwaffe, die sich am Umfang der versenkten Tonnage gegnerischen Schiffraums ablesen lassen, schienen einer Bevorzugung der U-Bootwaffe recht zu geben.

Luftschlacht um England

Die Luftwaffe, die zunächst bei der Bekämpfung britischer Fliegerhorste und von Fabrikationsanlagen der Luftrüstung nennenswerte Erfolge zu verzeichnen gehabt hatte, erlitt bei der Bombardierung von Zielen im Großraum London empfindliche Verluste, die so rasch nicht ersetzt werden konnten. Daher sollte eine kurzfristig angeordnete umfassende Umsteuerung der deutschen Rüstungskapazitäten auf die Bedürfnisse von Luftwaffe und Kriegsmarine Abhilfe schaffen.

Das Heer, das nach seinem epochalen Sieg über Frankreich fürchten musste, bei einer Fortsetzung des Kampfes gegen England hinter der Kriegsmarine und der Luftwaffe zurückzustehen, suchte vorausschauend alternative Operationsziele im europäischen Raum. Damit rückte die Sowjetunion als möglicher Gegner ins Blickfeld der militärischen

3. Revolution, Revision und totale Niederlage 1918–1945

Führung. Hitler, der den Kampf gegen England stets als Bestandteil seines übergeordneten rasseideologischen Kampfes um Lebensraum gesehen hatte, befahl der Heeresführung Ende Juli 1940 sich über die Möglichkeiten eines Angriffs gegen die Sowjetunion zu äußern. Angetrieben von negativen Stereotypen bezüglich der Krisenfestigkeit des sowjetischen Regimes und der militärischen Leistungsfähigkeit der Roten Armee, gepaart mit einer hybriden Selbstüberschätzung und bewegt vom Bestreben, die Position des Heeres im innenpolitischen Verteilungskampf der Wehrmachtteile um Kapazitäten und Ressourcen zu behaupten, entwickelten der Chef des Generalstabes, Franz Halder, und seine Mitarbeiter das Konzept einer Blitzkriegstrategie, das dem Politikentwurf Hitlers kongenial war. Kurze, durch motorisierte und gepanzerte Stoßarmeen geführte Blitzfeldzüge sollten sich mit Ruhephasen abwechseln, in denen die Soldaten als Arbeitskräfte in die Rüstungsindustrie beurlaubt wurden, um dort die Waffen für den kommenden Feldzug zu schmieden. Wenn diese Voraussetzungen erfüllt würden, dann war damit zu rechnen, dass im Rahmen des „Unternehmens Barbarossa" noch vor dem Wintereinbruch 1941 die Masse der gegnerischen Verbände grenznah eingekesselt und vernichtet sein würde. Daraufhin werde, so hoffte man, das sowjetische System, seiner wichtigsten Stütze beraubt, zusammenbrechen.

Große Teile des deutschen Offizierkorps waren geprägt durch eine unmittelbar erlebte oder intensiv vermittelte Erfahrung vom Zusammenbruch der alten Armee 1918. Durch die NS-Ideologie, die bewusst antislawische Negativstereotype bediente, war in der Truppe ein Klima produziert worden, in dem unkritisch hingenommen wurde, dass der Feldzug gegen die Sowjetunion anderen Gesetzen zu gehorchen habe als der vorausgegangene gegen Frankreich.

Insofern gab es keinen Widerstand dagegen, dass die Militärverwaltung, anders als in Polen, auf das unmittelbare Operationsgebiet beschränkt werden sollte. Eine arbeitsteilige Trennung, bei der die Führung des Waffenkrieges in der Verantwortung der Wehrmacht lag und die „Säuberung" und Befriedung des rückwärtigen Gebietes durch Polizei, SS-Verbände und SD übernommen wurde, erschien der höheren militärischen Führung durchaus geboten. Die Versorgung der Truppe sollte „aus dem Lande" erfolgen, was nur auf Kosten der Zivilbevölkerung möglich war, deren Überleben zunächst als nachrangig angesehen wurde. Angesichts der Geringschätzung der slawischen „Untermenschen" erschien es unzweckmäßig, Ausschreitungen von Soldaten gegenüber Zivilpersonen mit der Rigidität des auf westeuropäische Verhältnisse bezogenen Wehrstrafrechts zu ahnden. Nur

Rasseideologisches Lebensraumkonzept gegen die Sowjetunion

Blitzkriegstrategie für den Ostkrieg

„Unternehmen Barbarossa" gegen die Sowjetunion

Wehrmacht, Polizei, Partei – Arbeitsteilung im Vernichtungskrieg

Kriegsgerichtsbarkeitserlass „Barbarossa" Mai 1941

wenn Disziplin und „Manneszucht", wie in Polen geschehen, durch das Verhalten der Truppe gegen die Zivilbevölkerung leiden sollten, war mit drakonischen Maßnahmen dagegen einzuschreiten. Die bei den sowjetischen Truppen eingesetzten politischen Kommissare, von denen angenommen wurde, dass sie mehrheitlich der jüdischen Intelligenz entstammten, wurden als gefährliche Elemente angesehen. Der im Oberkommando des Heeres entstandene, völkerrechtsverletzende „Kommissarbefehl" regelte ihre Behandlung. Sie waren bei Gefangennahme rasch auszusondern und möglichst abseits der Truppe zu töten.

> „Kommissarbefehl" Juni 1941

Damit war die Wehrmacht zwar nicht Anstifter und Haupttäter, aber doch Komplize und Mittäter im rasseideologischen Vernichtungskrieg. Vielfach haben sich Soldaten aller Dienstgrade bemüht, Menschlichkeit walten zu lassen. Manche wurden nicht Täter, weil ihnen keine Gelegenheit dazu geboten wurde. Viele wussten von Verbrechen, ohne an ihnen mitgewirkt zu haben.

Bereits bei der Vorbereitung des Feldzuges hatten Friktionen, wie sie etwa durch die Besetzung Jugoslawiens und Griechenlands auftraten, das Konzept des Blitzkrieges erheblich beeinträchtigt. Eine katastrophale Wirkung besaßen jedoch die Umsteuerung der Rüstung zugunsten von Kriegsmarine und Luftwaffe zur Fortsetzung des Kampfes gegen England sowie das Zurückhalten der Neuproduktion von Panzern und Kraftfahrzeugen für Anschlussfeldzüge in Richtung der britischen Positionen in Mittelost und Indien. Der Einsatz deutscher Truppen zur Unterstützung des italienischen Bundesgenossen in Nordafrika und der rasche Raumgewinn in Richtung auf den Suezkanal erweckten die trügerische Hoffnung, Großbritannien von seinen kolonialen Kraftquellen abschneiden und zum Frieden zwingen zu können.

> Umsteuerung der Rüstung 1941

> Afrikakorps

Als der organisierte Blitzkrieg im Dezember vor Moskau buchstäblich erfror, wurden einzelne Generale, durchaus nicht die Verantwortlichen, öffentlichkeitswirksam von ihren Posten entfernt. Nach der Demission des Oberbefehlshabers des Heeres, Generalfeldmarschall Walther von Brauchitsch, übernahm Hitler selbst den Oberbefehl über das Heer. Damit verkomplizierte sich die militärische Spitzengliederung des Dritten Reiches noch weiter.

> Winterkrise im Osten 1941/42

3.4 Vernichtungskrieg, Weltkrieg, Zusammenbruch 1942–1945

Durch den unter großen personellen und materiellen Verlusten gescheiterten Blitzkrieg fehlten für die Fortsetzung der Operationen im

3. Revolution, Revision und totale Niederlage 1918–1945

Frühjahr 1942 Soldaten, Waffen und Gerät. Nach dem Unfalltod von Fritz Todt fand Hitler mit Albert Speer als Rüstungsminister und dem Gauleiter Fritz Sauckel als Generalbevollmächtigten für den Arbeitseinsatz zwei ihm ergebene Mitarbeiter, die gleichermaßen Energie und Rücksichtslosigkeit besaßen, um die Kraftquellen des deutschen Machtbereichs für den nun notwendigen langen Abnutzungskrieg zu mobilisieren, zumal durch den Kriegseintritt der USA und Japans im Dezember 1941 der europäische Krieg auch in deutscher Perspektive zu einem Weltkrieg geworden war. *Albert Speer und Fritz Sauckel* *Kriegseintritt der USA*

Das Deutsche Reich musste die Entscheidung des Krieges im Osten herbeiführen, bevor sich das amerikanische Kriegspotential auf dem europäischen Kontinent auswirken konnte. Der Zwang, unter diesen Bedingungen Öl und strategische Rohstoffe für die deutsche Kriegsmaschinerie zu gewinnen, veranlasste Hitler, mit den noch verfügbaren Kräften der Ostfront die sowjetischen Industriezentren an der Wolga und mit einer anschließenden Operation die Ölquellen im transkaukasischen Raum zu besetzen.

Unter sträflicher Vernachlässigung der Versorgung und zeitweise behindert durch Treibstoffmangel vermochten die deutschen Verbände, dem nach Osten ausweichenden Gegner so rasch zu folgen, dass Hitler glauben mochte, ihm gelänge sowohl die Einnahme des symbolträchtigen Stalingrads und damit die Sperrung der Wolga als auch ein Vorstoß durch den Kaukasus bis zu den Ölfeldern von Baku. Diese Zersplitterung der Kräfte führte dazu, dass letztlich keines der beiden Operationsziele erreicht wurde und einem sowjetischen Gegenangriff keine nennenswerten Reserven mehr entgegengesetzt werden konnten. Die Einschließung, monatelange Agonie und schließlich die Kapitulation der 6. Armee in Stalingrad im Winter 1942/43, ließen bei den Zeitgenossen die Überzeugung wachsen, der Krieg sei für das Deutsche Reich nicht mehr zu gewinnen. Nicht nur an der Ostfront, sondern auch auf den anderen Kriegsschauplätzen sah sich die deutsche Führung 1943 in die strategische Defensive gedrängt. *Stalingrad*

Im Osten begann die Phase ständiger Rückzugsbewegungen, die die Truppe erschöpfte und die Verluste an Menschen und Material sprunghaft ansteigen ließ. In der kollektiven Wahrnehmung der deutschen Gesellschaft verfestigte sich unter diesem Eindruck die Deutung des Kampfes gegen die Sowjetunion als Verteidigungskrieg zur Sicherung der Heimat gegen einen erbarmungslosen Feind der abendländischen Kultur und Gesittung.

Die nach der Landung in Nordafrika und der Kapitulation der deutschen Verbände erfolgreiche Besetzung Siziliens, der Übergang der Alliierten auf das italienische Festland und der fast geräuschlose Zusammenbruch des faschistischen Regimes verstärkten die Hoffnungen der Widerstandsbewegungen im besetzten Europa ebenso wie die der oppositionellen Kräfte in Deutschland. Der deutsche militärische Widerstand begann sich mit dem zivilen zu vernetzen: Das nationalsozialistische Regime oszillierte zunehmend zwischen der Hoffnung auf ein Auseinanderbrechen der Anti-Hitler-Koalition einerseits und einer mystisch überhöhten Untergangsmetaphorik andererseits. Die Versuche, eine umfassende Mobilisierung der deutschen Bevölkerung für den Endkampf zu erreichen, schwankten zwischen Terror und Propaganda, zwischen Einschüchterung und Überzeugungsarbeit. Drakonischen Strafmaßnahmen gegen Regimegegner stand eine sich überschlagende Propagandarhetorik gegenüber.

Propaganda, Terror, Widerstand

Die seit 1941/42 rasant ansteigenden Verluste der Wehrmacht erzwangen eine soziale Öffnung der Offizierergänzung, die das Regime nutzte, um die letzten bürgerlich-konservativen Reservatrechte zu schleifen und das egalitäre Konzept einer „nationalsozialistischen Volksarmee" durchzusetzen. Die personellen Ersatzforderungen der Wehrmacht vergrößerten die personellen Lücken in Landwirtschaft und Industrie, denen mit dem Einsatz von Kriegsgefangenen, einem Millionenheer von Zwangsarbeitern und Sklavenarbeitern aus den Konzentrationslagern begegnet wurde. Die in diesem Zusammenhang betriebene brutale Menschenjagd vor allem in Osteuropa erhöhte den Widerstand und verschärfte die Partisanentätigkeit, die ihrerseits immer grausamere Reaktionen der Besatzungsmacht nach sich zog.

Soziale Öffnung der Offizierergänzung 1942

Nachdem die der Sowjetunion zugesicherte Errichtung einer zweiten Front in Westeuropa 1943 nicht in vollem Umfang realisiert werden konnte, erhielt der strategische Bombenkrieg einen bündnispolitischen Stellenwert. Im Gegensatz zur deutschen Luftwaffenstrategie perfektionierte das britische Bomber Command seit 1942 ein Angriffsverfahren, bei dem durch Flächenbombardements mit einer Kombination von Spreng- und Brandbomben eine weitgehende Zerstörung dichtbesiedelter Innenstädte herbeigeführt werden konnte. Die Zielsetzung, durch eine zunehmende Demoralisierung der Bevölkerung einen Zusammenbruch des Regimes und damit eine Verkürzung des Krieges zu erreichen, kalkulierte bewusst mit erheblichen Verlusten unter der Zivilbevölkerung.

Strategischer Bombenkrieg

Der Krieg zur See gestaltete sich, vergleichbar dem Ersten Weltkrieg, in erster Linie als Zufuhr- und Blockadekrieg. Während die deutschen Überwasserstreitkräfte im Feldzug gegen Norwegen und bei Gefechten mit britischen Marineverbänden ihre Unterlegenheit

Krieg zur See

3. Revolution, Revision und totale Niederlage 1918–1945

zu spüren bekamen, waren die Erfolge der deutschen U-Bootwaffe zunächst beeindruckend. Die erheblichen Verluste von Kriegsschiffen waren der Anlass zu einem Wechsel im Oberbefehl der Kriegsmarine. Mit Erich Raeder endete die seit Tirpitz betriebene Begünstigung einer global agierenden Hochseeflotte aus Überwassereinheiten. Sein Nachfolger, der Befehlshaber der U-Boote, Karl Dönitz, forcierte durch die Entwicklung leistungsfähiger neuer Boote mit großer Reichweite den Ausbau der U-Bootwaffe.

Mit Beginn des Jahres 1944 begann die Phase der verzögerten Niederlage. Hitler und die deutsche militärische Führung vermochten auf die Angriffe der Alliierten nur noch mit immer schwächer werdenden Kräften zu reagieren. Die Absicht, die Front möglichst weit im Süden Italiens zu halten, im Osten auch unter großen Verlusten an Menschen und Material territoriale Faustpfänder zu sichern und im Westen, gestützt auf den Atlantikwall, eine angloamerikanische Landung zu verhindern, bildete die Eckpfeiler der deutschen operativen Planung.

An der Ostfront waren die sowjetischen Verbände in der Lage, im Norden, im Süden und in der Mitte weiträumige Angriffsvorhaben durchzuführen. Die Frühjahrsoffensive bis an die Grenzen Rumäniens führte in den folgenden Monaten zum Einsturz der deutschen Herrschaft auf dem Balkan. Der Zusammenbruch der Heeresgruppe Mitte ermöglichte im Sommer 1944 der Roten Armee den Vorstoß auf die Reichsgrenzen. Während alliierte Truppen deutsche Verbände in Italien banden und nach der Befreiung Roms zur Besetzung Mittelitaliens schritten, erfolgte am 6. Juni 1944 die erfolgreiche angloamerikanische Landung in Nordwestfrankreich. Flankiert durch ein weiteres Landungsunternehmen in Südfrankreich gelang es innerhalb weniger Monate, Frankreich und Belgien zu befreien.

Zusammenbruch der Heeresgruppe Mitte im Osten

Invasion in der Normandie

In dieser Situation versuchten Offiziere am 20. Juli 1944 mit dem schließlich gescheiterten Attentat auf Hitler den Tyrannen zu stürzen, nicht zuletzt um der Welt ein Zeichen zu setzen, dass man in Deutschland aus sich selbst heraus die Kraft zumindest zu dem Versuch aufbrachte, sich des verbrecherischen Regimes zu entledigen.

Staatsstreich vom 20. Juli 1944

Anfang Oktober erreichten sowjetische Truppen bei Memel, angloamerikanische Verbände bei Trier und Aachen deutsches Territorium. Durch einen Angriff an der Nahtstelle zwischen britischen und amerikanischen Verbänden suchte Hitler im Stil der Operation „Sichelschnitt" von 1940 einen Durchbruch an die Küste zu erzwingen. Unzureichende Kräfte, Mangel an Treibstoff, sich rasch verändernde Witterungsbedingungen und ein fehlendes strategisches Gesamtkon-

Ardennenoffensive 1944

zept ließen im Dezember 1944 die Ardennenoffensive bereits nach wenigen Tagen scheitern. Allein im letzten Kriegsjahr zwischen Juli 1944 und Mai 1945 starben mehr deutsche Soldaten als während des gesamten bis dahin geführten Krieges. Der Ruhrkessel im Westen, die Kesselschlacht von Halbe im Osten, die Einschließung der Heeresgruppe Kurland in Ostpreußen und der Kampf um Berlin zählen zu den blutigsten Ereignissen des Endkampfes auf Reichsgebiet.

Evakuierung von Ostpreußen

Die Evakuierung von Ostpreußen, bei der bis zum Kriegsende auf dem Seeweg etwa zwei Millionen Menschen vor der Roten Armee in Sicherheit gebracht werden konnten, stellt das größte Seetransportunternehmen der Geschichte dar. Sie beeindruckt durch ihre seemännische und logistische Leistung. Doch war sie notwendig geworden durch die zu spät eingeleiteten, mangelhaft vorbereiteten und unzureichend koordinierten Maßnahmen zur Rettung der Bevölkerung als Ergebnis einer propagandistischen Selbstfesselung des Regimes. Mit dem Tod Hitlers, der sich am 30. April in Berlin das Leben nahm, wurden Teilkapitulationen deutscher Truppen in Norditalien, wenig später in Holland und Nordwestdeutschland möglich. Mit der Unterzeichnung der Gesamtkapitulation der deutschen Wehrmacht am 7. Mai in der traditionsreichen französischen Krönungsstadt Reims und auf Drängen der Sowjetunion erneut am 8. Mai in Berlin-Karlshorst endete der Zweite Weltkrieg auf europäischem Boden.

Kapitulation der Wehrmacht

4. Wiederbewaffnung, Verteidigung in Bündnissen und nukleare Bedrohung 1945–1990

4.1 An der Front des Kalten Krieges – Wiederbewaffnung in den beiden deutschen Staaten zwischen Kriegserinnerung und Bedrohungsperzeption (1945–1955)

Wehrmachtverluste

Von den etwa 18,2 Millionen deutschen Soldaten des Zweiten Weltkrieges, nicht gerechnet die Angehörigen der in Kriegshandlungen einbezogenen paramilitärischen Verbände und ausländischen Wehrmachtangehörigen, haben 5,3 Millionen, also nahezu jeder dritte Soldat, Krieg und Gefangenschaft nicht überlebt. Millionen trugen dauerhafte gesundheitliche Schäden davon [293: R. OVERMANS, Verluste, 316]. Im Gegensatz zum Ersten Weltkrieg war das Deutsche Reich vollständig besiegt, seine industriellen Ballungszentren waren flächendeckend zerstört, seine östlichen Provinzen weitgehend entvölkert

4. Wiederbewaffnung, Bündnisse und nukleare Bedrohung 1945–1990

und das Staatsgebiet einer umfassenden Besatzungsherrschaft durch die Mächte der Anti-Hitler-Koalition unterworfen worden. Um eine zukünftige deutsche Aggression zu verhindern, wurde eine vollständige Entwaffnung vorgesehen, die sich auch auf diejenigen Bereiche der industriellen Fertigung erstrecken sollte, die unmittelbar oder durch Umstellung der Produktion für Rüstungszwecke genutzt werden konnten. Durch Umerziehung der Bevölkerung und den Ausschluss von Angehörigen der Streitkräfte und anderer Personengruppen, denen eine militaristische Gesinnung unterstellt werden konnte, sollte jegliche geistige Affinität für Militär und Krieg dauerhaft unterbunden werden. Dieser Konsens wurde von der Sowjetunion angesichts der sich rasch vertiefenden Gegensätze zwischen den Siegermächten schon bald aufgegeben, als Moskau in seiner Besatzungszone unter strengster Geheimhaltung begann, Vorbereitungen für den Aufbau militärisch organisierter und ausgebildeter deutscher Kontingente zu treffen. Im Juli 1948 befahl Stalin kasernierte Polizeibereitschaften im Umfang von 10.000 Mann aufzustellen, deren Führungspersonal aus ehemaligen deutschen Soldaten, die in sowjetischen Gewahrsam geraten waren, rekrutiert wurde.

Kasernierte Polizeibereitschaften in der SBZ

Mit der Berlin-Krise im Sommer 1948 begannen die westlichen Regierungen unter Einschluss der USA konkrete Überlegungen zu einer Verteidigung Westeuropas gegen eine sowjetische Bedrohung anzustellen, als deren sichtbares Ergebnis der Nordatlantische Verteidigungspakt (NATO) vom April 1949 anzusehen ist. Angesichts der sich gegenüber der Sowjetunion abzeichnenden Unterlegenheit der in Westmitteleuropa verfügbaren konventionellen Streitkräfte, stellte sich immer drängender die Frage, ob Deutschland auf Dauer ein militärisches Vakuum bleiben konnte.

Nordatlantikpakt (NATO)

Die Bildung einer westdeutschen Bundespolizei, des Bundesgrenzschutzes, erfolgte in einer diffusen Gemengelage zwischen polizeilichen und militärischen Vorstellungen. Da militärische Fragen von der Bundesregierung aufgrund alliierter Vorbehalte nicht behandelt werden durften, zudem das Entmilitarisierungs- und Entwaffnungsgebot der Besatzungsmächte weiter bestand, bargen Erörterungen über Sicherheitsfragen für die erste Regierung der Bundesrepublik ein nicht unerhebliches Risiko. Schließlich gaben die Westmächte ihre Zustimmung zur Aufstellung eines Bundesgrenzschutzes begrenzt auf einen Umfang von 30.000 Mann.

Aufstellung Bundesgrenzschutz

Der Koreakrieg bestätigte die westliche Bedrohungsperzeption, derzufolge die Sowjetunion eine wachsende militärische Risikobereitschaft zu entwickeln schien. Sie führte dazu, dass in den Hauptstädten

Koreakrieg 1950

der westlichen Besatzungsmächte konkretere Überlegungen über eine Beteiligung Deutschlands an einer westeuropäischen Verteidigung angestellt wurden. Dabei bestand bei den Bündnispartnern zunächst Übereinstimmung darüber, zu eigenständigen Operationen fähige deutsche Verbände nicht zuzulassen.

Auf dieser Grundlage einigte man sich auf die Schaffung einer Europa-Armee aus Verbänden Frankreichs, Italiens und der Benelux-Staaten, in die deutsche Truppen in der Größe von Kampfgruppen integriert werden sollten. Verhandlungen über eine deutsche Wiederbewaffnung mündeten im Februar 1952 in den EVG-Vertrag (Europäische Verteidigungsgemeinschaft). Hinsichtlich der Integration zukünftiger deutscher Streitkräfte rangen die Verhandlungspartner um eine Lösung, die den Sicherheitsinteressen der westeuropäischen Staaten ebenso entsprach wie dem Streben der Bundesrepublik nach Gleichberechtigung und dem allen gemeinsamen Bemühen, die militärische Komponente so effizient wie möglich zu gestalten. Schon bald wurde deutlich, dass die nationalen deutschen Verbände etwa den Umfang einer Division haben müssten, um militärischen Nutzen zu gewährleisten. Über eigene Führungsstrukturen, wie etwa einen Generalstab, sollten die deutschen Streitkräfte jedoch nicht verfügen.

Europäische Verteidigungsgemeinschaft (EVG)

In der deutschen Bevölkerung waren wenige Jahre nach dem Ende des Zweiten Weltkrieges Überlegungen zu einer Wiederbewaffnung höchst unpopulär. Die Frage nach einem deutschen Wehrbeitrag konzentrierte sich innerhalb der politischen Parteien auf die Überlegung, unter welchen Bedingungen deutsche Streitkräfte aufgestellt werden sollten. Würde eine Wiederbewaffnung der Bundesrepublik im westlichen Bündnis die Chancen einer staatlichen Einheit Gesamtdeutschlands behindern oder war die Sicherheit des Landes nur durch eine Integration in das westliche Bündnis zu gewährleisten?

Diskussion über Wiederbewaffnung in der Bundesrepublik

Im Gegensatz zu den öffentlichen Verlautbarungen Moskaus wurden gleichzeitig die Abgrenzung der DDR sowie ihre innere Konsolidierung vorangetrieben und die militärische Orientierung der kasernierten Volkspolizeiformationen durch die Aufstellung von Marineverbänden und Luftwaffeneinheiten beschleunigt.

Kasernierte Volkspolizei (KVP) der DDR

Während die DDR-Führung kaum Einfluss auf die Wiederbewaffnungsbestrebungen der UdSSR im ostdeutschen Teilstaat nehmen konnte, vermochte Konrad Adenauer über eine Wiederbewaffnung in kleinen Schritten den westdeutschen Anspruch auf begrenzte Souveränität einzufordern.

NATO-Beitritt der Bundesrepublik

Das Scheitern des Vertragswerkes zur europäischen Verteidigungsgemeinschaft (EVG) in der französischen Nationalversammlung

4. Wiederbewaffnung, Bündnisse und nukleare Bedrohung 1945-1990

(1954) eröffnete der Bundesrepublik mit britischer und amerikanischer Unterstützung den Eintritt in die NATO. Im Rahmen der neu geschaffenen Westeuropäischen Union (WEU) sollte eine gemeinsame Agentur die zukünftige deutsche Rüstung überwachen, während sich die Bundesrepublik ihrerseits bereit erklärte, dauerhaft auf die Herstellung von ABC-Waffen, schweren Überwassereinheiten und Bombern zu verzichten. Erst in den siebziger und achtziger Jahren wurden diese Rüstungsbeschränkungen Schritt für Schritt aufgehoben.

4.2 Deutsche Streitkräfte in unterschiedlichen Bündnissen (1955-1990)

Angesichts der nicht mehr zu verhindernden deutschen Wiederbewaffnung blieb Moskau 1955 nur die Möglichkeit, das eigene Herrschaftsgebiet militärisch zu konsolidieren. Mit dem am 14. Mai 1955 aus der Taufe gehobenen Warschauer Pakt befestigte die Sowjetunion ihrerseits ihre Sicherheitsstrukturen in Ostmitteleuropa, nachdem die Bundesrepublik am 7. Mai in die WEU und am 9. Mai 1955, nahezu auf den Tag ein Jahrzehnt nach der bedingungslosen Kapitulation der Deutschen Wehrmacht, in die NATO aufgenommen worden war. *(Gründung des Warschauer Paktes 1955)*

Die DDR, zunächst nur als politisches Mitglied in den Warschauer Pakt einbezogen, vermochte rasch ihre militärisch gegliederte und ausgerüstete Kasernierte Volkspolizei (KVP) zur Nationalen Volksarmee (Januar 1956) aufzuwerten. Während im November 1955 die ersten hundert freiwilligen Soldaten der Bundeswehr ernannt wurden, verfügte die Nationale Volksarmee mit Beginn ihres Bestehens bereits über etwa 110.000 Soldaten. Der Fahrplan der Einbindung der beiden deutschen Staaten in die kollektiven Sicherheitssysteme der beiden Blöcke erscheint im Nachhinein als schwer durchschaubare Gemengelage zwischen der Befriedigung eines legitimen Sicherheitsbedürfnisses einerseits und einem primär propagandistisch motivierten Wettstreit um die Weltmeinung andererseits. *(Nationale Volksarmee / Bundeswehr)*

Das am Ende des Zweiten Weltkrieges errichtete amerikanische Nuklearmonopol konnte von der Sowjetunion bereits wenige Jahre später gebrochen werden, doch besaßen die USA in den fünfziger Jahren durch die Miniaturisierung atomarer Gefechtsköpfe die Fähigkeit, die konventionelle Unterlegenheit des Westens auf einem zukünftigen europäischen Kriegsschauplatz durch den Einsatz taktischer Atomwaffen zu kompensieren. Dabei bestand bei den militärischen Planern der NATO die Hoffnung, ein überlegener konventionell geführter sowjetischer Angriff werde bereits durch die Androhung eines massiven *(Nukleare Bedrohung/ nukleare Rüstung; Strategie der „massiven Vergeltung")* nuklear geführten Schlages („massive retaliation") verhindert werden können. Die Strategie der „massiven Vergeltung" sollte beim Angreifer hinsichtlich des Einsatzes nuklearer Waffen ein unkalkulierbares Risiko entstehen lassen und auf diese Weise eine mögliche sowjetische Aggression verhindern.

Da Moskau Mitte der fünfziger Jahre noch nicht über Interkontinentalraketen verfügte, war das Risiko eines nuklearen Gegenschlages auf das Territorium der USA gering, die mögliche Bedrohung Mitteleuropas und hier insbesondere der Bundesrepublik und der DDR jedoch für die Betroffenen katastrophal. Die militärischen Planer der noch jungen Bundeswehr befanden sich angesichts von Übungsannahmen ihrer Verbündeten, die von mehreren Millionen Toten und Verletzten auf dem Gebiet der Bundesrepublik und der DDR ausgingen, zunehmend in einem politisch-moralischen Dilemma. Eine Landesverteidigung, die zunächst die Preisgabe eines Großteils des eigenen Territoriums, seine langfristige Verstrahlung und Hekatomben von Ziviltoten hinnahm, verdiente ihren Namen nicht. Die deutsche militärische Führung suchte diesem Dilemma zu entkommen, indem sie von Anfang an gegen eine ausschließliche Orientierung auf eine atomare Rüstung die Verstärkung der konventionellen Verteidigung einforderte.

„Sputnikschock" 1957

Das Erscheinen eines sowjetischen Satelliten in der Erdumlaufbahn Ende 1957 löste den „Sputnikschock" aus. Die Sowjetunion war dank ihres in der Raketentechnologie gewonnenen Vorsprungs in der Lage, die USA voraussichtlich innerhalb weniger Jahre mit Interkontinentalraketen zu bedrohen. Der Einsatz taktischer Atomwaffen auf dem Gefechtsfeld Mitteleuropa barg von nun an die Gefahr einer nahezu automatischen Eskalation zum globalen nuklearen Schlagabtausch in sich. Die NATO bedurfte in Zukunft einer größeren Auswahl graduell steigerungsfähiger militärischer Optionen, die erst bei der Bedrohung lebenswichtiger Interessen, den Einsatz atomarer Waffen vorsahen. Die Strategie der „flexiblen Erwiderung" („flexible response") trug dem sich abzeichnenden „Gleichgewicht des Schreckens" Rechnung. Die Haltung der Westalliierten während der Berlin-Krise 1961 und der USA während der Kuba-Krise 1962 lässt bereits die Grundzüge einer zunehmend rationalisierten Nuklearstrategie erkennen. Die Erkenntnis, dass der Kalte Krieg unter Einsatz nuklearer Waffensysteme für keine der beiden Supermächte mehr zu gewinnen war, öffnete die Tür zu Rüstungskontrollabkommen, die eine wechselseitige Vertrauensbildung ermöglichen sollten.

Strategie der „flexiblen Erwiderung"

KSZE-Prozess

Als wichtigstes Forum erwies sich die Konferenz für Sicherheit und Zusammenarbeit in Europa (KSZE). Moskau nutzte den nach

4. Wiederbewaffnung, Bündnisse und nukleare Bedrohung 1945–1990

dem desaströsen Ende des Vietnamkrieges offenkundigen innen- wie außenpolitischen Schwächezustand der USA zu einem verstärkten Engagement in der Dritten Welt („Stellvertreterkriege"). Parallel hierzu begann die Sowjetunion mit einer umfassenden Modernisierung ihrer durch die inzwischen abgeschlossenen Abkommen zur Begrenzung der strategischen Rüstung (SALT – Strategic Arms Limitation Talks) nicht betroffenen Mittelstreckenwaffen. Damit gerieten die bisherige NATO-Strategie und mit ihr das militärische Gleichgewicht als Voraussetzung der deutschen Entspannungspolitik ins Wanken. Angesichts der Absicht, moderne nukleare Trägersysteme vom Typ SS-20 in den westlichen Militärregionen der Sowjetunion aufzustellen, bot die NATO zunächst Verhandlungen über einen Abbau dieser Vorrüstung an. Bei ihrem Scheitern, so drohte der Nordatlantikpakt, werde man zusätzlich zu den auf U-Booten stationierten Polarisraketen eine entsprechende Anzahl landgestützter Mittelstreckenraketen auf den Territorien seiner Bündnispartner, mithin auch der Bundesrepublik, stationieren. Bundeskanzler Helmut Schmidt war im Dezember 1979 maßgeblich an der Verabschiedung dieses als NATO-Doppelbeschluss bezeichneten Maßnahmenpaketes beteiligt, das den Willen zur Nachrüstung mit dem Angebot von Verhandlungen über eine Begrenzung der eurostrategischen Waffen verband. NATO-Doppelbeschluss 1979

Mit der Ablehnung des Verhandlungsangebotes über die Reduzierung der Mittelstreckenwaffen in Europa setzte nach erheblichen innenpolitischen Turbulenzen seit 1983 die Stationierung von Mittelstreckenraketen des Typs Pershing II auf dem Gebiet der NATO ein. Die zeitweise Beschleunigung des Wettrüstens bei gleichzeitigem Aufrechterhalten eines Verhandlungsangebotes führte angesichts einer sich dramatisch verschärfenden Wirtschaftslage in fast allen Staaten des Warschauer Vertrages schließlich zum Zusammenbruch des sowjetischen Machtbereichs.

4.3 Militär, Staat und Gesellschaft in der Bundesrepublik und in der DDR (1956–1990)

Als im November 1955 die ersten freiwilligen Soldaten der Bundeswehr ihre Ernennungsurkunden erhielten und wenige Monate später die Angehörigen der Kasernierten Volkspolizei der DDR zu Soldaten der Nationalen Volksarmee wurden, begann ein gleich zweifacher Versuch, zum vierten Mal in diesem Jahrhundert auf deutschem Boden Streitkräfte aus der Bevölkerung zu rekrutieren und die bewaffnete Macht des Staates in die Gesellschaft zu integrieren. Während die militärischen Reformer die neuen Streitkräfte als Objekt einer Erneuerung an Haupt und Gliedern ansahen, betrachteten Vertreter traditioneller Vorstellungen sie als professionelles Machtinstrument der Exekutive. In den folgenden Jahrzehnten kreiste die Diskussion über den gesellschaftlichen Ort der Bundeswehr um die beiden Spannungspole „Staatsbürger als Soldat" und „Staatsbürger in Uniform", zwischen der Forderung zur Rückbesinnung auf die traditionelle Eigenständigkeit des Soldatenberufes und der ihm eigenen militärischen Professionalität einerseits und der Überzeugung von der Integration des Bürgers als Soldaten in die demokratische Staats- und Gesellschaftsverfassung andererseits.

In den Offizierrängen der jungen Bundeswehr fanden sich zu Anfang Angehörige aller vier Erlebnisgenerationen der beiden Weltkriege, ihrer Vor- und Zwischenkriegszeiten. Die ältesten unter ihnen hatten ihren Dienst unmittelbar vor beziehungsweise während des Ersten Weltkrieges angetreten und gehörten damit zur Frontsoldatengeneration dieses Krieges. Ihnen folgten die Offiziere der Reichswehr. Ihre Erfahrungen beim Aufbau einer Friedensarmee prädestinierten sie geradezu für höhere Kommandostellen der neuen deutschen Streitkräfte. Die mittlere Führungsgruppe (Regiments- und Bataillonskommandeure) bildeten die noch vor Beginn des Zweiten Weltkrieges in die Wehrmacht eingetretenen Offiziere und die Kriegsoffiziere der Jahre 1939–1942. Die Dienstgradgruppe der Kompaniechefs setzte sich mehrheitlich aus den Kriegsoffizieren der zweiten Kriegshälfte und den „Volksoffizieren" der letzten Kriegsmonate zusammen. Diese heterogene Gruppe, in der die Zahl derer, die ihre Ausbildung erst in den Abteilungen des Bundesgrenzschutzes nach 1950 erfahren hatte, verschwindend gering war, stellte die Offiziere der ersten Stunde.

Im Gegensatz zur Aufstellung der Reichswehr, die bewusst in der Tradition, wenn auch nicht in der Kontinuität der Vorkriegsarmee entstanden war, hatten 1945 deutsche Streitkräfte für ein Jahrzehnt zu bestehen aufgehört. Die Verurteilung führender Offiziere zum Tode oder zu langjährigen Haftstrafen, die Aussicht, dass der Generalstab insgesamt zu einer verbrecherischen Organisation im Sinne der Statuten des Internationalen Militärgerichtshofes erklärt werden könnte und der Ausschluss der Gruppe der Berufsoffiziere von der Gewährung staatlicher Versorgungsleistungen bewirkten unter den ehemaligen Offizieren zunächst eine Distanz gegenüber einem Dienst im Rahmen einer „Europaarmee". Angesichts des sich verschärfenden Ost-West-Gegensatzes nach 1950 und der unabweisbaren Notwendigkeit, eine Sicherheitslücke in Mitteleuropa durch deutsche Streitkräfte schließen zu müssen, gab General Eisenhower als ehemaliger Oberster Befehlshaber

4. Wiederbewaffnung, Bündnisse und nukleare Bedrohung 1945-1990

der alliierten Streitkräfte in Europa, wenn auch zögernd, eine „Ehrenerklärung" für die Angehörigen der Wehrmacht ab, die nachweislich nicht an Kriegsverbrechen beteiligt gewesen waren. Auf der Grundlage dieser Erklärung, die Bundeskanzler Adenauer auch für die Bundesregierung vor dem Bundestag bekräftigte, waren ehemalige Offiziere bereit, sich für den Dienst in den neuen deutschen Streitkräften zu bewerben. Allerdings verband sich mit dieser öffentlichen kollektiven Rehabilitierung eine Hypothek, an der die Bundesrepublik und auch die Bundeswehr bis in die neunziger Jahre zu tragen hatten. Die Verbrechen des nationalsozialistischen Regimes und die militärischen Leistungen der Wehrmacht wurden in der gesellschaftlichen Wahrnehmung seit den fünfziger Jahren nicht mehr als die beiden Seiten einer Medaille abgestufter politisch-ideologischer Mittäterschaft wahrgenommen, sondern als zwei weitgehend voneinander geschiedene Hemisphären. Insofern bedeutete die Parallelexistenz eines demokratischen Leitbildes vom Bürger in Uniform und eine aus der Kriegserfahrung gespeiste, spezifisch militärische Traditionsstiftung zunächst keinen unüberbrückbaren Widerspruch. Im Gegenteil, der Beruf des Offiziers besaß, das hatte der Krieg, so schien es, zur Genüge bewiesen, bestimmte überzeitliche Voraussetzungen oder auch Tugenden, ohne die das militärische Instrument nicht leistungsfähig sein konnte.

Getrennte Wahrnehmung von militärischer Leistung und Verbrechen des Regimes

Von der Dienststelle Blank, dem Vorläufer des späteren Verteidigungsministeriums, initiiert, von der Bundesregierung vorgeschlagen und vom Parlament gebilligt, wurde im Juli 1955 der Personalgutachterausschuss (PGA), ein unabhängiges Gremium ins Leben gerufen, dessen Mitglieder Persönlichkeiten des öffentlichen Lebens waren, die in ihren Entscheidungen nur ihrem Gewissen verantwortlich waren. Das Ziel seiner Arbeit bestand darin, „von den führenden Kommandostellen Männer fernzuhalten, die nach ihrer Denkungs- und Handlungsweise dem Geist der neuen Streitkräfte eine Richtung geben konnten, die den bitteren Erfahrungen des letzten Menschenalters zuwiderliefen" [336: H.-J. RAUTENBERG, Standortbestimmung, 795]. Tatsächlich gelang es dem Personalgutachterausschuss ungeeignete und belastete Persönlichkeiten von den Spitzenstellungen der Bundeswehr auszuschließen. Die ausgewählten Offiziere waren zweifellos bereit, an einer Demokratisierung der neuen Streitkräfte mitzuwirken, ob sie aufgrund ihrer individuellen Lebenserfahrung die damit verbundenen Maxime auch verinnerlicht hatten, war jedoch mit letzter Sicherheit nicht zu überprüfen. Dieses grundsätzliche Dilemma zwischen der Überzeugung von der Notwendigkeit einer Einbettung der Streitkräfte in die gesellschaftlichen und politischen Rahmenbedingungen eines

Personalgutachterausschuss (PGA)

freiheitlich-demokratischen Rechtsstaates und den individuellen, berufspraktischen Lebenserfahrungen eines Soldaten in der ersten Hälfte des 20. Jahrhunderts durchzieht die Gründungsgeschichte der Bundeswehr und die frühe Phase ihrer Existenz bis zum Beginn der siebziger Jahre.

„Himmeroder Denkschrift" 1950

Bereits im Herbst 1950 hatte eine von Bundeskanzler Adenauer berufene militärische Expertenkommission im Eifelkloster Himmerod eine „Denkschrift über die Aufstellung eines deutschen Kontingents im Rahmen einer internationalen Streitmacht zur Verteidigung Westeuropas" erarbeitet, in der erstmals explizit gefordert wurde, dass von den Streitkräften im Rahmen einer staatsbürgerlichen Erziehung „über den Rahmen des Wehrdienstes hinaus ein entscheidender Beitrag für die Entwicklung zum überzeugten Staatsbürger und europäischen Soldaten geleistet werden" solle [348: H.-J. RAUTENBERG/N. WIGGERSHAUS, Himmeroder Denkschrift, 185–187]. In Umrissen erschien hier bereits das Konzept der „Inneren Führung". Damit war eine bewusste und von demokratischer Überzeugung getragene Anerkennung des Primats der Politik gemeint. Der Soldat bleibt auch unter den Bedingungen des militärischen Dienstes Staatsbürger, dessen Rechte nur dort einzuschränken sind, wo es Ausbildung und Dienstbetrieb zwingend erforderlich machen.

Freiheitliche Bürgergesellschaft und Militär

Zum ersten Mal in der deutschen Militärgeschichte wurde versucht, die liberal-freiheitliche Bürgergesellschaft mit der Institution Militär zu verbinden. Von Anfang an standen sich Reformer und Traditionalisten innerhalb der Bundeswehr kritisch gegenüber und versuchten ihren Einfluss auf die wechselnden politischen Entscheidungsträger an der Spitze des Verteidigungsministeriums auszuüben.

„Spiegel-Affäre" 1962

Der überhastet durchgeführte Aufbau der Bundeswehr, durch den möglichst rasch die dem Bündnis zugesagten 500.000 Soldaten unter Waffen gestellt werden sollten, führte zu gravierenden Mängeln. Selbst der NATO-Führung blieb schließlich nicht verborgen, dass die deutschen Streitkräfte nur „bedingt abwehrbereit" waren. Dieses harsche Urteil angesichts seit Jahren steigender Verteidigungsausgaben, im Nachrichtenmagazin Spiegel (1962) öffentlich gemacht, verunsicherte die Bundeswehr, brachte Verteidigungsminister Franz-Josef Strauß mit der sogenannten „Spiegel-Affäre" um sein Amt und stürzte die Bundesregierung in eine tiefe Krise. In dieser Situation forderten die Traditionalisten in der Bundeswehr unter Hinweis auf die spezifischen Anforderungen des Soldatenberufs eine Rückwendung zu den militärischen Leistungen der Vergangenheit und damit zu mehr Profes-

4. Wiederbewaffnung, Bündnisse und nukleare Bedrohung 1945–1990

sionalität. Gleichzeitig versuchten Reformer die Armee als Spiegelbild der gesellschaftlichen Verhältnisse behutsam zu modernisieren.

Eine zunehmend kritische Auseinandersetzung mit der Rolle der Streitkräfte in der Gesellschaft ließ seit der Mitte der sechziger Jahre eine grundlegende Reform der inneren Verfassung der Armee und ihrer Stellung im demokratischen Staat überfällig erscheinen. Nachdrücklich wurde die Forderung erhoben, die Streitkräfte hätten ein Spiegelbild der sozialen Verhältnisse innerhalb der Gesamtgesellschaft darzustellen. Daher habe die Offizierrekrutierung nach den berufsspezifischen Anforderungen und Qualifikationsmaßstäben und weniger nach traditionellen Kategorien sozialer Homogenität zu erfolgen.

Sinnkrise der Streitkräfte

Angesichts von Generations- und Politikwechsel bemühte sich die Führung des Verteidigungsministeriums, seit Beginn der siebziger Jahre einerseits die Streitkräfte „in das Gefüge von Verfassung und Staat" einzuordnen [20: D. BALD, Bundeswehr, 82] und andererseits die Attraktivität und professionelle Leistungsfähigkeit der Bundeswehr in der Gesellschaft zu erhöhen (Bundeswehrhochschulen, Berufsförderung).

Die soziale Öffnung des Offizierberufes und eine an den Standards einer wertpluralistischen politischen Kultur orientierte bundeswehrspezifische Bildungsreform bildeten die Eckpfeiler einer umfassenden Erneuerung. Damit wurde die Bildung in den Streitkräften als Teil des allgemeinen Ausbildungssystems verstanden und gestaltet. Innerhalb der Bundeswehr fand seit Anfang der siebziger Jahre ein intensiver Diskussionsprozess zwischen Reformern und Traditionalisten statt, der zum Teil öffentlichkeitswirksam geführt wurde und in seinem Ergebnis deutlich werden ließ, dass das Militär keineswegs, wie bisweilen befürchtet, zum Staat im Staate geworden, sondern offensichtlich in der demokratischen Streitkultur der Bundesrepublik angekommen war.

Mit Beginn der Nachrüstungsdebatte seit Ende der siebziger Jahre geriet weniger die Bundeswehr als vielmehr die Militär- und Bündnispolitik der Bundesregierung in die öffentliche Kritik. Die westdeutsche Friedensbewegung vermochte zwar eine beeindruckende Zahl von Sympathisanten zu mobilisieren, dennoch legitimierte der Wähler in der Bundestagswahl 1983 die von Bundeskanzler Helmut Kohl befürwortete Umsetzung des NATO-Doppelbeschlusses.

Bundeswehr und Friedensbewegung

Während die Friedensbewegung in der Stationierung weiterer nuklearer Trägersysteme in Europa die Bankrotterklärung der bisherigen atomaren Abschreckungsdoktrin erkannte und folgerichtig eine konsequente Abrüstung forderte, glaubten nicht wenige der politisch Verantwortlichen, die UdSSR und ihre Verbündeten angesichts der inzwischen offensichtlich gewordenen wirtschaftlichen Probleme im

Warschauer Pakt „totrüsten" zu können. Das Projekt einer weltraumgestützten Raketenabwehr (Strategic Defense Initiative, SDI), das geeignet sein konnte, die USA vor anfliegenden sowjetischen Raketen wirkungsvoll zu schützen, führte den Westeuropäern nachdrücklich vor Augen, dass die nukleare Abschreckung tatsächlich obsolet zu werden drohte.

Es verwundert daher nicht, dass in dieser Situation Befürworter einer Wiederbelebung traditioneller Werte innerhalb der Erziehung und Ausbildung der Streitkräfte an Boden gewannen. Im Vorstellungshorizont führender Offiziere verfestigte sich die Ansicht, dass bestimmte Entwicklungen, die in den vergangenen Jahren offenbar dazu geführt hatten, dass dem Soldaten die „Kriegsfähigkeit" und „Gefechtstüchtigkeit" abhanden gekommen sei, korrigiert werden müssten. Darin manifestierte sich innerhalb der Streitkräfte, auch nach dem Ausscheiden der Kriegsgeneration eine eher traditionalistische Grundströmung, die am Bild des Kämpfertyps als Ideal des Soldaten [20: D. BALD, Bundeswehr, 115] festzuhalten suchte und dieses dezidiert einem den Reformern unterstellten militärischen „Zivilismus" entgegensetzte.

„Kriegsfähigkeit" und „Gefechtstüchtigkeit"

Hatten sich die Streitkräfte in den siebziger Jahren um eine politisch-soziale Öffnung in die Gesellschaft bemüht, so wurde jetzt die Forderung erhoben, dass sich auch die Gesellschaft mit dem Verfassungsauftrag der Bundeswehr zu identifizieren habe, wenn der Prozess der Integration in beide Richtungen erfolgreich verlaufen sollte. Angesichts einer irreversiblen Entwicklung hin zu einer weitreichenden Denuklearisierung auf dem Gefechtsfeld Europa seit Ende der achtziger Jahre gewann der Anspruch nach konventioneller „Kriegsfähigkeit" und „Kampftüchtigkeit" des Soldaten, der bereits Anfang der sechziger Jahre geäußert worden war, zumindest innerhalb der militärischen Führung erneut an Boden.

Das Verhältnis von Militär, Staat und Gesellschaft in der DDR wurde entscheidend geprägt von der Blockkonfrontation in Zentraleuropa, der fortgesetzten sowjetischen Einflussnahme auf die inneren Verhältnisse der DDR und schließlich der marxistisch-leninistischen Gesellschaftstheorie. Die Staaten der Warschauer Vertragsorganisation bildeten nach sowjetischem Verständnis das strategische Glacis, das das Territorium der UdSSR dauerhaft vor einer militärischen Bedrohung schützen sollte. Für die DDR als „Frontstaat" par excellence an der Nahtstelle der Blöcke bedeutete diese Konzeption die Notwendigkeit einer dauerhaften gesellschaftlichen Militarisierung. Daraus ergab sich das Bedürfnis nach einer umfassenden Landesverteidigung als Voraussetzung einer optimalen Kriegführungsfähigkeit.

DDR als „Frontstaat"

4. Wiederbewaffnung, Bündnisse und nukleare Bedrohung 1945–1990

Das Fehlen einer eigenen nationalen Identität und einer aus freien Wahlen abgeleiteten Legitimation bewirkte, dass die bewaffneten Organe auch stets eine innenpolitisch stabilisierende Funktion ausübten. Die Notwendigkeit einer gleichzeitigen Herrschaftssicherung nach innen und außen erzwang angesichts der geostrategischen Situation der DDR eine gesellschaftliche Orientierung, die sich in Richtung auf einen „militarisierten Sozialismus" hin entwickelte. Darunter ist die Expansion des militärischen und paramilitärischen Systems unter totaler Subordination und Kontrolle im Kontext einer sozialistischen Gesellschaftsordnung zu verstehen [318: T. DIEDRICH, Herrschaftssicherung, 262].

„Militarisierter Sozialismus" in der DDR

Hinsichtlich der Aufrüstung, der ideologischen Durchdringung des Militärs und schließlich der militärischen Indoktrinierung der Gesellschaft lassen sich in Bezug auf die DDR vier Phasen unterscheiden:

Die **erste Phase** (1949–1961), die mit dem Mauerbau ihren Abschluss fand, war gekennzeichnet durch das Bemühen der Staatsführung, ihren Herrschaftsanspruch in den neu geschaffenen bewaffneten Formationen durchzusetzen. Nicht nur in der Volkspolizei und den nach militärischen Organisationsprinzipien aufgebauten Organen des Ministeriums für Staatssicherheit, sondern vor allem gegenüber den professionellen Führungs- und Ausbildungsvorstellungen im Offizierkorps der NVA versuchte die Partei ihren Einfluss geltend zu machen. Die Forderung, die bewaffneten Organe des Staatsapparates in vollem Umfang der Kontrolle der SED zu unterwerfen, wurde über eine umfassende politisch-ideologische Indoktrination und eine durch die Partei gesteuerte Personalführung realisiert. Die von der Partei eingesetzten Politoffiziere fungierten dabei als Stellvertreter der Kommandeure. Ende der fünfziger Jahre hatte die SED im Rahmen dieses dualen Führungsprinzips ihren Herrschaftsanspruch zum Teil gegen die professionellen Vorstellungen innerhalb des Offizierkorps durchgesetzt. Die Rekrutierung der überwiegenden Mehrzahl der Offiziere aus der Kasernierten Volkspolizei zusammen mit einem Generationswechsel, durch den die wenigen noch in der Wehrmacht sozialisierten Offiziere entlassen wurden, bewirkte, dass sich das Führerkorps der NVA seit dem Ende der sechziger Jahre schließlich fast vollständig aus Mitgliedern der SED zusammensetzte.

NVA und SED

Mit dem Mauerbau und der damit einhergehenden rigiden Abschottung der DDR setzte die **zweite Phase** (1961–1980) ein, in der die Staatsführung sich verstärkt bemühte, die Durchdringung der Gesellschaft mit den Normen eines militarisierten Sozialismus zu forcieren. Zunächst begann mit der Einführung der Allgemeinen Wehrpflicht und

NVA und Allgemeine Wehrpflicht

der Unterstellung der bisherigen Grenzpolizei der Grenztruppen unter das Ministerium für Nationale Verteidigung ein verstärkter, militärisch gesteuerter Zugriff auf die wehrfähige Bevölkerung der DDR.

KSZE-Prozess und Prager Frühling

Der Machtwechsel von Ulbricht zu Honecker, die Wirkungen der deutsch-deutschen Entspannungspolitik und des KSZE-Prozesses, aber auch die Ereignisse des Prager Frühlings und der wenig später in Polen zu beobachtenden politischen Veränderungen beförderten nicht nur in der DDR eine innergesellschaftliche Fragmentierung. Der partielle Rückzug ins Private wurde bis Mitte der siebziger Jahre durch die Fassade einer nach außen bewusst akzentuierten Loyalität gegenüber dem SED-Staat abgeschirmt, die erst in der letzten Phase immer deutlichere Risse erhalten sollte. Dieser für die politische Kultur eines autoritären Staates nicht ungewöhnliche Befund lässt das Bild einer alle Lebensbereiche ergreifenden „sozialistischen Militarisierung" differenzierter erscheinen, als es die normativen Quellen des Staatshandelns vermuten lassen. In diesem Zusammenhang dienten die militärischen und paramilitärischen Organe weniger als Mobilisierungsinstrument gegenüber einer möglichen Aggression von außen als vielmehr als ideologisches Immunisierungsinstrument gegenüber einer möglichen Erosion des Herrschaftsanspruches von Partei und Staatsapparat.

Militärische und paramilitärische Organe als ideologische Immunisierungsinstrumente

Die **dritte Entwicklungsphase** (1980–1989) setzte mit dem durch die Nachrüstung international beschleunigten Rüstungswettlauf seit Beginn der achtziger Jahre ein, der in der DDR durch eine verstärkte Modernisierung geprägt war. Eine forcierte Aufrüstung verbunden mit den damit einhergehenden Mobilmachungsvorbereitungen beschleunigte den wirtschaftlichen Niedergang, dem schließlich mit Mitteln einer sozialistischen „Kommandowirtschaft" nicht mehr gegengesteuert werden konnte. Die durch Perestrojka und Glasnost angestoßenen grundsätzlichen Veränderungen der sowjetischen Militärdoktrin (1987) lösten auch innerhalb der NVA eine gravierende Sinnkrise aus, in der das Feindbild ebenso wie die Notwendigkeit einer fortgesetzten Hochrüstung und ständigen Einsatzbereitschaft auf allen Ebenen der militärischen Hierarchie zunehmend in Frage gestellt wurden. Ohne den Schutz des Militärapparates der UdSSR sowie angesichts einer nicht mehr beherrschbaren wirtschaftlichen Talfahrt und einer weitgehend durch Reformunfähigkeit gelähmten politischen Spitze, vermochten die militärische Führung und die Sicherheitsorgane auf die immer gravierender werdenden innenpolitischen Krisensymptome nicht mehr adäquat zu reagieren. Die verantwortlichen Entscheidungsträger waren Ende der achtziger Jahre wohl auch angesichts der bereits bestehenden Legitimationskrise innerhalb der militärischen und paramilitärischen

Perestrojka und Glasnost

Legitimationskrise der NVA

4. Wiederbewaffnung, Bündnisse und nukleare Bedrohung 1945–1990

Organe schließlich nicht mehr ausreichend handlungsfähig. Ohne Direktiven der Staats- und Parteiführung und paralysiert durch die Ereignisse beobachteten sie im Herbst und Winter 1989 die Implosion des politischen Systems. Damit begann angesichts der friedlichen Revolution die **vierte und letzte Phase** der Geschichte der NVA (1989– 1990). Parallel zu den Veränderungen innerhalb der Gesellschaft der DDR suchte auch die Führung der NVA die bestehenden Strukturen einer Parteiarmee zugunsten dem Volk verbundener Streitkräfte aufzuheben, das bestehende Demokratisierungsdefizit abzubauen und die Dienst- und Lebensbedingungen innerhalb der NVA zu verbessern. Trotz einer ungewissen Zukunft blieben Auflösungserscheinungen innerhalb der NVA aus, vollzog sich die Übernahme der Befehls- und Kommandogewalt durch den Bundesminister der Verteidigung in beeindruckender Weise kontrolliert und reibungslos. Nachdem die NVA bereits am 24. September 1990 vertragsgemäß aus der Militärorganisation der Warschauer Vertragsorganisation ausgeschieden war, hörte sie am 3. Oktober 1990 auf zu bestehen. Nur vergleichsweise wenige ihrer Angehörigen wurden in den folgenden Jahren dauerhaft in den Dienst der Bundeswehr übernommen.

Reformbestrebungen in der NVA nach 1989

II. Grundprobleme und Tendenzen der Forschung

1. Wege und Perspektiven der Militärgeschichte

1.1 Von der Kriegsgeschichte zur Wehrgeschichte

Im Zeitalter einer von Machtstaatsideologie sowie Sendungs- und Verdrängungsbewusstsein geprägten Mächtepolitik besaß die Kriegsgeschichtsschreibung als Instrument zur Erziehung des Soldaten und als Beispielsammlung zur Ausbildung des militärischen Führers im Hinblick auf künftige kriegerische Auseinandersetzungen eine zentrale Bedeutung. Die amtliche Geschichtsschreibung des preußisch-deutschen Generalstabes geriet mit dieser „applikatorischen", d. h. anwendungsorientierten Methode zwangsläufig in unüberbrückbaren Gegensatz zur universitären Geschichtswissenschaft.

<small>Kriegsgeschichte als anwendungsbezogene Generalstabswissenschaft</small>

In dieser Situation bemühte sich der junge Historiker Hans Delbrück (1848–1929) die Kriegsgeschichte mit den anderen Zweigen der Geschichtswissenschaft zu versöhnen. Ausgehend von der unbestrittenen Feststellung, dass der Krieg ein legitimes Mittel der Außenpolitik darstelle, suchte er der Wechselwirkung von Politik und Krieg in der Geschichte nachzuspüren. Indem er die militärgeschichtlich relevanten Quellen mit dem methodischen Instrumentarium der Geschichtswissenschaft untersuchte und mit den Ergebnissen diplomatiegeschichtlicher Forschung konfrontierte, betonte er die Zeitgebundenheit seiner Erkenntnisse und setzte sich damit in einen unüberbrückbaren Gegensatz zu den Allgemeingültigkeitsvorstellungen der militärischen Kriegsgeschichtsforschung.

<small>Hans Delbrück</small>

Im sogenannten „Strategiestreit" prallten die Gegensätze unversöhnlich aufeinander. In Anlehnung an Clausewitz hatte Delbrück festgestellt, dass es nicht nur ein vollkommenes System der Strategie, sondern zwei gleichrangige Systeme gebe, die „Niederwerfungs"- und die „Ermattungsstrategie". Damit geriet das Dogma der „Vernichtungsschlacht" [81: J. H. WALLACH], der Angelpunkt aller Generalstabsplanungen am Vorabend des Ersten Weltkrieges, ins Visier einer wissenschaftlichen Kritik.

<small>„Strategiestreit"</small>

Entsprechend harsch fiel das Verdikt der Gralshüter der applikatorischen Kriegsgeschichte aus, während die Vertreter der universitären Geschichtswissenschaft dem Außenseiter in der Zunft nur halbherzig und eher verschämt zur Seite traten. Dennoch rückten in den Jahrzehnten vor Ausbruch des Ersten Weltkrieges verschiedene Forschungsfelder, die heute selbstverständliche Teilgebiete der Militärgeschichte bilden, auch in das Interesse der allgemeinen Geschichtswissenschaft, die sich zunehmend mit den strukturellen Voraussetzungen des Krieges in der neueren Geschichte zu beschäftigen begann. Dagegen waren das Verhältnis von Militär und Gesellschaft und vor allem die Binnenstrukturen innerhalb des Sozialsystems „Militär" in historischer Perspektive noch kein Gegenstand der Forschung. Gleichwohl ist davon auszugehen, dass bei Ausbruch des Ersten Weltkrieges durchaus ein Bewusstsein für militärgeschichtlich orientierte Fragestellungen bei den Vertretern der deutschen Geschichtswissenschaft existierte.

Der Ausgang des Krieges und seine unmittelbaren Folgen bedeuteten auch für die wissenschaftliche Beschäftigung mit den Phänomenen „Krieg" und „Militär" einen dramatischen Einschnitt.

Angesichts der Niederlage wurde die Forderung erhoben, die Gesellschaft von Anfang an propagandistisch-ideologisch auf die Notwendigkeit, gleichsam auf die existentiell gesteigerte Bedeutung eines erneuten Waffenganges einzustimmen und gegenüber pazifistischen Stimmungen zu immunisieren. Gerade angesichts eines als unausweichlich angesehenen kommenden „totalen" Krieges der Zukunft, musste bereits im Frieden mit der Wehrhaftmachung des ganzen Volkes begonnen werden.

Von der Kriegsgeschichte zur Wehrgeschichte

Die Wehrgeschichte, die nun zunehmend den Begriff der Kriegsgeschichte ersetzte, beinhaltete die Umdeutung der Geschichte als Instrument zur Steigerung der geistigen Wehrkraft des deutschen Volkes. Die Erkenntnis, dass der innere Zusammenbruch der Armee bereits im Verhältnis von Offizier und Mann in der Vorkriegszeit seine Wurzeln hatte, rückte erstmals den Frieden als den Normalzustand im Beziehungsverhältnis von Gesellschaft und Militär in das Gesichtsfeld von Historikern und Soziologen. So wird man in den Jahren nach dem Ersten Weltkrieg die Geburtsstunde der deutschen Militärgeschichte zu suchen haben, auch wenn der Begriff selbst den Zeitgenossen noch fremd war und die Anfänge einer kritischen Beschäftigung mit der Rolle des Militärs in der jüngsten deutschen Geschichte schon bald von einer hochgradig ideologisierten, nationalkonservativen und später nationalsozialistischen Wehrgeschichte verdrängt werden sollten [103: F.

C. ENDRES, Soziologische Struktur; 80: A. VAGTS, Militarism; 47: V. R. BERGHAHN, Militarismus]. Gegen diese Tendenzen einer kritischen Auseinandersetzung mit der Rolle des Militärs im Wilhelminismus formierte sich unter dem institutionellen Dach des neu gegründeten Reichsarchivs das Bestreben, die traditionelle Kriegsgeschichtsschreibung in die neue Zeit hinein zu retten. Damit ließ sich, geschützt durch einen weitgehend monopolisierten Aktenzugang, die Deutungshoheit zumindest über den operativen Verlauf des Ersten Weltkrieges erreichen. Eine umfassende Darstellung der durch den modernen Krieg bewirkten politischen, kulturellen und sozialen Veränderungen und den daraus resultierenden Verwerfungen innerhalb der Kriegsgesellschaft wurde zwar erwogen, jedoch nie realisiert [71: M. PÖHLMANN, Kriegsgeschichte]. Die amtliche, mit der Autorität des Reichsarchivs versehene Geschichtsschreibung entwickelte auf dem Gebiet der populären Kriegsdeutung im Interesse einer gesellschaftlichen Wehrhaftmachung umfassende und folgenreiche Aktivitäten.

<small>Gründung des Reichsarchivs</small>

Bereits 1932 wurden im Rahmen einzelner Historischer Seminare und Institute Kriegsgeschichtliche Abteilungen eingerichtet, zunächst in Berlin (Walter Elze), wenig später in München (Eugen von Frauenholz), Heidelberg (Paul Schmitthenner), Erlangen und Jena. In einer in der Historischen Zeitschrift zwischen 1938 und 1941 geführten Kontroverse zwischen Fritz Hartung, Gerhard Oestreich und Paul Schmitthenner werden Akzeptanz und Grenzen einer nationalsozialistisch orientierten, wehrpolitisch ausgerichteten Geschichtsschreibung exemplarisch deutlich. In einer Besprechung hatte Hartung die mangelhafte Quellen- und Literaturbasis einer Arbeit von Paul Schmitthenner kritisiert, um anschließend die Zielrichtung der wehrpolitischen Geschichte, also den Versuch, politisch-ideologischen Wertvorstellungen der Gegenwart durch eine bewusst selektive Interpretation des historischen Geschehens eine zusätzliche Legitimation zu verschaffen, als unwissenschaftlich abzulehnen. Schmitthenner seinerseits antwortete mit einer wütenden Attacke, die in dem Vorwurf gipfelte, die Ergebnisse der gesamten Geschichtswissenschaft stünden nicht auf dem Boden der nationalsozialistischen Weltanschauung. Hartung überließ es nun seinem Schüler Oestreich eine vermittelnde Position zu beziehen. Dieser suchte die Relevanz des Faches unter Beweis zu stellen, indem er den Wehrgesichtspunkt zum zentralen Erkenntnisziel der Geschichtswissenschaft erhob. Nach seiner Ansicht war Weltgeschichte in erster Linie als wehrpolitisches Geschehen zu begreifen und damit „als

<small>Kriegsgeschichtliche Abteilungen an Universitäten</small>

<small>Wehrgesichtspunkt als Erkenntnisziel der Geschichtswissenschaft</small>

Ansporn und als Quelle der Belehrung" [70: G. OESTREICH, Wesen der Wehrgeschichte, 246].

Die Folgen dieses Sündenfalles aus Not oder Überzeugung waren fatal. Zwar hatte Oestreich gefordert, die Wehrgeschichte müsse sich den methodischen Forderungen der Geschichtswissenschaft unterwerfen. Zugleich hatte er aber den Primat der Wehrgeschichte festzuschreiben gesucht und darüber hinaus wehrgeschichtliche Forschung als Beitrag zur wehrpolitischen Erziehung des Volkes und damit einer politisch-ideologischen Traditionsstiftung anerkannt. Eine grundlegende Erforschung der Wehrgeschichte im Rahmen der deutschen Geschichtswissenschaft der Zwischenkriegszeit ist noch immer ein dringendes Desiderat der Forschung [39: J. NOWOSADTKO, Krieg].

Kriegsgeschichtliche Forschungsanstalt des Heeres

Stärker noch als die universitäre Geschichtswissenschaft geriet auch die militärische Kriegsgeschichtsforschung ins Visier einer nationalsozialistischen Wehrideologie. Bereits 1937 wurde die Kriegshistorische Abteilung des Reichsarchivs als „Kriegsgeschichtliche Forschungsanstalt des Heeres" dem Chef des Generalstabes des Heeres unterstellt und die militärischen Aktenbestände unter der Bezeichnung „Heeresarchiv Potsdam" mit Zweigstellen in Stuttgart, Dresden, München und später in Wien und Prag administrativ umgegliedert.

Durchaus nicht zufällig wurde in der Vorbereitungsphase des Ostkrieges im Dezember 1940 die „Kriegsgeschichtliche Abteilung im Oberkommando der Wehrmacht" geschaffen, die die Einheitlichkeit der gesamten militärischen Geschichtsschreibung sicherzustellen hatte. Im Mai 1942 folgte die Errichtung des Amtes eines „Beauftragten des Führers für die militärische Geschichtsschreibung", eine Aufgabe, mit der der spätere Generalmajor und Elze-Schüler Walter Scherff betraut wurde [49: R. BRÜHL, Militärgeschichte; H. UMBREIT, Militärgeschichtsschreibung, in: 56: U. v. GERSDORFF, Militärgeschichte, 17–54]. Die Zusammenfassung der kriegsgeschichtlichen Forschung des Heeres unter Federführung des OKW ging dabei der Instrumentalisierung der Kriegsgeschichte im Sinne einer einheitlichen wehrgeistigen Rüstung als Bestandteil einer weltanschaulichen Ausrichtung der Wehrmacht für den zu erwartenden Entscheidungskampf voraus.

„Beauftragter des Führers für die militärische Geschichtsschreibung"

1.2 Militärgeschichtsschreibung in den beiden deutschen Staaten nach 1945

Nach dem Zweiten Weltkrieg war die deutsche Wehr- und Kriegsgeschichtsschreibung zunächst nachhaltig diskreditiert. Mit der Gründung

1. Wege und Perspektiven der Militärgeschichte

der beiden deutschen Staaten begann fast zeitgleich das Interesse an einer integralen, am Geschichts- und Gesellschaftsbild des jeweiligen deutschen Teilstaates orientierten Interpretation der deutschen Geschichte. Erste Überlegungen in Richtung auf eine wieder neu zu gründende amtliche Militärgeschichtsschreibung fielen in beiden deutschen Staaten mit den Überlegungen zur Aufstellung eigener Streitkräfte zusammen. So lieferten Mitarbeiter des Amtes „Blank", der Vorläuferorganisation des Bundesverteidigungsministeriums, bereits 1952 Anregungen zur Wiederbelebung einer methodisch wie thematisch erweiterten Kriegsgeschichtsschreibung [61: F. KLEIN, Militärgeschichte; 87: R. WOHLFEIL, Militärgeschichte].

In der Bundesrepublik erfolgte im Rahmen der Bundeswehr 1957 die Errichtung einer Militärgeschichtlichen Forschungsstelle in Ulm-Langenau, die 1958, als Militärgeschichtliches Forschungsamt bezeichnet, ihren Sitz in Freiburg im Breisgau nahm, von wo aus sie im Zuge der Wiedervereinigung 1994 nach Potsdam verlegt wurde.

Für die bundesdeutsche Geschichtswissenschaft stand dagegen von Anfang an außer Frage, dass es keinerlei Berührungspunkte sowohl zu der herkömmlichen Kriegsgeschichte als anwendungsorientierter Generalstabswissenschaft, als auch zu der durch den Nationalsozialismus in Dienst genommenen Wehrgeschichte geben konnte. Der Krieg wurde entweder „diplomatiegeschichtlich eingehegt" [39: J. NOWOSADTKO, Krieg, 76] oder schlicht ausgeblendet. Die Mehrzahl der Historiker, unter ihnen erstaunlicherweise auch viele, die noch wenige Jahre zuvor dem Primat der Wehrgeschichte gehuldigt hatten, wandte sich bewusst anderen, wie es schien, weniger verfänglichen Themen zu. Diejenigen aber, die sich wie etwa der Elze-Schüler Werner Hahlweg weiterhin militärgeschichtlichen und wehrwissenschaftlichen Themen widmeten, sahen sich, zumindest in Westdeutschland, weitgehend marginalisiert [48: D. BRADLEY, Hahlweg-Festschrift]. Diese Praxis bewirkte, dass spezifisch militärgeschichtliche Fragestellungen den Schülern der älteren Historikergeneration nicht vermittelt und damit auch in den folgenden Jahrzehnten nicht relevant wurden. Diplomatie- ebenso wie geistes- und frühe sozialgeschichtlich orientierte Forschungen zum Imperialismus des wilhelminischen Reiches und den Ursachen des Ersten Weltkrieges [145: F. FISCHER, Weltmacht] vermieden einen Rekurs auf den Verlauf des Krieges und seine Wirkungen auf die zeitgenössische Gesellschaft. Untersuchungen zur Epoche des Nationalsozialismus trennten bisweilen bereits im Titel die nationalsozialistische Herrschaft der Vorkriegszeit von der unmittelbaren Kriegszeit ab [82: B. WEGNER, Kriegsgeschichte, 103]. Letztere wurde neben der seit den frühen

Militarismusdiskussion nach 1945

Wiederbewaffnung und Militärgeschichtsforschung

Militärgeschichte – kein Lehr- und Forschungsgegenstand an westdeutschen Universitäten

Werner Hahlweg

fünfziger Jahren geradezu kaskadenartig anschwellenden Memoirenliteratur der militärischen Führungsschicht denjenigen überlassen, die sich außerhalb der akademischen Zunft berufsmäßig oder aus Neigung in erster Linie für den operativen Verlauf des Zweiten Weltkrieges interessierten.

Gerhard Ritter, Staatskunst und Kriegshandwerk

Eine besondere Rolle nimmt das bereits während des Krieges begonnene vierbändige Alterswerk GERHARD RITTERS, „Staatskunst und Kriegshandwerk. Das Problem des Militarismus in Deutschland" ein. In ihm untersuchte Ritter vor dem Hintergrund der deutschen Katastrophe das Verhältnis von Regierung und Heeresführung in Preußen-Deutschland zwischen 1740 und 1880. Sein einseitig politisch verstandener Militarismusbegriff klammerte die sozialen und ökonomischen Aspekte dieses Phänomens, das heißt die Militarisierung wesentlicher Teilbereiche des Gesellschaftssystems, aus. Den deutschen Militarismus suchte Ritter zudem auf die Phase des wilhelminischen Reiches seit 1890 zu begrenzen.

Primat der Innenpolitik

Die Militarismusdiskussion erhielt im Zuge einer sozialgeschichtlichen Öffnung der deutschen Geschichtswissenschaft seit den sechziger Jahren des 20. Jahrhunderts eine neue Dynamik. Unter dem Schlagwort des „Primates der Innenpolitik" wurde Militarismus zu einem Kennzeichen autoritär strukturierter Gesellschaften, deren Normen- und Wertgefüge herrschaftsstabilisierend dem Militärischen nachgebildet wurden [47: V. R. BERGHAHN, Internationale Debatte]. In diesem Zusammenhang wurde nicht nur auf den, militärischen Formierungs- und Disziplinierungsagenturen nicht unähnlichen, Charakter des Arbeitsprozesses seit Beginn der beschleunigten Industrialisierung verwiesen.

Militärisch-industrieller Komplex

Bedeutsamer noch erschien die in hoch entwickelten Industriegesellschaften entstehende enge Interessenvernetzung zwischen Politik, Militär und Industrie, für die sich, bezogen auf die Verhältnisse des 20. Jahrhunderts, der Begriff des „militärisch-industriellen Komplexes" einbürgerte [60: S. V. DE KERKHOF, Rüstungsindustrie]. Während die marxistische Forschung den Einfluss der Rüstungsindustrie auf politisch-strategische Entscheidungen überbetonte, blieben in der westdeutschen Forschung entsprechende Untersuchungen eher die Ausnahme.

Militärgeschichte und Militärwissenschaft in der DDR

In der DDR wurde fast zeitgleich zu den entsprechenden Bemühungen in der Bundesrepublik die Historische Abteilung beim Stab der Kasernierten Volkspolizei (KVP) gebildet. 1954 wurde in Dresden unter Leitung des aus der Sowjetunion zurückgekehrten ehemaligen Generalfeldmarschalls Friedrich Paulus eine „Kriegsgeschichtliche Forschungsanstalt" errichtet, die in personeller Hinsicht wie in Bezug auf ihre Namensgebung auf ältere Vorbilder zurückgriff

1. Wege und Perspektiven der Militärgeschichte

[222: T. DIEDRICH, Paulus]. Aus ihr ging 1958 das Institut für Deutsche Militärgeschichte hervor, das seit 1972 unter dem Dach der NVA als Militärgeschichtliches Institut der DDR firmierte. Vor dem Hintergrund des vergleichsweise hohen Stellenwertes, den die Militärwissenschaft in den Schriften der Klassiker des Marxismus-Leninismus besitzt, und der Notwendigkeit, dem ersten sozialistischen Staat auf deutschem Boden ein spezifisches Geschichtsbild der deutschen Arbeiterklasse zu vermitteln, das auch Gegenstände thematisierte, „die sich aus der militärischen Praxis unserer Staatsmacht" [53: E. ENGELBERG, Militärgeschichtswissenschaft, 8–23] ergaben, wurde bereits 1956 unter der Federführung von Ernst Engelberg an der Leipziger Universität eine Abteilung Militärgeschichte errichtet. Sie markiert den Beginn einer akademischen Beschäftigung mit der Militärgeschichte in der DDR.

Angesichts der Forderung nach einer Einheit von „Wissenschaftlichkeit und Parteilichkeit" als Grundlage einer unanfechtbaren Inanspruchnahme der Geschichte für ein historisches Gesellschaftskonzept blieb auch die Militärgeschichte dem historischen Materialismus und seiner Lehre von der Geschichte als einer Aufeinanderfolge von Klassenkämpfen verpflichtet [46: J. ANGELOW, Ungelüftete Räume, 73–89; 316: R. BRÜHL, Militärgeschichtsschreibung, 303–322]. Im Gegensatz zur Bundesrepublik war die Militärgeschichte in der DDR außerhalb der amtlichen Forschung in der universitären Forschung und Lehre unbestritten und besaß auch ihren festen Platz im Zentralinstitut für Geschichte der Akademie der Wissenschaften der DDR.

Die Militarismusdiskussion in der Bundesrepublik der siebziger Jahre hat, indem sie den Blick auf das Verhältnis von Militär und Gesellschaft gelenkt hat, der modernen Militärgeschichte und ihrer Akzeptanz im Rahmen der allgemeinen historischen Forschung den Weg geebnet. Sie verfügte zunächst aber weder über das Interesse noch über das analytische Instrumentarium, um sich der Innensicht, dem Wertekanon und den Funktionsmechanismen der militärischen Gesellschaft zuzuwenden. Daher besaßen die Untersuchungen des Militärgeschichtlichen Forschungsamtes über Jahrzehnte eine unverzichtbare Vermittlerfunktion zwischen der universitären Geschichtswissenschaft auf der einen und den Ergebnissen der internationalen Militärgeschichte auf der anderen Seite. Es waren in den sechziger Jahren vor allem jüngere sozialgeschichtlich orientierte französische und angelsächsische Forschungen, die der deutschen Forschung wichtige Impulse vermittelten.

Damit folgte auch die Militärgeschichte – wenngleich mit einem gewissen zeitlichen Abstand – der für die gesamte deutsche historische Forschung konstatierten „irreversiblen Zäsur", die ein einschneidender

Militär und Gesellschaft

Militärgeschichtliches Forschungsamt

Generationswechsel in Verbindung mit einer grundlegenden inhaltlichen Neubestimmung ausgelöst hatte [85: H.-U. WEHLER, Geschichtswissenschaft, 710].

1967 legte RAINER WOHLFEIL seine inzwischen klassisch gewordene Definition der traditionellen Militärgeschichte vor. [88: Wehrgeschichte, 29; 56: U. v. GERSDORFF, Militärgeschichte, 175]. Sein Verständnis von Militärgeschichte, das Krieg und Streitkräfte in ihrem jeweiligen historischen Kontext verortet und mit dem methodischen Instrumentarium der Geschichtswissenschaft bearbeitet, begreift militärhistorische Forschung als deren integralen Bestandteil und sucht demzufolge die aktuellen Gegenstände, Fragestellungen und Diskussionen des Faches auf ihren Gegenstand zu beziehen. Ein 1976 im MGFA von jüngeren Historikern unter der Federführung von HEINZ HÜRTEN erarbeitetes Grundsatzpapier zu Zielsetzung und Methode der Militärgeschichtsschreibung erweiterte auf der Basis der von Wohlfeil entwickelten Begriffsbestimmung die Forschungsfelder der Militärgeschichte in Richtung auf sozialgeschichtliche Fragestellungen und wies den Weg zum interdisziplinären Dialog [89: Zielsetzung].

Militärgeschichte als Sozialgeschichte

Die siebziger Jahre erwiesen sich aber für die Militärgeschichte auch noch auf einem anderen Feld als der amtlichen Forschung als fruchtbar. Im politischen Klima einer europäischen Friedens- und Entspannungspolitik schien es angemessen, auch eine spezifische Friedenspädagogik zu entwickeln. Damit wird die in jenen Jahren intensiv diskutierte Forderung nach der Praxisrelevanz der historischen Forschung berührt. Zweifellos ist es zutreffend, dass das Erkenntnisinteresse und damit die Fragestellungen, die der Historiker an sein Material heranträgt, in unmittelbarem Zusammenhang mit seinen in der Gegenwart manifesten Erfahrungszusammenhängen und Problemlagen erwächst. Diesem unreflektierten Praxisbezug hat die frühe Friedensforschung [86: W. WETTE, Friedensforschung] eine bewusste politisch-pädagogische Zielorientierung des zu wählenden Forschungsgegenstandes gegenübergestellt. Diese Position, die eine deutliche Nähe zur Methodendiskussion innerhalb der Sozial- und Politikwissenschaft erkennen lässt, versuchte „gegenwärtige Problemlagen, wie beispielsweise die Industrialisierung der Kriegführung als gewordene Geschichte" zu analysieren [39: J. NOWOSADTKO, Krieg, 126]. Dabei besteht die latente Gefahr, dass angesichts des erwünschten Praxisbezuges historische Phänomene nicht mehr in ihrer Epoche verortet, sondern in anachronistischer Verzerrung als Vorgeschichte ihrer nur aus der aktuellen Gegenwart zu deutenden Zukunft begriffen werden. Gleichwohl

Verhältnis der Militärgeschichte zur Friedens- und Konfliktforschung

1. Wege und Perspektiven der Militärgeschichte

hat die Friedens- und Konfliktforschung der Militärgeschichte wichtige Impulse vermittelt und Forschungsfelder eröffnet.

Mit der Hinwendung zu der sich ausbildenden Historischen Sozialwissenschaft, die in den seit den siebziger Jahren begonnenen Großprojekten des Militärgeschichtlichen Forschungsamtes ihren sichtbaren Niederschlag fand, hatte die institutionalisierte Militärgeschichte erneut Anschluss an die aktuelle Theorie- und Methodendiskussion der Geschichtswissenschaft gefunden. Im ersten Band des aus deutscher Perspektive grundlegenden Reihenwerkes, „Das Deutsche Reich und der Zweite Weltkrieg", haben die Herausgeber die programmatische Forderung vorangestellt, „eine Geschichte der Gesellschaft im Kriege" leisten zu wollen. Die Forderung, die Geschichte der Gesellschaft im Kriege darzustellen, bedeutete nichts weniger, als mit der Tradition zu brechen, die Geschichte des Krieges weitgehend aus der Perspektive staatlichen Handelns abzubilden. Gerade das Phänomen des Totalen Krieges, dessen Erforschung in den letzten anderthalb Jahrzehnten in wesentlichen Aspekten weiter vorangetrieben worden ist, lässt erkennen, dass eine gesellschaftliche Partizipationsbereitschaft zur Gewaltausübung vorausgesetzt wird, die sich eben nicht nur aus der Perspektive weitgehend willenloser Opfer staatlichen Gewalthandelns heraus erklären lässt. Dieser Ansatz wird auch in den weiteren Großforschungsprojekten des MGFA erkennbar, die die Militärgeschichte des Kalten Krieges in der Perspektive einer Fortsetzung totaler Kriegsplanung unter den Bedingungen atomarer Bedrohung untersuchen.

Geschichte der Gesellschaft im Kriege

1.3 Die „neue Militärgeschichte"/„Militärgeschichte in der Erweiterung"

Bereits 1986 hatte MICHAEL GEYER, dem die neuere Militärgeschichte eine Fülle innovativer Anregungen verdankt, in einem Beitrag festgestellt: „Eher umgekehrt scheint die deutsche Geschichte in der ersten Hälfte des 20. Jahrhunderts, aber beileibe nicht nur die deutsche Geschichte, durch die wachsende Gewaltbereitschaft eines Teiles der deutschen Gesellschaft geprägt" [174: Krieg als Gesellschaftspolitik, 558]. Militärgeschichte wurde in diesem Sinne als Geschichte nicht nur erlittener, sondern auch ausgeübter Gewalt verstanden. Dieser quer zum Viktimisierungsdiskurs der späten achtziger und frühen neunziger Jahren liegende programmatische Ansatz wurde in den folgenden Jahren von Geyer selbst und zunehmend auch von jüngeren Fachvertretern aufgenommen, die sich nach dem Zusammenbruch der bipolaren Welt mit der Rückkehr der kriegerischen Gewalt nach Europa konfrontiert sahen.

Militärgeschichte als Kulturgeschichte organisierter Gewaltverhältnisse

Die Erforschung des Gewalthandelns des Einzelnen in der Masse und die Erkenntnis, dass „ganz normale Männer" [247: C. R. BROWNING] zu Mördern werden konnten, dass nicht wenige unter ihnen auch Mörder werden wollten, weil sie sich als Vollstrecker einer rassisch-kulturell verstandenen Mission begriffen, andere wiederum aus Angst oder im Blutrausch handelten, Rache übten oder Männlichkeitsvorstellungen auslebten, haben der Geschichtswissenschaft und hier gerade der Militärgeschichte ein Interesse zugewandt, die das Fach in wenigen Jahren zu einem selbstverständlichen, einem integralen Bestandteil der Geschichtswissenschaft werden ließ. Die „neue Militärgeschichte", bisweilen auch als „Militärgeschichte in der Erweiterung" bezeichnet, hat sich den kulturgeschichtlich orientierten Perspektivenwechsel in der Geschichtsschreibung zu eigen gemacht und somit die auf Entschlüsselung langfristig wirksamer Prozesse gerichtete diachrone Argumentationsführung wesentlich bereichert. Damit grenzte sie sich bewusst von der Sozialgeschichte ab, die in strukturgeschichtlicher Perspektive säkulare Trends zu entschlüsseln gesucht hatte, hinter denen der Mensch als handelndes Subjekt und die erfahrbare Geschichte bisweilen zu verschwinden drohten.

Eine kulturwissenschaftlich orientierte Sozialgeschichte tritt mit dem Anspruch auf, das Individuum als autonomen Akteur in synchronen historischen Zusammenhängen wiederzuentdecken und in diesem Verständnis die Gesellschaftsgeschichte inhaltlich wie methodisch zu erweitern. Indem die Forschung Welt- und Gesellschaftsbilder, Wert-, Sinn- und Orientierungssysteme als kulturelle Strukturen begriff, eröffnete sich ihr eine faszinierend neue Welt unterschiedlichster Quellengattungen, von denen bisher viele entweder unbeachtet geblieben oder nur eindimensional gedeutet worden sind. Das betrifft literarische Zeugnisse, Bildquellen, Bauwerke und kunsthandwerkliche Zeugnisse ebenso wie etwa Modeschöpfungen. Selbst rituelle Formen, in denen spezifische Erfahrungen und Werthaltungen zum Ausdruck kommen, lassen sich unter diesen Voraussetzungen deuten [63: A. LIPP, Diskurs und Praxis; 91: B. ZIEMANN, Überlegungen]. Eine praxeologisch orientierte Kulturgeschichte bemüht sich, mit Hilfe eines interdisziplinär angelegten methodischen Zugriffs das Spannungsfeld zwischen Diskurs und Praxis auszumessen. Dabei wird von der Prämisse ausgegangen, dass auf der einen Seite individuelles wie gesellschaftliches Handeln durch internalisierte Wahrnehmungs- und Deutungsmuster bestimmt wird, auf der anderen Seite situativ bestimmtes Handeln bestehende Normen und Werthaltungen verändern kann.

1. Wege und Perspektiven der Militärgeschichte

Die Militärgeschichte hat sich der Faszination der inhaltlichen wie methodischen Erweiterung ihres Forschungsfeldes durch die moderne Kulturgeschichte nicht verschließen können, da gerade die Lebenswelt des Soldaten auch im Frieden einen impliziten wie expliziten Bezug zum Krieg als seinem eigentlichen Handlungsfeld besitzt. Insofern hat ein dynamisch angelegter wissenssoziologischer Erfahrungsbegriff gerade für die moderne Militärgeschichte eine zentrale Bedeutung. Handlungen und Äußerungen von Akteuren sind dabei Ergebnis eines permanenten sozialen Kommunikationsprozesses, der im Spannungsfeld zwischen Erfahrungsraum und Erwartungshorizont verläuft. Dabei wird das unmittelbare Erlebnis im Kontext bereits verinnerlichter Erklärungsmuster und Deutungsangebote verarbeitet und entsprechend sprachlich gefasst. Die nachzeitige Erinnerung rekurriert nur insofern auf das im Gedächtnis gespeicherte Wissen, als es für die gegenwärtige Interessenlage relevant ist, wobei zugleich auch mit Zukunftserwartungen verbundene Handlungsanleitungen auf entsprechend gedeutete Erinnerungsbestände zurückgreifen. Erfahrung wird, in dem sie unmittelbar mit Tätigkeiten und Handlungsbedingungen der Akteure verknüpft wird, Bestandteil der sozialen Wirklichkeit [77: R. SIEDER, Sozialgeschichte; 25: N. BUSCHMANN/H. CARL, Erfahrung des Krieges]. In diesem Sinne wird sie als soziokulturell bestimmte, sprachlich fixierte Verständigung über Vergangenheit begriffen. Es kann kein Zweifel bestehen, dass sprachlich-narrative Reflexionen von Wirklichkeiten nicht mit der Wirklichkeit gleichgesetzt werden dürfen. Indem sie aber einer erweiterten Interpretation unterworfen werden, die eine synchrone Quelleninterpretation unterschiedlichster Gattungen mit einbezieht, wird eine Annäherung an die historische Realität möglich. Dies lässt sich am Beispiel der Feldpostbriefforschung anschaulich vorführen, die die Aussagekraft ihres Gegenstandes unter anderem nur in Verbindung mit einer politischen Begriffsanalyse von Propagandaschriften und der spezifischen, in Befehlen und Aufrufen zum Ausdruck gebrachten obrigkeitlichen Sprachgewalt zutreffend erfassen kann. Daneben vermögen auch bildliche Darstellungen des Krieges, vom Amateurphoto über die Wochenschausequenzen und den Spielfilm (z. B. „Kolberg") bis hin zu künstlerischen Interpretationen kriegerischer Ereignisse zur Dechiffrierung kollektiver Deutungsmuster individueller Erfahrungen beizutragen. Hierzu zählen auch Zeugnisse der Herrschaftsarchitektur und Denkmalgestaltung ebenso wie die Repräsentation des zeitgenössischen Menschenbildes im Spiegel von Kaserneninterieurs und -einrichtungen.
Auch wenn auf den ersten Blick nicht unmittelbar erkennbar, ist

Militärgeschichte und moderne Kulturgeschichte

Erlebnis, Wahrnehmung und Erfahrung des Krieges

Feldpostbriefforschung

der Bezugspunkt aller auf das Militär bezogenen Maßnahmen das Bemühen, der Auftragserfüllung optimale Voraussetzungen zu schaffen. Der Krieg, der erlebte wie der gedachte, ist die kulturelle Folie, vor der sich auch in Friedenszeiten die staatliche Obsorge um militärische Effizienz entfaltet.

In diesem Sinne ist die Militärgeschichte immer auch eine Kulturgeschichte des Krieges, seiner Vor- und Nachkriegszeiten.

1.4 Militärgeschichte als Kulturgeschichte der Gewalt

Töten und getötet werden im Krieg

Einen besonderen Erkenntnisgewinn verzeichnet die moderne Militärgeschichte in ihrer sektoralen Erweiterung zu einer Kulturgeschichte der Gewalt. Zweifellos unterliegt die individuelle Darstellung des passiven Erleidens von Gewalt und damit die Opferperspektive einer größeren sozialen Akzeptanz als die Vermittlung aktiven Tötens, selbst wenn sie als Akt legitimer Selbstverteidigung oder militärischer Notwendigkeit dargestellt wird. Das gesellschaftliche Tabu des Tötens betrifft in der Regel auch die sprachliche Kommunikation über das aktive Töten [76: D. SCHUMANN, Gewalt als Grenzüberschreitung]. Eine moderne Kulturgeschichte der Gewalt im Kriege bedient sich daher unterschiedlicher methodischer Zugangsweisen, um das Unausgesprochene in der Darstellung kollektiven und individuellen militärischen Gewalthandelns sichtbar zu machen.

Soldatische Männlichkeitskonstruktionen und Kriegspraxis

Gruppenspezifisch emotionale Voraussetzungen, Kameradschaftszwänge ebenso wie Panikreaktionen, vermittelte und als verbindlich angesehene Feindbilder, die den Gegner entmenschlichen, gehören ebenso dazu wie die Honorierung von Tötungsakten, die damit gleichsam zum kriegerischen Alltag werden und ihre Legitimität aus der Anerkennung beziehen, die ihnen durch die staatliche Autorität in Form von Orden und Ehrenzeichen etc. zu teil wird. Soldatische Männlichkeitskonstruktionen, die den Mann mit dem Soldaten und den Soldaten mit dem Kämpfer gleichsetzen, gehören, zumal im Kontext nationaler Wehrbereitschaftsvorstellungen, zum Rüstzeug geschlechtsspezifischer Differenzierungen. Im Nationalsozialismus erhielt das Idealbild vom harten, gefühlsbeherrschten Kämpfer einen ultimativ-verbindlichen Charakter und eine überragende Dignität [257: F. WERNER, Männlichkeit, 38].

Eine Militärgeschichte als Kulturgeschichte der Gewalt muss in besonderer Weise die Multiperspektivität kulturell konnotierter Rechtfertigungen individueller und kollektiver Gewalt in den Blick nehmen, wenn es ihr gelingen soll, das Töten und getötet werden im

2. Militär, Krieg und Gesellschaft im 19. und 20. Jahrhundert

Krieg nicht nur als Ausdruck einer epochenunabhängigen anthropologischen Grundkonstante zu begreifen. Gerade die Entgrenzung des Krieges im 20. Jahrhundert legt die Vermutung nahe, dass die Perversion aufgeklärter Rationalität in der Herrschaftspraxis totalitärer Systeme eine negative Modernisierungsvariante beförderte. Ihr Gesellschaftsmodell inkludierte ein Menschenbild und versprach eine in die Zukunft gerichtete Heilserwartung. Durch zuvor verbindlich gemachte Wahrnehmungsstrukturen und Orientierungsmuster wurde eine soziale Praxis konstituiert, die eine abgestufte, bis zur physischen Vernichtung reichende legitimierte Ausgrenzung derer hervorbrachte, die zuvor als Bedrohung dieser Lebensform denunziert worden waren.

Die Rückkehr des konventionellen Krieges nach Mitteleuropa hat Anfang der neunziger Jahre auch die Frage nach der Erforschung militärischer Operationen, ihrer Vorbereitung, Durchführung und ihrer Wirkungen auf die Truppe, die von ihr betroffenen Gesellschaften und auf politische Entscheidungsprozesse neu gestellt. Daher bedarf es keiner näheren Begründung, dass eine „Militärgeschichte ohne Krieg" [69: S. Neitzel; 163: H. Strachan, First World War] ihrer Bestimmung nicht gerecht würde.

Moderne Operationsgeschichte

Allerdings darf sich eine Beschreibung des Krieges auch nicht in einer kulturwissenschaftlich angelegten Gewaltgeschichte erschöpfen. Der Krieg als Ereignis, das die menschliche Gesellschaft jeder Epoche in ihren existentiellen Lebensbedingungen bedroht, lässt sich nur im Rahmen einer alle Handlungs- und Erfahrungsbereiche erfassenden „Totalgeschichte" des Krieges [139: R. Chickering, Total War] beschreiben. Auf diesem Feld hat die moderne Operationsgeschichte bisher erste methodische Vorüberlegungen hervorgebracht. Studien, die diesen ambitionierten Ansatz im Rahmen eines konkreten Gegenstandes heuristisch überprüfen, sind bisher eher die Ausnahme geblieben.

„Totalgeschichte" des Krieges

2. Militär, Krieg und Gesellschaft im ausgehenden 19. und im 20. Jahrhundert

2.1 Der gedachte Krieg – Militär und Gesellschaft im späten Kaiserreich (1890–1914) – Zwischen Sonderwegsthese, Militarismus und industrieller Rüstung

Die gleichsam extrakonstitutionelle Position der Streitkräfte im Kaiserreich hat die historische Forschung, nicht zuletzt angesichts der Kriegskatastrophen des 20. Jahrhunderts, in den Jahrzehnten nach 1945 bewogen, einen auf den ersten Blick geschichtsteleologisch plausiblen deutschen Sonderweg zu konstatieren. In diesem Sinne suchten Vertreter der Geschichtswissenschaft, neben GERHARD RITTER [75: Staatskunst] und Friedrich Meinecke auch Hans Herzfeld, den Ursachen des Nationalsozialismus in der preußisch-deutschen Geschichte auf den Grund zu gehen. Angeregt vor allem durch FRITZ FISCHERS wegweisende Studien über die Rolle der deutschen Eliten bei der Entfesselung des Ersten Weltkrieges beschäftigte sich die junge politische Sozialgeschichte in Deutschland seit den siebziger Jahren mit Untersuchungen zur Strategie innergesellschaftlicher Machtsicherung, mit deren Hilfe die Eliten des Kaiserreichs vorhandene soziale Spannungen durch Ablenkung nach außen zu neutralisieren gesucht hätten. Ein quantitativer wie qualitativer Mangel an Bürgerlichkeit habe es erst ermöglicht, dass innenpolitisch wirksam über die Sozialagentur des Militärs flächendeckend Untertanengeist und Kadavergehorsam produziert und damit der Nährboden nationalsozialistischer Gewaltpolitik bereitet werden konnte [145: F. FISCHER, Weltmacht; 54: DERS., Bündnis; 122: M. MESSERSCHMIDT, Militär und Politik]. Die in diesem Zusammenhang lange Zeit dominierende Sonderwegsthese wurde erst Mitte der achtziger Jahre grundlegend in Zweifel gezogen [98: D. BLACKBOURN/ G. ELEY, German history] und kann heute auf der Basis zahlreicher komparativ angelegter empirischer Studien als überholt gelten [93: D. L. AUGUSTINE, Patricians and Parvenus; dagegen noch jüngst: 112: I. V. HULL, Absolute Destruction; 44: W. WETTE, Militarismus].

Das Militär, zumal das Militär des Kaiserreichs, galt und gilt vielfach als feudal, reaktionär, autoritär, modernitäts- und technikfeindlich. Auch wenn sich eine sozial- und kulturwissenschaftlich orientierte moderne Militärgeschichte zumal des 19. und 20. Jahrhunderts in den letzten anderthalb Jahrzehnten zu einem integralen Bestandteil der historischen Forschungslandschaft entwickelt hat [55: M. FUNCK, Militär, Krieg und Gesellschaft; 30: U. FREVERT, Militär und Gesellschaft], befindet sie sich auf diesem Feld noch am Anfang. Nur wenige Untersuchungen haben sich bisher mit den ikonographischen und literarischen Deutungen der Militärkultur des Kaiserreichs beschäftigt [133: M. SCHÖNING, Gemeinschaft]. Ebenso fehlt eine vergleichende Bauforschung, die die frappierenden Gemeinsamkeiten innerhalb der wilhelminischen Anstaltsarchitektur (Schule, Kaserne, Heilanstalt) in den Blick nimmt, obwohl Einzelstudien zu den verschiedenen Bauformen durchaus vorliegen. Ein angemessenes Theorieangebot liefern die Studien von Ewing Goffman über die totale Institution ebenso wie die Untersuchung von Michel Foucault „Überwachen und Strafen" oder

2. Militär, Krieg und Gesellschaft im 19. und 20. Jahrhundert 65

die Habitustheorie von Pierre Bourdieu. Sie haben den Blick geöffnet für die Wirkungsmechanismen der militärspezifischen Agenturen kollektiven Zwanges, wie etwa der Formation der Körper, der Erzwingung militärischer Disziplin bis hin zur Misshandlung Untergebener.

So wird etwa in den Auseinandersetzungen zwischen Monarch und Kriegsministerium über ein zeitgemäßes Militärrecht die für die Zeitgenossen in ihrem Verständnis des Kaiserreichs als eines autoritären Rechtsstaates eminent wichtige Frage nach Reichweite und Grenzen einer eigenständigen Militärjustiz in Friedenszeiten erkennbar [92: J. ANKER, Militärstrafgerichtsordnung]. Diese Perspektive öffnet den Blick auf den spezifischen Normenkodex der militärischen Gesellschaft im Allgemeinen und des Offizierkorps im Besonderen. Dabei lag das Gewicht der Forschung lange Zeit auf der Analyse der Zwangsmechanismen und damit in erster Linie der Zurichtung des Soldaten. Auch die habituelle Kultur des Offizierkorps wurde zunächst über ihre spezifischen Mechanismen der Exklusion betrachtet. Auf diese Weise lässt sich der symbolische Ort des Militärs in der Gesellschaft des Kaiserreichs jedoch nur unvollkommen bestimmen. Der einfache Soldat wie auch der Offizier waren niemals nur Angehöriger der militärischen Gesellschaft, sondern blieben in vielfältiger Weise ihren angestammten Sozialmilieus verhaftet. Daraus ergab sich zwangsläufig eine Wechselbeziehung, die in der historischen Forschung über lange Zeit nur in einer Richtung untersucht und entsprechend als „gesellschaftliche Militarisierung" interpretiert wurde. So unterlagen auch die militärischen Organisationsstrukturen zunehmend einem Modernisierungsdruck, führten die technische Entwicklung und die Veränderungen im Kriegsbild zu komplementären Führungsprinzipien, die mit den traditionellen Strukturen in einen nicht immer spannungsfreien Austausch traten.

Die zweieinhalb Jahrzehnte zwischen der Thronbesteigung Kaiser Wilhelms II. und dem Beginn des Ersten Weltkrieges unterschieden sich gerade hinsichtlich sozialer Schichtung, Lebensformen, Werthaltungen und Identitäten deutlich von der vorangegangenen ersten Phase des Kaiserreichs, setzten aber gleichzeitig eine Entwicklung fort, die sich bereits während des deutsch-französischen Krieges angekündigt hatte.

Im Rahmen der Heeresvermehrung und der Flottenpropaganda erhielten Vermittlungsagenturen, wie das Institut des Einjährig-Freiwilligen, das Reserveoffizierkorps, die Allgemeine Wehrpflicht und in ihrem Gefolge die Kriegervereine, eine gesamtstaatlich integrative Funktion. Durch die Öffnung des Offizierkorps für Angehörige des gehobenen Bürgertums, durch die wachsende taktisch-operative Bedeutung moder-

[margin: Disziplin und Zwang]

[margin: Habituelle Kultur des Offizierkorps]

[margin: Militär und Modernisierung]

[margin: Kriegervereine, Flottenpropaganda]

ner Waffensysteme, vor allem der schweren Artillerie, und infolge der durch Eisenbahnaufmarsch und Bevorratung gekennzeichneten Mobilmachungstechniken eines modernen Massenheeres hielten zunehmend der industriellen Produktion entlehnte Organisationsprinzipien und damit der bürgerlichen Welt entstammende Vermögens-, Leistungs- und Professionalisierungskriterien Eingang in die militärische Lebenswelt. Die bisher vorliegenden Detailstudien [191: M. FUNCK, Schock und Chance; 130: M. R. STONEMAN, Krieger] lassen erkennen, dass die Regimentskultur des deutschen Kontingentheeres die sozialen Verhältnisse des Kaiserreiches abbildete und die Armee mithin keine von der Gesellschaft geschiedene Sonderstellung einnahm. Selbst die Sozialdemokratie praktizierte eine vorsichtige Annäherung an das bestehende Wehrsystem und ließ eine zunehmende Bereitschaft zu konstruktiver Zusammenarbeit erkennen. Dabei hat ein wechselseitiger Austausch von Erwartungshaltungen, Leitvorstellungen und Deutungsmustern bezogen auf die jeweilige militärische Praxis stattgefunden.

Militär als gesellschaftliche Integrationsagentur Darüber kann auch die in offiziösen Verlautbarungen und populären Darstellungen bemühte Interpretation nicht hinwegtäuschen, die unermüdlich bestrebt war, die Armee und insbesondere das Offizierkorps als sichtbares Sinnbild gesamtstaatlicher Integrationsbemühungen der Nation darzustellen. Diese in den Quellen über die „schimmernde Wehr" und „Unser Vaterland in Waffen" verklärte Erwartungshaltung reflektierte nur die polierte Außenansicht, während andererseits aktuell politisch inspirierte Artikel über Soldatenmisshandlungen und eine rigide Strafpraxis keineswegs den Alltag in den Kasernen wiedergaben. Die kulturgeschichtliche Erweiterung der Sozialgeschichte, der sich auch die Neue Militärgeschichte verpflichtet sieht, begreift die auf Erfahrungen beruhende soziale Praxis als kulturelle Matrix, die ebenso wie politische, ökonomische und gesellschaftliche Voraussetzungen den Rahmen individuellen Handelns bildet. Strukturen bestimmen Erfahrungen, werden aber ihrerseits durch erfahrungsbasiertes Handeln verändert.

Militärkultur Am Beispiel der spannungsreichen Symbiose von bürgerlicher Opulenz und einer adeligen Kultur der Kargheit [120: S. MALINOWSKI, Vom König zum Führer] lässt sich anschaulich deutlich machen, dass es im Offizierkorps der Armee vor 1914 weder eine Feudalisierung des Bürgertums noch eine Verbürgerlichung des Adels gegeben hat. Als konstitutiv empfundene Lebensformen wurden wechselseitig von beiden Gruppen übernommen. Sie verschmolzen zu einer spezifischen, an den Lebensformen des Offizierkorps orientierten Militärkultur, deren Erscheinungsformen und Sozialprestige sie für Bürgertum und Adel

2. Militär, Krieg und Gesellschaft im 19. und 20. Jahrhundert

gleichermaßen attraktiv werden ließ. Insofern bildete die Armee durch das Institut der Allgemeinen Wehrpflicht, den Militärversorgungsschein bei den Mannschaften und Unteroffizieren sowie schließlich den Einjährig-Freiwilligen-Dienst und den Beurlaubtenstand im Offizierkorps eine soziale Integrationsagentur, die der Vorstellung von einem, wenngleich hierarchisch gegliederten und patriarchalisch geführten „Volk in Waffen" durchaus entsprach [117: B. R. KROENER, Integrationsmilitarismus].

Neben der Sozial- und Kulturgeschichte des Militärs bildet die Beschäftigung mit der Rüstungspolitik des Kaiserreiches und in enger Verknüpfung zu ihr mit der Kriegsbilddiskussion einen Schwerpunkt der in den letzten anderthalb Jahrzehnten erschienenen Studien. Dabei stand die Erforschung der deutschen Flottenrüstung in einer langen historiographischen Tradition, die bis in die Zwischenkriegszeit zurückreicht [118: I. N. LAMBI, Navy; 1: V. R. BERGHAHN/W. DEIST, Rüstung; 104: M. EPKENHANS, Flottenrüstung; 111: R. HOBSON, Maritimer Imperialismus]. Der deutsche Navalismus und die mit ihm verbundene Hochrüstung zur See wurden in erster Linie interpretiert als Ergebnis einer Defensivstrategie der herrschenden Eliten, vor allem ihrer vorindustriellen agrarisch orientierten Protagonisten gegen den Prozess einer notwendigen Demokratisierung und damit gegen eine Modernisierung des Kaiserreiches. Im Zuge einer kritischen Revision der Sonderwegsthese ist auch dieser Forschungsansatz grundlegend in Frage gestellt worden [102: G. ELEY, Imperialism]. Damit wird auch die Überzeugung, die Flottenrüstung und mit ihr die Flottenagitation sei ein Instrument manipulativer Herrschaftstechnik gewesen, mit der sich eine vormoderne Elite gegen ihre drohende Entmachtung zur Wehr gesetzt habe, zunehmend in Zweifel gezogen.

Rüstung und Kriegsbild

Die von Tirpitz mit beharrlicher Energie beförderte „Risikoflotte" verschlechterte die diplomatischen Beziehungen zu Großbritannien und schuf insgesamt ein Klima der Verunsicherung , das durch die Sprunghaftigkeit Wilhelms II. noch verstärkt wurde. In diesem Zusammenhang ist in der jüngsten Forschung die Ansicht vertreten worden, erst die Heeresvermehrungen nach 1911 und die Gefahr einer erneuten Niederlage Frankreichs hätten der deutschen Marinerüstung in der Perspektive des Auslands ein Gewicht verliehen, das sie real nie besessen habe [111: R. HOBSON, Maritimer Imperialismus]. Auch wenn vergleichende Studien noch ausstehen, scheint der Navalismus ein Phänomen aller hochentwickelten Industriestaaten und Schwellenländer des ausgehenden 19. Jahrhunderts gewesen zu sein.

„Risikoflotte" und Heeresvermehrungen

Das Deutsche Reich besaß nach der Entlassung des Reichskanz-

Mangelnde strategische Gesamtkonzeption des Deutschen Reiches

lers von Caprivi kein gesamtstrategisches Konzept mehr. Weder fanden Absprachen zwischen Admiralität und Generalstab statt, noch gab es eine gemeinsame Rüstungsplanung zwischen Reichsmarineamt und Kriegsministerium, geschweige denn eine Zusammenarbeit oder Informationspolitik mit den obersten Reichsbehörden, wie etwa dem Reichsschatzamt. Dieses polykratische Chaos, das durch den Monarchen als Obersten Kriegsherrn nicht gebändigt werden konnte, wurde noch verstärkt durch innermilitärische Rivalitäten zwischen Admiralität und Reichsmarineamt, zwischen Generalstab und Kriegsministerium, wobei die personalführenden Beratungsgremien des Kaisers, Marinekabinett und Militärkabinett, noch zusätzlich eine verhängnisvolle Rolle spielten.

Das Fehlen einer gesamtstrategischen Perspektive, teilstreitkraftbezogene Ressortegoismen und schließlich der unüberbrückbare Gegensatz zwischen den Operateuren und den Organisatoren des Krieges haben die deutsche Militärgeschichte bis weit ins 20. Jahrhundert geprägt. Während zu Generalstab und Generalstabsausbildung jüngere Arbeiten vorliegen [21: D. BALD, Deutscher Generalstab], fehlen zum Kriegsministerium entsprechende Untersuchungen [121: H. O. MEISNER, Kriegsminister].

Die Rüstungsanstrengungen des Kaiserreiches erfuhren seit dem Ende des Ersten Weltkrieges in der historischen Forschung eine besondere Aufmerksamkeit. Hatte GERHARD RITTER noch den Verlust des Primates der politischen Führung nach Bismarcks Entlassung beklagt und damit das Problem des Militarismus in Deutschland ausschließlich politisch zu erklären gesucht [75: Staatskunst; 50: L. DEHIO, Deutscher Militarismus], rückte die sozialgeschichtlich orientierte historische Forschung in den sechziger Jahren, angelehnt an die weitgehend in Vergessenheit geratenen Arbeiten von EKKEHARD KEHR, die soziale Militarisierung der Gesellschaft durch die Institution „Militär" im Kaiserreich in den Mittelpunkt. Dem Primat der Außenpolitik wurde ebenso pointiert der Primat der Innenpolitik gegenübergestellt. Damit rückten die Festlegungen zur materiellen und personellen Rüstung in den Fokus der Betrachtung. Entscheidungen über eine Heeresvermehrung erschienen nun primär innenpolitisch motiviert. Die Heeresrüstung wurde damit als ein zentrales Instrument einer innenpolitischen Machtsicherung der in der Armee tonangebenden rückwärtsgewandten feudalen Eliten betrachtet [115: E. KEHR, Primat der Innenpolitik; 132: M. KITCHEN, German Officer Corps; 150: M. HEWITSON, Causes of the First World War]. Die Armee wurde in diesem

2. Militär, Krieg und Gesellschaft im 19. und 20. Jahrhundert

Licht in erster Linie als Faktor einer gewaltsamen Machtsicherung nach innen angesehen. Diese Feststellung betrifft in besonderer Weise die wissenschaftliche Beschäftigung mit den Voraussetzungen, Formen und Wirkungen des „militärisch-industriellen Komplexes" während der Hochrüstungsphase vor Ausbruch des Ersten Weltkrieges. Die Geschäftspolitik der großen Rüstungskonzerne hat geradezu reflexhaft moralisierende Bewertungen herausgefordert, die im privatwirtschaftlichen Interesse an Gewinnmaximierung gerade auch auf dem Rüstungssektor eine grundlegende Voraussetzung aggressiver Außenpolitik gesehen haben. Bisher liegen nur wenige exemplarische Studien vor, die auf der Grundlage von Firmenarchiven abgesicherte Aussagen über Gewinnmargen im internationalen Rüstungsgeschäft treffen. Doch bereits sie lassen erkennen, dass sich im Rüstungsexportgeschäft höhere Gewinne erzielen ließen als über staatliche Rüstungsaufträge [123: V. MOLLIN, Materialschlacht; dagegen neuerdings: 105: M. EPKENHANS, Imperial Germany]. Weitaus differenzierter, aber im Kern immer noch im Bann einer Überbetonung der innenpolitischen Ordnungsfunktion des Heeres, beleuchtete MICHAEL GEYER die Militär- und Rüstungspolitik des späten Kaiserreichs nach der Doppelkrise von 1885/87 [31: Rüstungspolitik, 65]. In den unterschiedlichen Auffassungen von Generalstab und Kriegsministerium sah Stig Förster einen „doppelten Militarismus" am Werk. Die Vertreter eines „bürgerlichen Militarismus", mehrheitlich in der operativen Führung, das heißt im Generalstab angesiedelt, suchten durch eine möglichst umfassende Durchführung der Allgemeinen Wehrpflicht die Voraussetzungen für einen erfolgreichen Zweifrontenkrieg zu schaffen, wobei sie bereit waren, bei gleichzeitiger gesellschaftlicher Militarisierung die soziale Homogenität des Heeres zu opfern. Die Exponenten eines „konservativen Militarismus", in der Regel im Kriegsministerium angesiedelte Organisationsfachleute, bemühten sich hingegen, die soziale Exklusivität des Königsheeres aufrechtzuerhalten, nicht zuletzt um die Armee als innenpolitischen Machtfaktor zu bewahren, mit dessen Hilfe die herrschenden Kreise ihre Machtstellung gegenüber der immer mehr an Boden gewinnenden Sozialdemokratie zementieren konnten. Wenngleich Förster später diese pointiert vorgetragene Dichotomie ein Stück weit relativierte [107: S. FÖRSTER, Militär] – am innenpolitischen Primat der Rüstungs- und Militärpolitik des Kaiserreiches wollte er nicht rütteln lassen. Erst in den letzten Jahren sind quellengesättigte Untersuchungen entstanden, die an diesem Bild kräftige Korrekturen angebracht haben. So wurde in Bezug auf das Verhältnis zwischen Kriegsminister und Reichskanzler nicht

Staatliche Rüstungsaufträge und Rüstungsexport

„Doppelter Militarismus"

Primat der Politik im Kaiserreich

nur für die Regierungszeit Bismarcks, sondern auch für seine Nachfolger [128: O. STEIN, Heeresrüstungspolitik] der Primat der Politik schlüssig nachgewiesen. Das Kriegsministerium war in einer Weise in das Beziehungsgeflecht zwischen Reichstag und Obersten Reichsbehörden eingebunden, dass Rüstungsforderungen, die vom Generalstab oder dem Monarchen selbst erhoben wurden, nur im Zuge von Aushandlungskompromissen umgesetzt werden konnten. Insgesamt verfestigt sich das Bild, dass zwischen Generalstab und Kriegsministerium unter Mitwirkung des Kaisers und seiner militärischen Umgebung, zwischen Operateuren und Organisatoren, mit Blick auf das Kriegsbild der Zukunft ein professionell orientierter Zielkonflikt ausgetragen wurde, der mit den Begriffen Quantität und Qualität der Rüstung einprägsam umschrieben werden kann. Dieser militärinterne Richtungsstreit wurde dabei überlagert von innen- und außenpolitischen Rücksichtnahmen der Reichskanzler, die die internationale Lage, die öffentliche Meinung und finanzpolitische Erwägungen mit den Forderungen von Heer und Marine in Einklang zu bringen suchten.

<small>Quantität oder Qualität der Rüstung</small>

<small>„Langer" oder „kurzer" Krieg</small>

Die Argumentation bezüglich eines zu erwartenden „langen" oder „kurzen" Kriegs bezog ihre Rechtfertigung aus der Interpretation des zeitgenössischen Kriegsbildes und den dieses prägenden Faktoren. Die unterschiedlichen Facetten der damit einhergehenden Effizienzdiskussion und ihre Bedeutung für Erziehung und Ausbildung ebenso wie für Ausrüstung und Einsatzgrundsätze sind in ihrer Bedeutung bisher nur ansatzweise gewürdigt worden [131: D. STORZ, Kriegsbild; 123: V. MOLLIN, Materialschlacht; 155: H. LINNENKOHL, Einzelschuss zur Feuerwalze].

Nicht nur die Vertreter des aktiven Offizierkorps, auch eine ganze Anzahl ehemaliger, zumeist hochrangiger Offiziere bereicherte die öffentliche Diskussion als Militärschriftsteller. Anders als Stig Förster annimmt, wurde nicht nur im Generalstab die Auffassung vertreten, dass der Krieg möglichst kurz und durch eine machtvolle Offensive einzuleiten sei [162: D. STORZ, Schlacht; 164: T. TRAVERS, Killing Ground]. Entweder sei der Gegner danach geschlagen, oder aber man habe durch den erzielten Geländegewinn eine vorteilhafte Position erreicht, die es ermögliche, den Krieg mit einem weiteren Feldzug zu beenden. Dieser kräftige Offensivstoß, zeitlich versetzt an zwei Fronten, lieferte dem Generalstab die Begründung für eine erhebliche quantitative Rüstung. Den Vertretern des Kriegsministeriums diente er im Gegenteil als Argument für eine qualitativ hochwertige Ausbildung, die jedoch aufgrund des mittelfristig nicht behebbaren Führer- und Unterführermangels nur bei begrenzter Truppenstärke realisiert werden konnte. Verfochten die einen die Auffassung, der kommende Krieg müsse angesichts der modernen Waffentechnik kurz sein, hielten die anderen dem entgegen, es stünde vielmehr ein langer Krieg bevor, in dem derjenige Staat den Sieg davontragen würde, der die umfassendste rüstungsindustrielle, wirtschaftliche und personelle Mobilmachung ins Werk setzte. Eine Synthese der beiden Auffassungen lag in einer massiven Verstärkung des Friedensheeres als Kadertruppe für eine umfassende Mobilmachung des Volkes in Waffen.

2.2 Das Erleben des Krieges – Zwischen „Augusterlebnis" und „Dolchstoßlegende" 1914–1920

Die Debatte über die deutsche Alleinschuld am Ausbruch des Ersten Weltkrieges (Kriegsschuldfrage) hat die Zeitgenossen des Versailler Friedensschlusses intensiv beschäftigt und erhielt angesichts des durch das „Dritte Reich" bewusst herbeigeführten Zweiten Weltkriegs insofern eine ungebrochene Bedeutung, als damit entweder die Kontinuitätsthese bestätigt oder die Auffassung vom Dritten Reich als eines „Betriebsunfalls" der deutschen Geschichte begründet werden konnte. Der durch die Thesen FRITZ FISCHERS in den sechziger Jahren noch einmal auch mit politischer Fernwirkung ausgetragene Streit hat inzwischen seine Historisierung erfahren. Die Dominanz innenpolitischer Einflussfaktoren wird deutlich geringer eingeschätzt, während zwar die Verantwortung der deutschen Reichsleitung für den Ausbruch nicht geleugnet, eine von langer Hand vorbereitete bewusste Herbeiführung des Krieges auch mit Blick auf die Verhältnisse in Österreich-Ungarn dagegen verneint wird [150: M. HEWITSON, Causes of the First World War; 125: S. NEITZEL, Kriegsausbruch; 160: M. RAUCHENSTEINER, Doppeladler]. Eine von ihrem Ende her gedachte Epochengliederung ergibt nur dann Sinn, wenn die in dieser Zeitspanne angelegten Handlungsalternativen und die mit ihnen verbundenen Ereignisse in ihrer zeitbezogenen Ergebnisoffenheit gedeutet werden.

Vor allem zwei Aspekte werden mit dem Begriff einer europäischen „Vergesellschaftung des Krieges und des Militärs" seit der Französischen Revolution durchaus berechtigt verbunden. So erzwang die arbeitsteilige Indienstnahme der gesamten Bevölkerung zum Zwecke der Kriegführung eine zunehmende Einebnung der bis dahin eindeutigen Unterscheidung zwischen Kombattanten und Nichtkombattanten. Gerade diese Form der gesamtgesellschaftlichen Mobilisierung über einen längeren Zeitraum und unter sich zunehmend verschlechternden Rahmenbedingungen erforderte den ständigen Rückgriff auf

Kriegsschulddebatte

„Vergesellschaftung des Krieges und des Militärs"

kollektive nationale Selbstdefinitionen. Dabei wurde der Sieg zum sichtbaren Ausdruck der Überlegenheit des eigenen Wertesystems, während bei einer Niederlage der Verlust der nationalen Identität und damit die Überlebensfähigkeit der Gesellschaft in Frage gestellt war [96: B. BESSLICH, Kulturkrieg]. Der Weltkrieg als europäischer Wertekrieg bündelte nach außen die Kräfte der Nation in einer als existentiell angesehenen Auseinandersetzung und grenzte gleichzeitig nach innen diejenigen aus, die als nicht gemeinschaftsfähig oder als nicht gemeinschaftswürdig angesehen wurden. Es erscheint eine lohnende Forschungsaufgabe, die Kontinuitäten im kollektiven Bewusstsein ebenso auszuloten, wie die deutlichen Brüche, die die beiden Kriege voneinander unterscheiden [43: B. THOSS/H.-E. VOLKMANN, Erster Weltkrieg – Zweiter Weltkrieg; 163: H. STRACHAN, First World War; 168: J. WINTER/A. PROST, Great War]. Bereits die beiden, Anfang und Ende des Ersten Weltkrieges bezeichnenden, kollektiven Erinnerungsorte „Augusterlebnis" und „Dolchstoßlegende" sind im Kontext des Zweiten Weltkrieges in unterschiedlicher Weise instrumentalisiert worden.

Die Überzeugung, dass mit dem Ersten Weltkrieg eine bei allen Unterschieden gemeineuropäische kulturelle Orientierung verloren gegangen sei, begründete die Vorstellung von einem Zivilisationsbruch, der unter dem Eindruck des Zweiten Weltkrieges auch auf den Krieg zwischen 1914 und 1918 ausgedehnt wurde [142: D. DINER, Krieg der Erinnerungen]. Eine moderne kulturwissenschaftlich orientierte Geschichte des Krieges hat in diesem Zusammenhang auf den Prozesscharakter historischer Erfahrung verwiesen und das methodische Instrumentarium bereitgestellt, mit dessen Hilfe ihr zeitlich strukturiertes soziales und kulturelles Veränderungspotenzial gemessen werden kann [25: N. BUSCHMANN/H. CARL, Erfahrung des Krieges]. Eine grundsätzliche Ablehnung des Krieges ebenso wie die nachträgliche Sinnstiftung des Kriegserlebens in der Frontkämpferideologie verdeutlichen die fortgesetzte Präsenz des Krieges in der Vorstellungswelt der Nachkriegszeit, die damit ihren eigentlichen Charakter als Zwischenkriegszeit erfährt. Die Bedeutung des Ersten Weltkrieges für die Gewaltgeschichte des 20. Jahrhunderts bleibt unbestritten, wenngleich sich der Schwerpunkt des Erkenntnisinteresses, der methodischen Zugänge und Quellenbestände merklich verschoben hat. Die Debatten über die Verantwortlichkeit für den Kriegsausbruch, die als „Fischer-Kontroverse" die historische Forschung der sechziger und siebziger Jahre bestimmt haben, sind dem gegenwärtigen Interesse ebenso ferngerückt wie der anschließende sozialgeschichtlich orientierte Mei-

2. Militär, Krieg und Gesellschaft im 19. und 20. Jahrhundert

nungsstreit, der die Flucht nach vorn in den Krieg als Bestandteil einer Defensivstrategie der herrschenden Eliten verortete [106: S. FÖRSTER, Der doppelte Militarismus]. Die kulturalistische Wende in der Geschichtswissenschaft hat seit den neunziger Jahren gerade auch der Militärgeschichte methodisch wegweisende Impulse vermittelt. Die Sicht auf den Krieg als existentielle Bedrohung und auf das Kriegserlebnis als Produkt eines permanenten sozialen Kommunikationsprozesses zwischen Akteur und Gesellschaft sowie als Konstruktion von Wirklichkeit im Spannungsfeld von Erinnerungsraum und Erwartungshorizont [25: N. BUSCHMANN/H. CARL, Erfahrung des Krieges; 78: B. THOSS, Weltkriege] hat der Erforschung des Ersten Weltkrieges neue Perspektiven eröffnet [158: S. QUANDT/H. SCHICHTEL, Erster Weltkrieg; 265: A. REIMANN, Krieg der Sprachen]. Am Beispiel des „Augusterlebnisses" von 1914 führte dieser Ansatz zu bemerkenswerten, in Regionalstudien erhärteten Ergebnissen. Kriegsbegeisterung als kollektives Phänomen der deutschen Gesellschaft wurde in differenzierter Betrachtung als primär großstädtisches Phänomen bestimmter bürgerlicher Gruppen erkannt, die in der Arbeiterschaft und innerhalb der Landbevölkerung nur geringe Resonanz fand. [146: C. GEINITZ, Kriegsfurcht; 151: G. HIRSCHFELD, Kriegserfahrungen; 159: T. RAITHEL, „Wunder"]. Der „Geist von 1914", als Überwindung der innenpolitischen Fraktionierung der Vorkriegszeit entworfen, konnte unter den Bedingungen der Niederlage zum nachträglich konstruierten Referenzobjekt der Volksgemeinschaftsideologie stilisiert werden [166: J. VERHEY, Geist; 135: S. BRUENDEL, Ideen von 1914]. Die zeitgenössische Begrifflichkeit von Kriegsalltag und Heimatfront wies auf die sich wechselseitig ergänzenden Kriegsanstrengungen von Front und Heimat hin, die zwar unterschiedliche Erfahrungsräume, aber durchaus gemeinsame Deutungsszenarien ermöglichten [170: B. ZIEMANN, Front; 136: R. CHICKERING, Freiburg]. Vielfach aber produzierte die unterschiedliche Erlebnis- und Vorstellungswelt auch zunehmend Sprach- und Verständnislosigkeit zwischen Front und Heimat [167: K. VONDUNG, Propaganda]. Angesichts der sozialen Segmentierung im Kaiserreich bleibt es ein Desiderat der Militärgeschichtsschreibung, die Analyse der Wirkungen des Krieges auf die unterschiedlichen Sozialmilieus noch weiter auszudehnen.

Die Militärgeschichte hat erst spät den „Krieg des kleinen Mannes" wahrgenommen. Der Soldat wurde dabei in erster Linie als passives Opfer innermilitärischer Disziplinierungsbemühungen und

Kriegserlebnis

„Hurrapatriotismus" und ernste Entschlossenheit 1914

Frontalltag und Heimatfront

"Viktimisierungs- feindlicher Gewaltanwendung gesehen. Die argumentative Engführung
falle" einer Erfahrungsgeschichte des Krieges, die das Erleiden des Krieges in
den Mittelpunkt rückt, lässt zwangsläufig eine „Viktimisierungsfalle"
zuschnappen. Selbst dort, wo der Soldat in seiner Rolle als Täter wahrgenommen wird, ist das Untersuchungsfeld in erster Linie auf extremes, völkerrechtswidriges Handeln begrenzt. Die Frage nach der Vergesellschaftung von Gewalt, nach dem alltäglichen Gewalthandeln im Kriege und seiner formativen gesellschaftlichen Wirkungen über das Kriegsende hinaus ist bisher nur ansatzweise gestellt und beantwortet worden [258: W. WETTE, Kleiner Mann; 79: B. ULRICH, Militärgeschichte; 275: T. KÜHNE, Viktimisierungsfalle; 90: B. ZIEMANN, Vergesellschaftung; 174: M. GEYER, Krieg als Gesellschaftspolitik; 23: J. BOURKE, Intimate History].

Kultur der   Die Erfahrung von und die Erinnerung an Niederlagen ist in
Niederlage besonderer Weise geeignet, das Instrumentarium und die Reichweite einer modernen kulturgeschichtlich orientierten Militärgeschichte vorzuführen. Der Kultur des Krieges [151: G. HIRSCHFELD, Kriegserfahrungen; 63: A. LIPP, Diskurs und Praxis] wird die Kultur der Niederlage [41: W. SCHIVELBUSCH, Niederlage] zur Seite gestellt. Der Sieger mag sich durch das Ergebnis des Krieges in der Folgerichtigkeit seiner Maßnahmen bestätigt sehen. Der Unterlegene hingegen sieht sich gezwungen, das Unerwartete zu erklären, um daraus eine Sinnhaftigkeit zu konstruieren, ohne die die Zukunft nicht gestaltbar erscheint. Daraus ergibt sich die Notwendigkeit zur produktiven Reflexion über die Vergangenheit, die bis zum Bruch mit der internalisierten Erfahrungsstruktur führen kann [26: H. CARL/H.-H. KORTÜM/D. LANGEWIESCHE/F. LENGER, Kriegsniederlagen]. Erst in einem systematischen, synchron wie diachron angelegten Vergleich lassen sich die unterschiedlichen Deutungsstrategien und die in ihnen eingeschlossenen Interpretationsbreiten der Erinnerungsrituale und
Dolchstoßlegende Mythologisierungen erfassen. Die Dolchstoßlegende gehört dabei zu den aus dem Geist der Niederlage erwachsenen kommunikativen symbolischen Deutungssystemen, die bereits zu Zeiten ihrer Entstehung kontrovers beurteilt worden sind [187: R. BESSEL, First World War; 134: B. BARTH, Dolchstoßlegenden]. Während die ältere Forschung in erster Linie die Entstehung und politische Instrumentalisierung dieses Phänomens untersucht hat, differenzieren neuere Untersuchungen Entstehung, Funktion und Wandel des Begriffs innerhalb verschiedener Sozialmilieus. Die Wirkungsgeschichte der Dolchstoßlegende lässt sich plausibel auf einem erweiterten, dynamischen Revolutionsbegriff hin orientieren, der auf die Phase zwischen 1917 und 1920 Anwendung

findet [165: B. ULRICH/B. ZIEMANN, Krieg]. Damit eröffnet sich für die Militärgeschichte eine vergleichende Perspektive, die die in der Niederlage erkennbar werdenden unterschiedlichen Auflösungserscheinungen innerhalb der nationalen Militärorganisationen und ihre spezifischen Bewältigungsstrategien in einen verbindenden Kontext rückt [141: W. DEIST, Militärstreik; 143: J. DUPPLER/G. P. GROSS Kriegsende].

Am Beispiel des Ersten Weltkrieges lässt sich das Anliegen einer modernen Operationsgeschichte anschaulich vorführen. Sie umfasst in einem engeren Verständnis die Geschichte der Planung und Durchführung großer militärischer Unternehmungen unterhalb der strategischen, jedoch oberhalb der taktischen Ebene. In einem weiter gefassten Kontext betrifft sie die Geschichte der militärischen „Führungskunst im Kriege ganz allgemein" [83: B. WEGNER, Operationsgeschichte, 105]. Erst aus einem Vergleich der kriegführenden Staaten bezieht sie ihren Erkenntnisgewinn. Eine die strategische Dimension einschließende Operationsgeschichte vermag darüber hinaus die Interdependenz von Kriegszieldiskussionen, Friedensfühlern wie Chancen und Grenzen der Koalitionskriegführung in Abhängigkeit vom Feldzugsgeschehen und seiner unterschiedlichen Beurteilung durch die politischen und gesellschaftlichen Eliten deutlich werden zu lassen.

Operationsgeschichte des Ersten Weltkrieges

2.3 Das Laboratorium des Krieges: Volkskrieg, Blitzkrieg, Totaler Krieg 1920–1945

2.3.1 Von der Reichswehr zur Wehrmacht

Bis in die 1980er Jahre dominierte nicht nur in der militärgeschichtlichen Forschung weithin unangefochten eine Deutung, die die Geschichte der Reichswehr in die Kontinuität des Kaiserreichs und als transitorische Episode auf dem Weg in die Wehrmacht des „Dritten Reiches" betrachtete. Soziale und politische Ordnungsmuster der Vorkriegszeit, von der extrakonstitutionellen Stellung der bewaffneten Macht bis hin zur ungebrochenen Elitenrekrutierung innerhalb des Offizierkorps der Reichswehr und zur durchgängig antiparlamentarischen und republikfeindlichen Einstellung seiner Führung, hätten sie zum „Staat im Staate" werden lassen, eine Haltung, die wesentlich zum Scheitern der Republik beigetragen und dem Nationalsozialismus den Weg geebnet habe. Mit den zum Teil umfangreichen und materialgesättigten Gesamtdarstellungen schien die Thematik überzeugend behandelt zu sein [188: F. L. CARSTEN, Reichswehr; 203: R. WOHLFEIL, Heer und Republik; 22: D. BALD, Deutscher Offizier].

Reichswehr: „Staat im Staate"?

Formen militärischer Professionalisierung

Angestoßen durch die Untersuchungen von MICHAEL GEYER und STIG FÖRSTER wurde seit Beginn der 1980er Jahre das „Beziehungsgeflecht von militärischer Profession, Nationalstaat und industrieller Gesellschaft in den Mittelpunkt gerückt" [191: M. FUNCK, Schock und Chance, 130]. Der Wandel vom Gesellschaftsstand zum Berufsstand ließ während des Ersten Weltkrieges zwei distinkte Offiziertypen entstehen: Dem Generalstabsoffizier als Manager der militärischen Gewaltorganisation trat der charismatische Frontoffizier gegenüber [227: B. R. KROENER, Generationserfahrungen; 113: H. HÜRTEN, Offizierkorps; 169: B. ZIEMANN, Fronterlebnis].

In den frühen politikgeschichtlich orientierten Studien zur Geschichte der Reichswehr war es in erster Linie darum gegangen, deren Anteil am Scheitern der ersten deutschen Republik auszuloten. Erst ein sozialgeschichtlicher Ansatz ermöglichte in den 1970er Jahren, die Strukturgeschichte der militärischen Elite in den Blick zu nehmen. Damit fanden Fragen nach den Vorstellungen der Reichswehrführung vom Krieg der Zukunft und den damit verbundenen Planungen und Maßnahmen größeres Interesse [84: H.-U. WEHLER, Absoluter und totaler Krieg; 193: B. R. KROENER, Mobilmachungsplanungen].

Paramilitarismus in der Weimarer Republik

Die neuere Forschung beginnt das Phänomen eines, alle politischen Lager der Weimarer Republik mit unterschiedlicher Intensität aber gleichwohl gesellschaftlicher Akzeptanz erfassenden, Paramilitarismus in seinen vielfältigen Facetten zu erforschen [100: J. M. DIEHL, Paramilitary Politics; 199: E. ROSENHAFT, Paramilitarismus]. Auf dieser Grundlage konnten die Untersuchungen zum Aufbau der Grenzschutzorganisation, der „Schwarzen Reichswehr", über geheime Rüstungsfinanzierung und die militärische Zusammenarbeit mit der Sowjetunion, die zunächst noch eine gewisse Nähe zur der traditionellen „Staat im Staate"-Auffassung von der Reichswehr und den paramilitärischen Parallelorganisationen erkennen ließen, in einen weiteren Deutungszusammenhang gestellt werden [197: J. NAKATA, Grenz- und Landesschutz; 204: M. ZEIDLER, Reichswehr].

Gewalterfahrungen des Ersten Weltkrieges

Gewalt als soziale und kulturelle Praxis sowie, darin eingeschlossen, die in die Nachkriegszeit transportierten kriegerischen Verhaltensformen und ihre Übertragung auf politische und gesellschaftliche Verhaltensmuster lassen sich nur bedingt mit den von KLAUS THEWELEIT in seiner grundlegenden Studie dargestellten sozialpsychologischen Grundstrukturen militarisierter Männlichkeitsstereotype in der Weimarer Republik erklären. Die Analyse des Phänomens einer durch die Erfahrungen des Ersten Weltkrieges angestoßenen „Ver-

2. Militär, Krieg und Gesellschaft im 19. und 20. Jahrhundert

gesellschaftung von Gewalt" [57: M. GEYER, Kriegsgeschichte; 192: DERS., Burgfriede; 90: B. ZIEMANN, Vergesellschaftung] richtet den Blick auf „die Gewalterfahrung im Krieg, ihre symbolische Aufladung und Verarbeitung, ihre traumatischen Folgen und die Formen ihrer Erinnerung" [90: B. ZIEMANN, Vergesellschaftung, 743]. Eine entgrenzte Todes- und Tötungserfahrung im Maschinenkrieg des Ersten Weltkrieges bewirkte einen Zivilisationsbruch, den Michael Geyer zutreffend als diffuse Mischung von Feindseligkeit, Misstrauen und Neid beschrieb, der das fragile Gewebe auflöste, das die Nachkriegsgesellschaft zusammenhielt: „Es verschwand unter dem Druck derer, die nach Revanche verlangten und in der Vernichtung ihrer inneren und äußeren Feinde Erlösung fanden" [147: M. GEYER, Urkatastrophe; 161: R. ROTHER, Weltkrieg, 33; 201: D. SCHUMANN, Politische Gewalt]. Es fand letztlich auch seine Erfüllung in der Ritualisierung und Inszenierung des eigenen individuellen oder kollektiven Untergangs.

Die neuere Forschung hat der Außensicht auf das Militär und auf kriegerisches Gewalthandeln die Binnenperspektive professionellen militärischen Handelns gegenübergestellt. Die Bandbreite der vertretenen Interpretationen ist hier weit gesteckt. Einen Pol stellt die ausschließliche Beschäftigung mit den Bedingungsfaktoren der militärischen Leistungsfähigkeit dar, wie etwa Ausbildung, Ausrüstung und Einsatzgrundsätze als Bestandteile des „Fighting Power" [173: M. v. CREVELD, Kampfkraft; 196: T. MULLIGAN, The Creation; 295: R. M. CITINO, Blitzkrieg]. Den Gegenpol bildet die begriffliche Schärfung dessen, was unter dem Begriff Militärkultur („military culture") als komplexes Geflecht von Annahmen, Praktiken und Erwartungen, mit denen die militärische Gesellschaft Lehren und Erfahrungen aus der Vergangenheit in gegenwärtige Handlungsanweisungen verarbeitet und für Einsatzszenarien der Zukunft operationalisierbar macht, gefasst wird. Dieser Ansatz scheint in erster Linie durch die Deutungsmuster der Sonderwegsthese geprägt. In seiner extremen Ausformung [112: I. V. HULL, Absolute Destruction] führt er die Wurzeln genozidaler militärischer Gewalt der Wehrmacht im Zweiten Weltkrieg auf die historische Rolle des Militärs und des Militärischen im Deutschen Reich seit den Einigungskriegen zurück. Dabei bleibt unberücksichtigt, dass militärische Normen und Praktiken nicht aus sich selbst heraus, sondern vielfach zur Durchsetzung politisch-ideologischer Zielvorstellungen aus der Gesellschaft in das Militär implantiert und dort in professionelle Funktionalität und Rationalität transformiert wurden.

„Military culture"

2.3.2 Wehrmacht und militärische Expansion

Bis weit in die 1970er Jahre hinein erkannte die historische Forschung im Krieg den Ausnahmezustand der nationalsozialistischen Herrschaftspraxis, dementsprechend blieben Studien über die deutsche Gesellschaft im Kriege zunächst eher die Ausnahme [217: M. STEINERT, Hitlers Krieg].

Nationalsozialismus und Krieg

Im kollektiven Bewusstsein, nicht zuletzt befördert durch die Erinnerungspolitik der Kriegsteilnehmer und ihrer Interessenverbände, blieb unbeschadet einer breiten quellengesättigten Forschungsleistung vornehmlich des Militärgeschichtlichen Forschungsamtes das Bild der „sauberen Wehrmacht" dominant. Daraus resultierte eine Perspektive, die sich in besonderer Weise auf die erste Hälfte des Krieges konzentrierte, die als Phase eines europäischen „Normalkrieges" empfunden wurde. Erst die grundlegende Studie von ANDREAS HILLGRUBER zur deutschen Strategie und Kriegführung, die den östlichen Kriegsschauplatz bis zur Winterkrise 1941/42 miteinschloss, und MANFRED MESSERSCHMIDTS Untersuchung zur inneren Verfassung der Wehrmacht im nationalsozialistischen Staat, dienten in den siebziger und achtziger Jahren einer Generation jüngerer Forscher als Anstoß zu einer kritischen sozialgeschichtlich orientierten Auseinandersetzung mit der Rolle der Wehrmacht in der Phase der deutschen Machtausweitung während des Krieges [205: A. HILLGRUBER, Hitlers Strategie; 213: M. MESSERSCHMIDT, Wehrmachtjustiz; 246: H. UMBREIT, Militärverwaltungen; 277: G. SCHREIBER, Militärinternierte; 218: C. STREIT, Kameraden; J. FÖRSTER, Barbarossa, in: 178: DRZW, Bd. 4, 413–450]. Dabei wurde deutlich, dass der Nationalsozialismus erst im Kriege seinen ihm angemessenen Aggregatzustand gefunden habe [176: E. MAWDSLEY, World War Two]. Angesichts der damit einhergehenden grundlegenden Erkenntnis, dass Ausbeutung und Vernichtung wesentliche Triebkräfte der deutschen Kriegsanstrengungen gewesen seien, gewannen die Geschichte der Kriegswirtschaft und in ihrem Gefolge die Erforschung des Zwangsarbeitereinsatzes ein gesteigertes Interesse der Forschung [214: A. S. MILWARD, Kriegswirtschaft; 216: R. J. OVERY, War and Economy; 209: W. DLUGOBORSKI, Zweiter Weltkrieg; 211: U. HERBERT, Reichseinsatz].

2.3.3 Wehrmachtelite im Krieg

Die Wehrmacht als Instrument der NS-Gewaltpolitik

Untersuchungen zur deutschen Besatzungsherrschaft lassen erkennen, dass sie Ziel und Ergebnis einer Kriegführung darstellte, die, zumal im Osten und Südosten, als rasseideologischer Vernichtungskrieg an-

2. Militär, Krieg und Gesellschaft im 19. und 20. Jahrhundert 79

gelegt gewesen war. Über das Wirken der Einsatzgruppen des SD [225: H. KRAUSNICK/H.-H. WILHELM, Weltanschauungskrieg] und der Polizeiformationen [247: C. R. BROWNING, Normale Männer] richtete sich der Blick schließlich auf die Rolle der Wehrmacht als Instrument nationalsozialistischer Gewaltpolitik. Seit den späten 1960er Jahren war mit dem Befund einer ideologischen Durchdringung der Wehrmacht [213: M. MESSERSCHMIDT, Wehrmachtjustiz; 179: K.-J. MÜLLER, Heer und Hitler; 229: K.-J. MÜLLER, Militär-Elite; 228: G. P. MEGARGEE, Hitler und die Generäle] die bis dahin weithin unkritisch tradierte Vorstellung von der Wehrmacht im Nationalsozialismus ausgehebelt worden. Für eine umfassende Interpretation des Verhaltens der Generalität steht eine vergleichsweise breite Forschung zur Verfügung [234: G. R. UEBERSCHÄR, Elite; 232: R. SMELSER, Die SS; 228: G. P. MEGARGEE, Hitler und die Generäle]. Die Verstrickung und Mittäterschaft der militärischen Elite in die Judenvernichtung und den Partisanenkampf im Osten wurde in den vergangenen Jahren eindrucksvoll untersucht [J. FÖRSTER, Barbarossa, in: 178: DRZW, Bd. 4, 413–450; 276: G. P. MEGARGEE, War of annihilation]. Dagegen fehlte es über lange Zeit an einer Erforschung der militärisch-fachlichen Fehlleistungen der operativen Führung, nicht nur des Ostkrieges.

Forschungen zur Militärelite

Angesichts der für die militärische Zentrale und die Führungselite des Ostkrieges inzwischen vorliegenden aussagekräftigen Untersuchungen [224: J. HÜRTER, Hitlers Heerführer] stellt sich nunmehr intensiver als bisher die Frage, inwieweit die erzielten Ergebnisse über die Situation des Ostkrieges hinaus Gültigkeit besitzen. Das heißt, wenn die „déformation professionelle" der militärischen Elite grundsätzlicher Natur und nicht nur Ausfluss einer rasseideologischen Teilidentität mit den Zielen des Regimes war, dann müsste sie sich bei den Kämpfen in Westeuropa 1943/44 und auf dem Reichsgebiet 1944/45 ebenfalls nachweisen lassen.

„Déformation professionelle"

2.3.4 Kampfmotivation und Kampfverhalten im Krieg

Im Gegensatz zu der überschaubaren Gruppe der Spitzenmilitärs lassen sich generalisierende Aussagen über Haltung und Verhalten des während des Krieges mehr als eine halbe Million Männer zählenden Offizierkorps der Wehrmachtteile nur bedingt treffen. Hinsichtlich der Strukturveränderungen im Rahmen von Rekrutierung, Ausbildung und Beförderungskriterien werden inzwischen deutlichere Konturen erkennbar, die die älteren Vorstellungen von einer „Elitenmanipulation" [233: R. STUMPF, Wehrmacht-Elite] korrigieren. Einer Manipulation als Summe politisch-ideologischer Entscheidungen, welchen die tradi-

Geschichte des Offizierkorps

tionellen Selektionsmechanismen zum Opfer fielen, wird neuerdings das evolutionäre Element einer kriegsbedingten Erweiterung, einer Transformation gegenübergestellt, die beide Elemente miteinander verbindet. In diesem Zusammenhang lassen sich zwar strukturelle und generationsspezifische Aussagen allgemeinerer Art treffen [227: B. R. KROENER, Generationserfahrungen; J. FÖRSTER, Geistige Kriegsführung, in: 178: DRZW, Bd. 9/1, 469–640], doch entzieht sich der kollektive Erfahrungs- und Deutungshorizont des Krieges auf den ersten Blick einer generalisierenden Betrachtung.

Bereits während des Krieges versuchte die alliierte Feindaufklärung, die Ursachen der Kampfmotivation und der Durchhaltefähigkeit der materiell und personell unterlegenen Wehrmacht aufzuspüren. Anfangs erschien die rasseideologische Erziehung und Propaganda eine hinreichende Erklärung zu liefern. Über die Befragung von gefangen genommenen Soldaten und Offizieren gelangten amerikanische Militärsoziologen zu dem auf den ersten Blick plausiblen Ergebnis, die Primärgruppenbindung, die landsmannschaftlich homogene Zusammensetzung der deutschen Verbände, das enge wechselseitige Vertrauen der im Bewegungskrieg in kleinen Kampfgruppen eingesetzten Soldaten und die im Gegensatz zum Ersten Weltkrieg auf Fürsorge und Verantwortung gegründete Beziehung zwischen Offizieren und Mannschaften hätten die innere Kohärenz der Truppe bis zum Zusammenbruch stabilisiert. Die Soldaten kämpften demzufolge nicht in erster Linie für die ihnen vermittelten politischen Ziele, sondern sicherten das Überleben ihres „Haufens". Die militärsoziologischen Untersuchungen der Sieger bestätigten damit gleichsam die Nachkriegskonstruktion von der „sauberen Wehrmacht" ebenso wie den Opfermythos [236: E. S. SHILS/M. JANOWITZ, Cohesion; 267: T. KÜHNE, Vernichtungskrieg, 626]. In den 1980er Jahren kam OMER BARTOV auf der Grundlage eines Samples von drei Divisionen der Ostfront zu dem Ergebnis, die bisher als entscheidend angesehene Primärgruppenbindung sei durch die erheblichen Verluste, Umgliederungen und Versetzungen verloren gegangen. Wenn die Truppe dennoch weiter kämpfte, dann entsprang diese Haltung der Wirkung der militärischen Disziplinierungsmaschinerie in Kombination mit einer fortdauernden ideologischen Indoktrinierung. Bartov übertrug seine durchaus differenzierte Argumentation in einer weiteren Studie auf die gesamte Wehrmacht. Sie bestätigte zunächst die aus zentralen Quellen ebenso wie anhand des Sozialprofils eines militärischen Großverbandes belegbare Personalfluktuation [B. R. KROENER, Personelle Ressourcen, in: 178: DRZW, Bd. 5/1, 693–1002; 255: C. RASS,

Menschenmaterial]. Der von BARTOV daraus abgeleitete Zerfall der Primärgruppenbindungen ebenso wie seine These von der Brutalisierung der Kriegführung als Ergebnis der spezifischen Ideologisierung während des Einsatzes an der Ostfront stießen in der Forschung hingegen auf Vorbehalte. So wurde ein Rekurs auf die bis in den Ersten Weltkrieg zurückreichenden bellizistischen Vorprägungen, Helden- und Männlichkeitskonstrukte [40: R. SCHILLING, Kriegshelden] vor allem der Offiziere vermisst. Ebenso wurde auf die erhebliche Bedeutung der durch die NS-Ideologie überhöhten Volksgemeinschaftsvorstellungen verwiesen, die in militarisierte Konstruktionen von Kameradschaft umgeprägt wurden, die als Vermittlungsagentur zwischen Ideologie und Alltagserfahrung wesentlich dazu beitrugen, den Zusammenhalt von Soldaten in Extremsituationen auch kurzfristig zu befördern [235: T. KÜHNE, Kameradschaft; 190: J. FÖRSTER, Wehrmacht]. Weiterhin wurde darauf hingewiesen, dass die Ideologisierung der Soldaten nicht einem Ursache-Wirkungsschema folgend eine Brutalisierung bewirke, sondern dass sich rasseideologische Überzeugungen und Gewalterfahrungen wechselseitig bestätigten und verstärkten [249: S. G. FRITZ, Frontsoldaten; 276: G. P. MEGARGEE, War of annihilation].

> Helden- und Männlichkeitskonstrukte

> Kameradschaft

2.3.5 Besatzungsherrschaft

Angesichts der verbrecherischen Praktiken des nationalsozialistischen Regimes bei der Ausbeutung der von der Wehrmacht eroberten Gebiete wurde in der Forschung lange Zeit die Fiktion aufrecht erhalten, Kriegführung und Besatzungsherrschaft seien zwei deutlich voneinander geschiedene Felder militärischen und politischen Handelns gewesen. Die willkürliche Trennung dieser beiden Sphären übersah, dass die gewaltsame Sicherung des deutschen Herrschaftsbereiches und die Ausnutzung seiner materiellen und personellen Ressourcen auch im Interesse der unmittelbaren Kriegführung lagen und dementsprechend von Dienststellen und Truppenteilen bewusst unterstützt wurden.

Der erkennbare Zusammenhang zwischen militärischen Geländegewinnen und Rückzugsbewegungen auf der einen und Ausbeutungs- und Vernichtungspolitik auf der anderen Seite hat die Beschäftigung mit der deutschen Besatzungsherrschaft nicht nur in der Sowjetunion neue Impulse vermittelt. Dabei ließ die teilweise Öffnung der Archive in den Nachfolgestaaten der ehemaligen Sowjetunion und ihrer Verbündeten der Forschung wertvolles Quellenmaterial zugänglich werden [244: R.-D. MÜLLER/G. R. UEBERSCHÄR, Hitlers Krieg; 238: C. GERLACH, Kalkulierte Morde; 241: W. MANOSCHEK, Serbien; 242: M. MAZOWER,

> Verhältnis von Krieg und Besatzungsherrschaft

Inside Hitler's Greece; 237: F. ANDRAE, Auch gegen Kinder und Frauen; 243: A. MEYER, Besatzung; 239: G. KRONENBITTER, Besatzung].

Vergleichende Forschungen zur Besatzungsherrschaft im Ersten und Zweiten Weltkrieg

Der wissenschaftliche Ertrag der zahlreichen neueren Forschungen lässt aber die bestehenden Lücken und offenen Fragen zur Besatzungsherrschaft im 20. Jahrhundert noch konturenschärfer hervortreten. Welcher Erkenntnisgewinn ist aus einer vergleichenden Darstellung von Besatzungsregimen während des Ersten und des Zweiten Weltkrieges zu erwarten? Wie sind Besatzer und Besetzte mit den Erfahrungen einer gerade dreißig Jahre zurückliegenden Besatzung umgegangen? Wie reagierte die Bevölkerung multiethnischer Gebiete auf die fremde Herrschaft? Inwieweit wurden rücksichtslos durchgeführte militärische Versorgungsmaßnahmen noch zusätzlich durch internalisierte nationale Negativstereotype und rasseideologisch angelegte Ausgrenzungsmechanismen verschärft?

2.3.6 Der „kleine Mann" als Soldat im Krieg

In der öffentlichen Wahrnehmung, in der subjektiven Erinnerungskultur der Kriegsteilnehmer, in der literarischen sowie auch insbesondere der trivialliterarischen Verarbeitung des Kriegsgeschehens, wie beispielsweise den Spielfilmen der Nachkriegszeit, dominierte bis in die späten achtziger Jahre der Viktimisierungstopos, das Gefühl, verheizt worden zu sein und seine besten Jahre geopfert zu haben [256: M. SCHORNSTHEIMER, Frontsoldaten; 250: M. JABS-KRIEGSMANN, Deutsche Legenden; 260: I. WILHARM, Nachkriegsspielfilme; 254: G. PAUL, Krieg und Film]. Der begrenzte Blick auf die literarische Produktion, auf Genre, Auflagenhöhe und Distributionsmechanismen lässt Aussagen über die Intensität der Rezeption bisher noch nicht zu. Hierzu bedarf es einer Einbettung dieser Quellenkorpora in eine umfassende kulturwissenschaftlich orientierte Gesamtschau der Kriegsverarbeitung und -deutung in der Nachkriegszeit.

Opfermythos

Dennoch ist unbestritten, dass, aufgehoben im gesamtgesellschaftlichen Klima der frühen Bundesrepublik, der einfache Soldat die Opferrolle des zum Kriegseinsatz gezwungenen „kleinen Mannes" für sich in Anspruch nehmen konnte.

Militärgeschichte und Alltagsgeschichte

Die Vertreter der sich in den 1980er Jahren entwickelnden Alltagsgeschichte, die sich den Selbstzeugnissen der einfachen Soldaten annahmen, um aus ihnen einen überindividuellen Blick auf den Kriegsalltag zu gewinnen, sahen ihre Aufgabe vornehmlich darin, jenseits populärer Heroisierungen die Leidensgeschichte des Soldaten unter den Bedingungen des Krieges nachzuzeichnen. Dabei stand, angestoßen

Deserteure

durch eine intensive öffentliche Diskussion, das Schicksal der Deserteure und Fahnenflüchtigen als Opfer einer willfährigen Militärjustiz im Zentrum der Betrachtungen. Dementsprechend galt der Versuch, sich dem Kriegsdienst durch Flucht zu entziehen, als Ausdruck einer normativ ausgelegten Widerstandshaltung [253: M. MESSERSCHMIDT, Militärgerichtsbarkeit; 283: J. KAMMLER, Kasseler Soldaten; 289: B. ZIEMANN, Fluchten].

Die neuere Forschung hat in der Tendenz erkennen lassen, dass für die Mehrzahl der Deserteure eine aus psychisch-physischer Überforderung entstandene Kriegsmüdigkeit in Kombination mit gravierenden Belastungen im familiären Bereich die Entscheidung zur Desertion begünstigte [251: M. KOCH, Fahnenfluchten]. Während der Desertion als endgültiger Form einer Verweigerungshaltung und der Todesstrafe als extremster Form der militärischen Strafpraxis besondere Aufmerksamkeit geschenkt wurde, blieben andere Formen von Nonkonformismus und Resistenz von Wehrmachtangehörigen und ihre psychosozialen Voraussetzungen, die Auswirkungen einer verschärften Musterungspraxis und die Einziehung immer jüngerer und immer älterer Geburtsjahrgänge, weitgehend unbeachtet.

Die schrittweise Erweiterung der Perspektive, die Einbeziehung unterschiedlichster Formen der Devianz, schuf die Voraussetzung sich umfassend mit den allgemeinen Lebensbedingungen des Soldaten zu beschäftigen. Dominierte zunächst noch die Leidensperspektive [264: P. KNOCH, Kriegsalltag], so erschien der Soldat wenig später in der Doppelrolle des Opfers und Täters. Dabei entstand der durchaus zwiespältige Eindruck, dass auch die Täterschaft in einer Opfersituation aufgehoben sein konnte [258: W. WETTE, Kleiner Mann; dazu kritisch: 79: B. ULRICH, Militärgeschichte].

Soldat als Täter und Opfer

2.3.7 Feldpostbriefforschung

Für die Historiographie des Zweiten Weltkrieges bedeuten die alltags- und mentalitätsgeschichtlichen Ansätze der 1980er Jahre – die, ausgehend von den Ergebnissen der neueren Sozialgeschichte, den Akteur wieder in die Struktur zurückzuführen suchten, – ein neues Interesse am individuellen Erleben und Erleiden des Krieges. In diesem Zusammenhang geriet eine Quellengattung in den Blick, die weithin bekannt, fast als populäres Synonym für individuelle Kriegserfahrung gelten kann, aber bis dahin noch nicht historisch-kritisch ausgewertet worden war: die Feldpostbriefe [264: P. KNOCH, Kriegsalltag; 261: O. BUCHBENDER/R. STERZ, Anderes Gesicht]. Das erhalten gebliebene Material ist trotz immenser Verluste noch immer erheblich und wird inzwischen in verschiedenen Institutionen, wie u. a. der Bibliothek für Zeitgeschichte

Stuttgart oder dem Museum für Kommunikation in Berlin, gesammelt und aufbewahrt. Überliefert wurden in der Regel die Briefe, die der Soldat an seine Familie in der Heimat richtete und die von den Angehörigen als Lebenszeichen sorgsam erhalten wurden. Insofern bleibt die Überlieferung häufig einseitig. Es fehlt der Schilderung des Fronterlebens in der Regel das Spiegelbild des Alltags an der Heimatfront.

Während die Wirkungen der „äußeren" Zensur, das heißt die von den Militärbehörden zum Zweck der Geheimhaltung und der Stimmung der Truppe stichprobenartige Überprüfung von Feldpostsendungen, lange Zeit eher überschätzt wurden, bedürfen die Wirkungsmechanismen der „inneren" Zensur eines differenzierten methodischen Instrumentariums [252: K. LATZEL, Deutsche Soldaten; 263: M. HUMBURG, Gesicht des Krieges]. In diesem Zusammenhang stellt sich in erster Linie die Frage, welche Erfahrungen der Front sich der sprachlichen Darstellung entzogen oder den Angehörigen vorenthalten werden sollten. Ebenso ist zu klären, welche Sprachbilder den Soldaten zugänglichen Medien entlehnt und in Briefen verwendet wurden. Schließlich gilt es zu berücksichtigen, in welchem Umfang sich eine begrenzte Sprachmächtigkeit im schriftlichen Ausdruck auf die Form, den Inhalt und die Frequenz der Kriegskorrespondenz auswirkte. Zur Entschlüsselung dieser und weiterer Phänomene einer „inneren" Zensur wendet KLAUS LATZEL einen erfahrungsgeschichtlichen Ansatz an, wobei er von einem sprachlich gespeicherten „sozialen Wissen" ausgeht, das, in der Vorkriegszeit konstituiert, sich den Bedingungen des Krieges anpasste. Dabei relativiert er die Feststellungen Bartovs, der von einem von nationalsozialistischem Gedankengut durchdrungenen Verhalten der Soldaten der Wehrmacht ausging und konstatiert in Anlehnung an Messerschmidt eine „Teilidentität der Motive" [252: K. LATZEL, Deutsche Soldaten, 370]. Während er nur bedingt rasseideologische Affinitäten feststellt, waren der Führerglauben und das vom Nationalsozialismus bereits in der Vorkriegszeit propagierte soldatische Männlichkeitsideal erheblich präsenter, wodurch sich auch eine entgrenzte Gewaltbereitschaft teilweise erklären lässt.

Dazu gehört zweifellos, darauf hat Thomas Kühne zu Recht hingewiesen, „die systematische Ausblendung der militärischen Gruppenkultur und Sozialisation als Faktoren der Kriegserfahrung und vor allem der Gewaltbereitschaft. Sozialpsychologische, kulturanthropologische und psychoanalytische Studien zu anderen Armeen ... haben die entscheidende Wirkung der innermilitärischen, über Initiationsriten gesteuerten Sozialisation der Soldaten auf deren Realitätskonstruktionen nachgewiesen" [267: T. KÜHNE, Vernichtungskrieg, 646].

2. Militär, Krieg und Gesellschaft im 19. und 20. Jahrhundert

Was in der Kommunikation zwischen Front und Heimat ausgeblendet blieb, versucht MARTIN HUMBURG mit dem Instrumentarium der Sozialpsychologie auszuleuchten [263: Gesicht des Krieges]. Welche Aussagen über das Kriegsgeschehen werden in der Erinnerung allmählich sedimentiert? Solange der Prozess der Gewöhnung an bestimmte Erscheinungsformen des Krieges noch nicht abgeschlossen ist, nutzt die Selbstverständigung darüber auch das Medium der brieflichen Mitteilung. Die allgegenwärtige Präsenz der Gewalt und des massenhaften Sterbens erzeugte jedoch auf Dauer eine Lähmung der vertrauten Bewältigungsstrategien. In diesem Sinne war ein nicht unbeträchtlicher Prozentsatz der aus dem Krieg heimgekehrten Soldaten, in dem sie ihre an der Front eingeübten Vermeidungsstrategien fortsetzten, hinsichtlich ihrer Kriegserlebnisse „sprachlos" geworden. Zweifellos stellen Feldpostbriefe kein authentisches Zeugnis subjektiv erlebter Wirklichkeit dar. Betrachtet man sie methodisch differenziert, vermitteln sie eine beeindruckende Fülle von Deutungsmustern, Sinnstiftungen wie auch von Verdrängungsmechanismen, mit denen Soldaten die Extremerfahrung des Krieges zu bewältigen suchten.

2.3.8 Soldaten als Täter – Die Verbrechen der Wehrmacht

Angesichts der weitgehend ungebrochenen Viktimisierungsperspektive von Verschweigen und Verdrängen wirkte die im Jahre 1995 eröffnete Ausstellung „Verbrechen der Wehrmacht" durch das Hamburger Institut für Sozialforschung für die Generation der Kriegsteilnehmer, aber auch für viele ihrer Angehörigen zunächst wie eine Blasphemie. Feldpostbriefe und nachzeitige Selbstzeugnisse hatten das Bild von der „sauberen Wehrmacht", zumindest was die eigenen Familienmitglieder betraf, in vollem Umfang bestätigt. Die in der Ausstellung dokumentierten grundlegenden Sachverhalte waren der Forschung bereits seit längerem, nicht zuletzt durch die jahrzehntelange Grundlagenforschung des Militärgeschichtlichen Forschungsamtes bekannt. Jedoch war die Frage nach den Verantwortlichen bisher so beantwortet worden, dass sie die Öffentlichkeit nicht unmittelbar berührte: Das Regime und seine Schergen waren für die Mordaktionen hinter der Front verantwortlich und wo die Wehrmacht unmittelbar involviert war, handelte es sich um militärische Operationen oder Partisanenaktionen, bei denen Opfer unter der Zivilbevölkerung nicht zu vermeiden waren. Daher war es gerade das Bildmaterial, das durch seine bewusst provozierende Präsentation in der Öffentlichkeit für erhebliche Irritationen sorgte [272: HIS, Vernichtungskrieg; 273: HIS, Verbrechen].

Die aufrüttelnde Verallgemeinerung und plakativ unterstellte Mit-

„Saubere Wehrmacht"

Kriegsfotographie

verantwortung aller Wehrmachtangehörigen an den Massenmorden des Regimes erschien zunächst so überzeugend, dass vor allem Medien und Politik von der Annahme ausgingen, den dargestellten Sachverhalten seien grundlegende Forschungen vorausgegangen. Damit wurde die Prämisse und Anlage der Ausstellung gründlich missverstanden, ein Eindruck, dem die Organisatoren angesichts ihres öffentlichen Erfolges nicht mehr explizit widersprachen.

Bedeutung und Grenzen der Wehrmachtausstellung

Unter sachkundiger wissenschaftlicher Beratung grundlegend überarbeitet hat die Ausstellung in den folgenden Jahren eine gelehrte Debatte über den Umfang mutmaßlicher Täterschaft von Wehrmachtsoldaten an Kriegsverbrechen initiiert [274: C. HARTMANN/J. HÜRTER/ U. JUREIT, Verbrechen der Wehrmacht]. Dabei hat sich das Bild vom Krieg gegen die Sowjetunion als dem eigentlichen rasseideologisch angelegten Vernichtungskrieg der Wehrmacht verfestigt, während gleichzeitig neuere Studien zur deutschen Besatzungsherrschaft nicht nur für Ostmitteleuropa [238: C. GERLACH, Kalkulierte Morde; 245: D. POHL, Herrschaft], sondern auch für eine flächendeckende Barbarisierung der Kriegführung erkennen lassen. Weitaus folgenreicher wirkte sich die Wehrmachtausstellung auf dem Feld der Konstruktion von Erinnerung und ihrer diskursiven Bewältigung im Dialog zwischen den Angehörigen der Erlebnisgeneration und der Nachkriegsgenerationen aus. Der Vorwurf der Sprachlosigkeit, der bewussten Diskursverweigerung, der zweifellos vielfach zutreffend ist, übersieht indes, dass ein Großteil der Soldaten nach den Maßstäben, die heute auf die psychische Situation von Soldaten in Kriegsgebieten Anwendung finden, hochgradig traumatisiert gewesen sein muss. Dies beförderte Verdrängungsmechanismen, die durch die gesellschaftliche Erwartungshaltung von einer „sauberen Wehrmacht" und ihrer medialen Verbreitung noch verstärkt wurden.

Barbarisierung der Kriegführung

Sprachlosigkeit der Erlebnisgeneration

Gewaltbereitschaft und Kriegsverbrechen

Nachdem die Dimension des Vernichtungskrieges nicht nur in Ost- und Südosteuropa außer Frage steht, stellt sich die Überlegung, unter welchen Bedingungen und mit welcher Motivation „ganz normale Männer" [247: C. R. BROWNING], Angehörige einer Wehrpflichtarmee, Kriegsverbrechen begangen haben. Mit dieser Frage stößt die Forschung in das Zentrum einer Gesellschaftsgeschichte des Krieges und einer Kulturgeschichte der Gewalt vor. Dabei geht es nicht in erster Linie darum, wie groß der geschätzte prozentuale Anteil der Täter am Gesamtumfang der Wehrmacht gewesen ist. Viel ergiebiger erscheint dagegen eine Auseinandersetzung mit den Voraussetzungen und Formen einer innergesellschaftlichen Gewaltbereitschaft und ihrer Akzelerierung unter den Bedingungen des Krieges.

2. Militär, Krieg und Gesellschaft im 19. und 20. Jahrhundert

Die Militärgeschichte vermag sich den Ursachen einer zunehmenden Brutalisierung des Krieges nur im Rahmen einer doppelten Erkenntnisperspektive wirkungsvoll zu nähern. Ausgehend von den Ergebnissen vor allem der historischen Anthropologie zur generellen Gewaltbereitschaft der menschlichen Gattung [280: H. WELZER, Gedächtnis; 42: H. v. STIETENCRON/J. RÜPKE, Töten] bedarf es synchroner und diachroner Untersuchungen, die zu erhellen vermögen, welche Bedeutung allgemein akzeptierte Männlichkeitskonstruktionen, Heldenvorstellungen, kulturelle Überlegenheitsgefühle oder rassisch-religiös konnotierte Reinigungs- und Vernichtungsgebote für die Entgrenzung der Gewaltbereitschaft einer Gesellschaft im Kriege besessen haben. Die klimatischen und naturräumlichen Gegebenheiten des Kriegsschauplatzes spielen hier ebenso eine Rolle wie das Verhalten des Gegners. Während die militärische Gesellschaft im Frieden ihre Konventionen und Rituale im Spannungsfeld eines zivilgesellschaftlichen Umfeldes anwendet, handelt sie im Feindesland in sich abgeschlossen und moralisch weitgehend autonom. Die Gruppe, nicht die Umgebung, in der sie sich bewegt, setzt die Regeln und wacht über ihre Einhaltung. Der Kameradenkreis liefert dem einzelnen Soldaten gerade unter den Bedingungen des Krieges und einer als fremd und feindlich empfundenen Umwelt den als überlebenswichtig angesehenen Schutzraum, der Geborgenheit und Heimat verspricht und dessen Regularien man sich bereitwillig oder mit moralischen Skrupeln unterwirft. Schließlich besitzt in einer autoritär geprägten Gesellschaft der Vorgesetzte eine nicht zu unterschätzende Bedeutung. Einen subjektiv empfundenen Befehlsnotstand geltend zu machen bedeutet daher nicht zwangsläufig, aus Angst das eigene Leben zu verlieren, gehandelt zu haben, sondern sich außerhalb der Ordnung und damit außerhalb der bergenden Hülle der Gemeinschaft gestellt zu haben. Diese generellen Bedingungsfaktoren, die eine Brutalisierung des Krieges begünstigt haben können, lassen sich hinsichtlich ihrer Bedeutung und Gewichtung für eine Gewaltgeschichte des Zweiten Weltkrieges nur dann instrumentalisieren, wenn sie methodisch in mikrohistorische Untersuchungen eingebettet werden.

2.3.9 Militärische Opposition/militärischer Widerstand

Bereits die Anti-Hitler-Koalition hatte den militärischen Widerstand gegen den Nationalsozialismus als gewaltsamen Ausbruch systemimmanenter Rivalität verstanden, ein Bild, das zunächst auch die öffentliche Meinung und die historische Forschung geprägt hat [288: G. R. UEBERSCHÄR, Widerstand].

Widerstand als systemimmanente Rivalität

Mit dem Ausbruch des Kalten Krieges begann die zweite Phase einer Auseinandersetzung mit der Geschichte des gewaltsamen Aufbegehrens gegen den Nationalsozialismus. Hinsichtlich des militärischen Widerstandes wurde die Frage nach einer deutschen Wiederbewaffnung zu einem entscheidenden Prüfstein. Die mit dem Schock des Koreakrieges einsetzende Diskussion um einen deutschen Verteidigungsbeitrag rief die organisierten Interessenvertreter der ehemaligen Berufssoldaten auf den Plan. Im Wissen, dass die Republik auf sie nicht würde verzichten können, forderten sie die Haftentlassung ihrer ehemaligen Oberbefehlshaber und militärischen Führer ebenso wie eine generelle Ehrenerklärung der Bundesregierung und der westlichen Siegermächte.

Militärischer Widerstand und Wiederbewaffnung

Damit wurde eine Diskussion angestoßen, die in exkulpatorischer Absicht über Jahrzehnte die Frage nach der Bindekraft der zivilen und der militärischen Eidesleistung stellte. Wer mit seinem Wirken in Militär, Justiz und Verwaltung nur seiner Eidespflicht nachgekommen war und sich keine justiziablen Verbrechen hatte zu Schulden kommen lassen, sollte nicht jenen nachstehen, die ihn aus höherer ethischer Verantwortung bewusst gebrochen hatten.

Es kennzeichnet das Dilemma der frühen Bundesrepublik, dass ihre Funktionsfähigkeit in Wirtschaft, Verwaltung und Politik vielfach von denjenigen Personen abhing, die dem nationalsozialistischen Staat bis in dessen Untergang hinein treu gedient hatten.

Geprägt durch den vorherrschenden Einfluss der Totalitarismustheorie wurde der kommunistische Widerstand bewusst ausgeblendet und damit der Blick auf den nationalkonservativen Widerstand verengt, der damit folgerichtig zu einer Voraussetzung der freiheitlich-demokratischen Gesellschaftsordnung der Bundesrepublik erklärt werden konnte. Die Indienstnahme des militärischen Widerstandes für die Traditionsstiftung der jungen Bundesrepublik führte fast zwangsläufig zu einer gewissen Heroisierung und Monumentalisierung in der Darstellung seiner Protagonisten. Folgerichtig glaubte man in politischpädagogischer Absicht, Widerstand nicht als einen quälend langen Prozess der Selbstfindung, des schmerzhaften Sichlösens von tradierten Normen und Wertvorstellungen darstellen zu müssen, sondern als Grundsatzentscheidung, die im Idealfall bereits mit dem Tag der Machtergreifung getroffen worden war.

Heroisierung und Monumentalisierung

An dieser Stelle setzte seit Anfang der sechziger Jahre eine jüngere Generation von Historikern an. Ihnen ging es auf der Basis einer erweiterten Quellengrundlage weniger um die Motive als um die politischen Zielsetzungen des Widerstandes. Dabei wurde deutlich, dass der nationalkonservative militärische Widerstand gerade nicht als Wegbereiter li-

Politische Ziele des Widerstandes

2. Militär, Krieg und Gesellschaft im 19. und 20. Jahrhundert 89

beraldemokratischer Verfassungsvorstellungen verstanden werden darf. Vielmehr prägten seine Vertreter ständisch-autoritäre, patriarchalisch-christliche oder intellektuell-elitäre Vorstellungen. Ihnen allen aber war der Wunsch nach Wiederherstellung rechtsstaatlicher Verhältnisse gemeinsam.

In dieser Phase kristallisierten sich zwei Denkschulen heraus, die die Widerstandsforschung lange Zeit bestimmen sollten. Auf der einen Seite fanden sich die „Intentionalisten", die anknüpfend an die traditionelle, politisch-moralische Würdigung des Widerstandes die Motive des Handelns zu entschlüsseln suchten. Daraus wurde ein eher statischer Widerstandsbegriff entwickelt [281: P. HOFFMANN, Widerstand]. „Intentionalisten" und „Revisionisten"

In Abgrenzung dazu entstand auf der Basis sozialgeschichtlicher Fragestellungen ein Forschungsansatz, der sich an einem eher „prozessualen, dynamischen Widerstandsbegriff" [286: J. SCHMÄDECKE/P. STEINBACH, Widerstand; 285: K.-J. MÜLLER/H. MOMMSEN, Widerstand, 16] orientierte. Dieser ging von einer differenzierten Betrachtung der Entwicklungsgeschichte der nationalsozialistischen Herrschaft sowie ihrer nach Raum und Zeit divergierenden Machtzentren aus und stellte dieser Entwicklungsgeschichte einen ebenso breit gefächerten, sich nach Intensität und Zielrichtung verändernden Widerstand gegenüber. Diese Perspektive, zunächst etwas diffus als „Revisionismus" bezeichnet, hat sich inzwischen fest etabliert und der Widerstandsforschung der folgenden Phase wichtige Impulse vermittelt.

Angesichts der unterschiedlichen Gruppen und ihrer Zielsetzungen musste ein differenziertes Begriffsrepertoire erarbeitet werden, das Fundamentalopposition und gewaltsamen Widerstand von den vielfältigen Formen widerständigen Verhaltens, wie etwa dissidenter Selbstbehauptung, Verweigerung und Resistenz, abgrenzt. In diesem Zusammenhang rückten auch die Angehörigen der Wehrmacht in den Blick der Forschung, die nicht dem nationalkonservativen militärischen Widerstand zuzurechnen waren. Differenziertes Begriffsrepertoire

Der kommunistische Widerstand ebenso wie die Aktivitäten des Bundes Deutscher Offiziere waren während der Hochzeit des Kalten Krieges im Westen mit dem Verdikt belegt worden, Erfüllungsgehilfen der sowjetischen Diktatur gewesen zu sein. Ebenso fanden die Verschwörer des 20. Juli erst im Zuge der „Tradition und Erbe"-Diskussion in der Spätphase der DDR eine auf die Tat bezogene Anerkennung. Heterogenität der Widerstandsgruppen

Nach der Vereinigung der beiden deutschen Staaten wurde der Konflikt noch einmal im Zusammenhang mit der Würdigung des kommunistischen Widerstandes aus Anlass des fünfzigsten Jahrestages des 20. Juli virulent. Damit setzte die gegenwärtige Phase der Beschäftigung mit dem Widerstand ein. Ausgehend von dem Weg in den Widerstand wird gerade auch bei den Angehörigen des militärischen Widerstandes die Dimension einer zeitabhängigen Mitwisserschaft, bisweilen auch Mittäterschaft und damit einer Verstrickung der Militäropposition in die Strukturen und in die Verbrechen des Regimes thematisiert [282: J. HÜRTER, Militäropposition]. Das Eingebundensein in militärische Befehlsstrukturen bedeutete graduell unterschiedliche Mitwisserschaft und führte in Einzelfällen zu abgestufter Mittäterschaft. Gleichwohl vermag der nachzeitige Betrachter denen nicht seine Hochachtung zu versagen, die der Wille auszeichnete, Verantwortung zu übernehmen, sich dem Konformitätsdruck bewusst entgegenzustellen und selbst das Risiko eines in den Augen der Zeitgenossen schimpflichen Todes nicht zu scheuen [U. HEINEMANN, Widerstand, in: 178: DRZW, Bd. 9/1, 743–892]. Damit geraten die Gegner des Nationalsozialismus innerhalb der Wehrmacht in den Blick der Forschung, die bei der bisher vorherrschenden verengten Perspektive auf Vorgeschichte und Verlauf des Attentats vom 20. Juli 1944 im Schatten der wissenschaftlichen wie kollektiven öffentlichen Wahrnehmung geblieben sind, auch wenn sie ihre Gegnerschaft zum Regime mit dem Tode hatten bezahlen müssen. Dies gilt mit unterschiedlicher Intensität für die Feldmarschälle Rommel und Kluge ebenso wie für Admiral Canaris und Generaloberst Fromm [284: B. R. KROENER, Fromm]. Damit gewinnt, jenseits aller kollektiv-öffentlichen Aneignungsprozesse, das konstituierende Element des Widerstandes eine besondere Bedeutung: die Dimension der individuellen Gewissensentscheidung als Ergebnis eines langwierigen, schmerzhaften, von Irrtümern, Zweifeln, Mutlosigkeit und Entschlossenheit begleiteten Weges.

2.3.10 Kriegsende 1945

Die zunehmende Totalisierung des Kriegsverlaufs war gekennzeichnet durch eine mentale Gewöhnung an massenhaftes Sterben, an durch nationale Vorurteilsstereotype beförderters Gewalthandeln gegenüber der Bevölkerung der besetzten Gebiete, deren Leiden noch dadurch vergrößert wurde, dass sie erneut Kampfhandlungen ausgesetzt wurde. Sie manifestierte sich aber auch in, durch fortgesetzte Rückzüge und Partisanenangriffe gesteigerten, Überreaktionen, Panikhandlungen und Blutrauschtaten. In ihnen entlud sich eine psychische Überforderung von Truppe und unterer Führung, scheinen aber auch Facetten eines Vernichtungskrieges auf, in dem neben den weiterhin dominierenden rasseideologischen Elementen zusätzliche aus der Radikalisierung der Kriegführung gespeiste Motive an Gewicht gewannen.

2. Militär, Krieg und Gesellschaft im 19. und 20. Jahrhundert 91

Bereits Anfang der 1980er Jahre hatte BERND WEGNER kritisch festgestellt, dass die Forschung – insbesondere die westdeutsche – das Scheitern der deutschen Offensive vor Moskau und die Ausweitung des europäischen Krieges zum globalen Krieg zwar als Zäsur begriffen habe. Jedoch sei eine vertiefte Auseinandersetzung mit der Frage, ob es politisch-strategische Zielvorstellungen der deutschen Führung nach 1942 überhaupt noch gegeben habe, oder ob es sich nur noch um ein operatives Hinausschieben der unausweichlich gewordenen totalen Niederlage gehandelt habe, ausgeblieben [82: Kriegsgeschichte]. Während die deutsche Seestrategie angesichts der begrenzten Ressourcen der Kriegsmarine und trotz ihrer zunächst erstaunlichen Erfolge im atlantischen Zufuhrkrieg keinen wesentlichen Einfluss auf die Gesamtkriegsführung gewinnen konnte, klammerte sich die Heeresführung nach dem Verlust der Initiative zunächst im Osten, später auch an den anderen Fronten an die Chimäre, dass der Krieg durch den Einsatz territorialer Faustpfänder im Rahmen von Sonderfriedensbestrebungen doch noch zu einem für das Reich erträglichen Ende gebracht werden könne. Kompetenzstreitigkeiten innerhalb der militärischen Führung und ein auf den eigenen begrenzten Befehlsbereich orientierter, operativer Tunnelblick mancher Befehlshaber behinderten in besonderer Weise die deutsche Kriegsführungsfähigkeit. Hinzu kommt die Haltung zahlreicher Angehöriger der deutschen Generalität, die durch Ehrgeiz, Erfüllungsgehorsam oder schlicht Fatalismus gekennzeichnet war [228: G. P. MEGARGEE, Hitler und die Generäle; 224: J. HÜRTER, Hitlers Heerführer; 284: B. R. KROENER, Fromm]. Die mittlere Führung und die Truppe stellten sich dem Kampf mit unzureichenden Mitteln, in dessen Mittelpunkt zunehmend das tägliche Überleben in kleinen und kleinsten Gruppen stand. Eine „fortschreitende kumulative Radikalisierung" (H. Mommsen), deren Wurzeln bis in den Ersten Weltkrieg zurückreichten, hat die durch das nationalsozialistische Regime bewusst ins Werk gesetzte Barbarisierung des Krieges begünstigt und eine entgrenzte Gewaltbereitschaft befördert, die in der Agonie des letzten Kriegsjahres der Wehrmacht auch durch die Maßnahmen der eigenen Führung Verluste zufügten, die in ihrer Höhe die der vorangegangenen fünf Kriegsjahre überstiegen [293: R. OVERMANS, Verluste].

Erst in jüngster Zeit hat sich die historische Forschung verstärkt mit dem Kriegsverlauf und seinen Erscheinungsformen während der zweiten Kriegshälfte und der Niederlage beschäftigt. Dabei richtete sich das Interesse in erster Linie auf die Motive und Mechanismen des Durchhaltens der Wehrmacht bis zu ihrer nahezu vollständigen Kampfunfähigkeit.

Mangelnde strategische Perspektiven nach 1942

Mängel der Kriegsspitzengliederung

Erforschung der letzten Phase des Krieges

Am Ende des Zweiten Weltkrieges war das Reichsgebiet, von Inseln im ländlichen Raum abgesehen, flächendeckend zerstört, die Gesellschaft atomisiert, zu einem Informationsaustausch nicht in der Lage und zudem in einen Kampf um das tägliche Überleben verstrickt, von Apathie und Resignation geprägt, sodass die Fortsetzung des Gewohnten weniger schreckenerregend erschien als der Sturz ins Unbekannte [290: M. GEYER, Endkampf; 292: A. KUNZ, Wehrmacht; 291: J. HILLMANN/J. ZIMMERMANN, Kriegsende; 294: I. ZIMMERMANN, Pflicht]. Am Ende eines mörderischen Krieges stand zudem die diffuse Angst vor der Vergeltung durch die Sieger. Angesichts dieser Einstellung, die als Durchhalten ideologisch aufgewertet und mit Blick auf die preußische Geschichte historisch legitimiert wurde, musste Widerstand in erster Linie als Verrat denunziert werden.

2.3.11 Blitzkrieg und Totaler Krieg

Volkskrieg und Totaler Krieg

Die Idee des Volkskrieges und damit die emotionale und faktische Indienstnahme des ganzen Volkes für die politischen Ziele seiner Staatsführung haben zusammen mit den Wirkungen der „Industriellen Revolution", einem rasanten technologischen Wandel, einer Beschleunigung der Kommunikationsmittel und einer globalen Rohstoffbeschaffung eine stufenweise erfolgende Totalisierung der Kriegführung bewirkt, die in der Möglichkeit einer die Existenz der Menschheit bedrohenden thermo-nuklearen Katastrophe ihren möglichen End- und qualitativen Umschlagpunkt erreicht hat.

Die potentielle Entwicklungsoffenheit des Totalen Krieges hat bisher eine kohärente Definition seines Erscheinungsbildes nicht entstehen lassen, wenngleich die neuere Forschung in historischer Perspektive zentrale Aspekte dieses komplexen Phänomens herauszuarbeiten vermochte. In den Ergebnissen der von STIG FÖRSTER initiierten breit angelegten und global orientierten Konferenzserie „Das Zeitalter des totalen Krieges 1861–1945" wurden die vier Charakteristika einer Konzeption des Totalen Krieges überzeugend herauspräpariert: totale Kriegsziele, totale Kriegsmethoden, totale Mobilisierung und totale Kontrolle. Das aus den Erfahrungen der vergangenen Kriege entwickelte Konzept des Totalen Krieges darf jedoch keineswegs dazu verführen, den begrenzten Erfahrungshorizont der Zeitgenossen und die strukturelle Verengung ihrer Handlungsmöglichkeiten in eine ex post konstruierte Zwangsläufigkeit der Entwicklung einmünden zu lassen. Erst die Entgrenzung kriegerischer Gewalt als Ergebnis einer umfassenden Ressourcenmobilisierung führte gegen Ende des Ersten Weltkrieges zur Begriffsprägung Totaler Krieg. Vor diesem Hintergrund suchten die militärischen Pla-

Elemente des Totalen Krieges

2. Militär, Krieg und Gesellschaft im 19. und 20. Jahrhundert 93

nungsstäbe in den zwanziger und dreißiger Jahren die Möglichkeit einer totalen Kriegführung auszuloten [108; 137; 139; 172; 183; 189].

In diesen Zusammenhang gehören auch Überlegungen zur operativen Umsetzung eines Blitzkriegskonzeptes. Die Erfahrung eines kräftezehrenden, die innere Widerstandskraft der Bevölkerung zermürbenden und die politische Stabilität eines Staates gefährdenden und zerstörenden Stellungskrieges hat in der Zwischenkriegszeit, vor allem in den deutschen militärischen Führungszirkeln dem Dogma des Bewegungskrieges neue Nahrung verschafft. Angesichts der erhöhten Beweglichkeit und Feuerkraft motorisierter, mit Panzern ausgestatteter Verbände schien es, zumal im Zusammenspiel mit Luftstreitkräften, möglich, eine rasche Kriegsentscheidung zu erzwingen und auf diese Weise den Umschlag in einen Abnutzungskrieg zu vermeiden [295: R. M. CITINO, Blitzkrieg; 296: J. CORUM, Blitzkrieg; 27: R. M. CITINO, German way].

Dogma des Bewegungskrieges

Die militärisch gestützte Aggressionspolitik des Deutschen Reiches von der Rheinlandbesetzung bis zum Ende des Frankreichfeldzuges ließ zumal bei auswärtigen Beobachtern den Eindruck entstehen, das Deutsche Reich habe die Voraussetzungen für eine auf einer zeitlich begrenzten totalen Kriegsanstrengung beruhenden Blitzkriegsstrategie geschaffen. Wie es schien, war es durch eine planvolle Mobilisierung der ökonomischen und personellen Ressourcen gelungen, den deutschen Machtbereich Zug um Zug zu erweitern und so immer wieder zusätzliche Kapazitäten für die deutsche Kriegführung zu erobern. Bis weit in die sechziger Jahre ist vor allem die angelsächsische Forschung dieser Interpretation gefolgt [214: A. S. MILWARD, Kriegswirtschaft]. Tatsächlich gelangen der deutschen Kriegführung zunächst zum Teil erwartungsgemäß begrenzte Schläge (Polen) oder unerwartet rasche Erfolge (Frankreich). Gerade der Sieg gegen Frankreich, den Angstgegner des Ersten Weltkrieges, setzte innerhalb der deutschen politischen und militärischen Eliten eine schrankenlose Hybris frei, aus der heraus sich die unzureichende logistische Vorbereitung und operative Planung des Feldzuges gegen die Sowjetunion erklären lässt [297: K.-H. FRIESER, Blitzkrieg-Legende; 298: B. R. KROENER, Erfrorener Blitzkrieg].

Blitzkriegswirtschaft

Inzwischen kann als gesichert gelten, dass die nationalsozialistische Führung aus Furcht vor der Wiederholung der revolutionären Ereignisse von 1918 bis weit in die zweite Kriegshälfte hinein vor einer totalen Mobilisierung von Wirtschaft und Gesellschaft zurückschreckte. Eine brutale Ausbeutung der besetzten Gebiete zur Sicherung der Kriegführung und Versorgung der eigenen Bevölkerung schien die Quadratur des Kreises, das Auseinanderklaffen von Weltmachtambitionen

NS-Führung und das Trauma von 1918

einerseits und unzureichenden personellen und materiellen Ressourcen andererseits zu ermöglichen.

Im Gegensatz zum autoritären Führerstaat, dessen Prinzip einer eifersüchtig gehüteten unmittelbaren Verantwortung von Entscheidungsträgern zu einem erheblichen, kräftezehrenden, polykratisch angelegten Konkurrenzverhalten führte [R.-D. MÜLLER, Mobilisierung, in: 178: DRZW, Bd. 5/1, 349–689;], vermochten die westlichen Kriegsgegner des „Dritten Reiches" ihre Kriegsanstrengungen gremiengesteuert, zielgerichtet und weitgehend effizient zusammenzuführen. Es gelang ihnen, ihre wirtschaftliche Leistungsfähigkeit und ihre Ressourcen erfolgreich in Kampfkraft umzusetzen und die „moralischen Energien ihrer Völker in einen effektiven Siegeswillen zu verwandeln" [181: R. OVERY, Wurzeln].

Mit dem Scheitern des Unternehmens „Barbarossa" gegen die Sowjetunion, des einzigen geplanten Blitzkrieges, im Winter 1941/42, wurde das „Dritte Reich" in einen Abnutzungskrieg gezwungen. Trotz aller sektoralen Anstrengungen zur Steigerung der Rüstungsproduktion und zu einer effizienten Steuerung der Kriegswirtschaft blieben alle Bekenntnisse und Appelle des Regimes zum Totalen Krieg deklamatorisch. Die Ernennung des Reichsministers für Volksaufklärung und Propaganda Joseph Goebbels zum Bevollmächtigten des Führers für den totalen Kriegseinsatz im Sommer 1944 wirft ein bezeichnendes Licht auf die Intention des Regimes, den Durchhaltewillen der breiten Bevölkerung in erster Linie mit den Instrumenten der Propaganda zu stärken, während gleichzeitig die oppositionellen Kräfte und die erklärten Feinde des nationalsozialistischen Regimes unnachsichtig verfolgt und ermordet wurden.

Totaler Krieg, Propaganda und Terror

Die Politik und Kriegführung des „Dritten Reiches" während des Zweiten Weltkrieges war geprägt von totalen Kriegszielen ebenso wie von totalen Kriegsmethoden. Eine totale Mobilisierung gelang dagegen während des Krieges ebenso wenig wie eine totale Kontrolle [172: R. CHICKERING/S. FÖRSTER/B. GREINER, World at War].

2.4 Entmilitarisierung, konventionelle Verteidigung, nukleare Bedrohung 1945–1990

2.4.1 Der lange Schatten des „Dritten Reiches"

In den achtziger Jahren des vergangenen Jahrhunderts und damit etwa vierzig Jahre nach dem Ende der NS-Herrschaft wurde die Geschichtswissenschaft durch mehrere sich zeitlich überlagernde, aber gleichsam auf der Metaebene ihres Entstehens miteinander verknüpfte Kontroversen erschüttert. 1986 hatte MARTIN BROSZAT angesichts einer zunehmend breiter werdenden Forschung, die den Nationalsozialismus weder in moralisch-pädagogischer Absicht monumental zu perhorreszieren suchte, noch ihn als „Betriebsunfall" aus dem Kontext historischer Normalität herauszulösen suchte, erneut die Frage nach seiner Einordnung in größere historische Zusammenhänge aufgeworfen. Gerade die Ergebnisse einer sozial-, struktur- oder mentalitätsgeschichtlich orientierten Forschung ließen in aller Deutlichkeit übergreifende Entwicklungslinien erkennen.

So wurde auf der einen Seite die Sonderwegsdebatte erneut aufgegriffen, gleichzeitig aber über die Frage nach dem Umfang einer „intendierten Modernität" des Nationalsozialismus eine Grundsatzdebatte angestoßen, die zu Recht die unscharfe und nicht einheitliche Verwendung der Begrifflichkeit monierte, die Anwendung des Modernisierungsparadigmas auf die wenigen Jahre nationalsozialistischer Herrschaft kritisierte und die Verknüpfung erkennbarer Rationalisierungsschübe mit der rasseideologischen Zielsetzung des Regimes anmahnte. Gleichzeitig wurde ein zunehmendes Unbehagen an einer unkritischen Engführung des Begriffs „Modernisierung" und seiner damit verbundenen quasi teleologischen Ausrichtung auf eine positiv gedeutete liberal-demokratische oder sozialistische Fortschrittlichkeit akzentuiert. Mit Blick auf Erscheinungsformen einer „reaktionären Modernisierung" wurde mit Rekurs auf eine fortschrittsskeptische Modernisierungstheorie der Blick auf die „pathologischen Entwicklungsformen der Moderne" gerichtet [175: U. v. HEHL, NS-Herrschaft, 109].

Nationalsozialismus und Modernisierung

Der an metahistorischen Bewertungskategorien orientierte Modernisierungs- und Historisierungsdiskurs wurde in der zweiten Hälfte der 1980er Jahre von dem auf politischer Ebene geführten Historikerstreit überlagert, in dem um vorgeblich apologetische Tendenzen in der deutschen Zeitgeschichtsforschung gekämpft wurde [175: U. v. HEHL, NS-Herrschaft, 113]. Für die Militärgeschichte besaßen diese Debatten insofern Gewicht, als durch sie der Blick für bisher weitgehend unkritisch tradierte Vorstellungen von strategisch-operativen Innovationen (Blitzkrieg), rüstungswirtschaftlichen Maßnahmen (Rüstungswunder) und militärisch-technischen Neuerungen (Wunderwaffen) geschärft wurde.

Historikerstreit

Am Beispiel der sozialen Öffnung des Offizierkorps der Wehrmacht während der zweiten Kriegshälfte ließ sich nachweisen, wie das Regime die durch Offizierverluste und die Notwendigkeit zu ständi-

Elitenwandel im Offizierkorps

gen Neuaufstellungen von Verbänden erzwungene Verbreiterung der Rekrutierungsbasis dazu nutzte, auf diesem Wege einen Elitenwandel durchzusetzen, der Strukturveränderungen in die militärische Gesellschaft implantierte, die über den Zusammenbruch hinaus nachwirkten und sich in der Zusammensetzung des Offizierkorps der Bundeswehr abbilden sollten [190: J. FÖRSTER, Führerheer; 227: B. R. KROENER, Generationserfahrungen; G. MEYER, Führungsschicht, in: 305: AWS, Bd.1, 577–736; 233: R. STUMPF, Wehrmacht-Elite; 343: D. BALD, Militär und Gesellschaft].

Die Bedeutung und die Wirkung der militärischen Sozialisation auf die Konstruktion der Erinnerung an den Zweiten Weltkrieg bilden in mehrfacher Hinsicht einen Schwerpunkt der Erforschung der deutschen Nachkriegsgeschichte, nicht nur ihrer Militärgeschichte. Die durch den Krieg erzwungene Abkehr von der Offiziereregänzung ausschließlich aus den erwünschten Kreisen und der Forderung nach einem dem Abitur entsprechenden Bildungsabschluss beförderte eine sozial weitgehend egalisierte Nachwuchsgewinnung der Wehrmacht in der zweiten Kriegshälfte, was nicht nur von den davon Begünstigten als fortschrittlich empfunden wurde.

Personelle Kontinuitäten vom „Dritten Reich" zur Bundesrepublik

Die Überwindung der deutschen Teilung 1989 und die Übernahme demokratisch-rechtsstaatlicher Strukturen innerhalb der öffentlichen Verwaltung der neuen Bundesländer lenkten seit Anfang der 1990er Jahre in der Zeitgeschichtsforschung fast reflexartig das Interesse auf personelle Kontinuitäten im Übergang vom „Dritten Reich" zur Bundesrepublik Deutschland. Damit geriet die Frühphase der Bundesrepublik und ihre bisweilen nostalgische Verklärung als „Wirtschaftswunderland" in den Blick der Forschung. In welchem Umfang beförderte eine über den Zusammenbruch von 1945 hinaus wirkende Elitenkontinuität in der Bevölkerung ein kollektives Bewusstsein, das die 1930er Jahre als Friedenszeit empfand und ideologisch entgiftet als schönste Zeit des Lebens in die Nachkriegszeit hinüberrettete?

Vergangenheitsbewältigung?

Die politisch Verantwortlichen hatten geglaubt, über die Erforschung des nationalsozialistischen Regimes und seiner Vorgeschichte, über eine vertiefte Erkenntnis seiner Institutionen und der Teilhabe seiner militärisch-bürokratischen Eliten die Vergangenheit historisieren und damit bewältigen zu können. Daraus entstand eine „Vergangenheitspolitik" [301: N. FREI], die bewusst das Erbe des Nationalsozialismus verdrängte und damit in den Augen mancher Nachgeborener eine „zweite politische Schuld" konstituiert hat. Doch hatte es überhaupt eine Chance gegeben, die junge Republik ohne Wiederverwendung der alten Eliten aufzubauen [303: M. KITTEL,

Legende]? Hätte die politische Stabilität eines weitgehend zerstörten, ausgebombten, von Millionen Flüchtlingen und demobilisierten Kriegsteilnehmern überschwemmten Landes den fortdauernden Ausschluss von etwa 30 Prozent ehemaliger NS-Belasteter verkraftet?

So wird die Notwendigkeit einer politisch-sozialen Integration großer Bevölkerungsgruppen von der Forschung anerkannt, deren dauerhafte Ausgrenzung eine innenpolitische Stabilisierung der jungen Bundesrepublik verhindert oder zumindest nachhaltig erschwert hätte. Dieser Prozess hat über Jahrzehnte hinweg eine weithin verbindliche Deutung befördert, die den Zusammenbruch des „Dritten Reiches" als individuelle und kollektive Katastrophe wahrnahm, der gegenüber dem Bewusstsein, von einem verbrecherischen Regime befreit worden zu sein, nicht zuletzt aufgrund der Begleiterscheinungen dieser Befreiung in den Hintergrund trat. Diese Haltung lässt sich anschaulich an der verbreiteten und intensiv diskutierten Empathie gegenüber den in den Nürnberger Nachfolgeprozessen verurteilten Kriegsverbrechern ablesen. Bereits der Begriff Kriegsverbrecher eignete sich in besonderer Weise zur Entschuldung der Täter, die in ihrer Mehrzahl weniger als Kriegs- denn als Staatsverbrecher anzusehen waren. Damit reduzierte sich der Begriff in der öffentlichen Wahrnehmung auf den Nachweis einer verbrecherischen Kriegführung. Nachdem aber bereits in Nürnberg das Oberkommando der Wehrmacht und der Generalstab aus formalen Gründen nicht zu verbrecherischen Organisationen erklärt worden waren, mochte man davon ausgehen, dass demzufolge auch eine verbrecherische Kriegführung nicht bestanden habe. Die inhaftierten Kriegsverbrecher konnten daher zu Opfern einer angeblich willkürlichen Siegerjustiz stilisiert werden [300: U. BROCHHAGEN, Nürnberg; 302: J. FRIEDRICH, Amnestie].

Kriegsverbrecher oder Staatsverbrecher?

Die junge Bundesrepublik sah sich der doppelten Aufgabe gegenüber, einerseits die Funktionsträger des NS-Regimes mittelfristig integrieren zu müssen, andererseits aber auch die Täter dingfest zu machen und Verbrechen zu sühnen. Dass dabei zunächst die Verantwortlichen für den rasseideologischen Massenmord zur Rechenschaft gezogen wurden (Ulmer Einsatzgruppenprozess, Frankfurter Auschwitz- und Folgeprozesse), erscheint ebenso nachvollziehbar wie das vor allem von Kriegsteilnehmern und ihren Standesorganisationen erfolgreich betriebene Bemühen, Kriegsverbrechen als bedauerliche Kriegsnotwendigkeiten zu legitimieren.

Erst mit dem Elitenwechsel seit Mitte der sechziger Jahre, als auch die militärische Gründergeneration der Bundeswehr, die bereits während des Zweiten Weltkrieges Verantwortung getragen hatte, aus dem

Wehrmacht und Nationalsozialismus

aktiven Dienst ausgeschieden war, kam eine intensive Auseinandersetzung mit der nationalsozialistischen Durchdringung der Wehrmacht und ihrer Beteiligung am Vernichtungskrieg in Gang [212: M. MESSERSCHMIDT, Wehrmacht; 218: C. STREIT, Kameraden; J. FÖRSTER, Barbarossa, in: 178: DRZW, Bd. 4, 413–450; 225: H. KRAUSNICK/ H.-H. WILHELM, Weltanschauungskrieg]. Dennoch wurden die Ergebnisse dieser aktengesättigten Grundlagenforschungen in der breiten Öffentlichkeit zunächst nur am Rande wahrgenommen. Die Studien hatten in erster Linie die Verbrechen der Wehrmacht gegen die Rote Armee untersucht und damit den während der Hochphase des Kalten Krieges kaum kritisch hinterfragten Topos von der Besonderheit der Kriegführung im Osten als Apologie entlarvt.

Stand in den 1970er Jahren der verbrecherische Charakter der deutschen Kriegführung im Mittelpunkt des Interesses, so weitete sich Ende der achtziger Jahre das Untersuchungsfeld auf die Mitwirkung der Wehrmacht bei der wirtschaftlichen Ausplünderung der besetzten Gebiete und bei der Versklavung der arbeitsfähigen Bevölkerung sowie auf das Wissen um die Beihilfe zur Shoah aus [279: G. R. UEBERSCHÄR/W. WETTE, Überfall].

Rede des Bundespräsidenten 1985

Mit seiner weithin beachteten Rede nahm Bundespräsident Richard von Weizsäcker als Angehöriger der Kriegsgeneration 1985 die Erinnerung an Krieg und Kriegsende zum Anlass, der individuell erfahrenen Wahrnehmung kriegerischer Gewalt als einer biographieprägenden Katastrophe die kollektive Deutung des Zusammenbruchs als Befreiung von einem das gesellschaftliche Bewusstsein und Verhalten prägenden menschenfeindlichen System gegenüberzustellen.

Kriegsopfergesellschaft

Damit brach er ein seit dem Ende des Zweiten Weltkrieges sorgsam gehütetes Tabu, das zunächst die gesamte deutsche Gesellschaft zur Opfergemeinschaft des Krieges stilisiert hatte. War in den 1950er und 1960er Jahren in umfangreichen Dokumentationen die Dimension der Kriegsschäden [206: E. MASCHKE, Kriegsgefangene] untersucht worden, erfolgte in den 1980er Jahren durch eine Fülle von Feldposteditionen, Zeitzeugenbefragungen und Fernsehdokumentationen auf der Ebene der Soldaten der Wehrmacht eine publikumswirksame Verarbeitung des individuellen Kriegserlebnisses. Gegenläufig dazu, ohne jedoch zunächst nachhaltigen Einfluss auf die kollektive Erinnerung an die Kriegsopfergesellschaft zu nehmen, entwickelte die Alltagsgeschichte einen methodisch und inhaltlich differenzierteren Blick auf Täter- und Opferstrukturen.

2.4.2 Die Wiederbewaffnung in den beiden deutschen Staaten

Mit dem offenen Ausbruch des Ost-West-Konflikts 1947 begann man auf beiden Seiten der ehemaligen Anti-Hitler-Koalition über ein militärisches Kräftegleichgewicht an der Nahtstelle des Gegensatzes in Zentraleuropa unter Einbeziehung der Potentiale des ehemaligen Gegners nachzudenken [N. WIGGERSHAUS, Potsdam, in: 305: AWS, Bd. 1, 1–118]. Die vollständige Entmilitarisierung Deutschlands war eine Grundposition der inzwischen einander entfremdeten Bündnispartner gewesen, ihre Aufgabe zugunsten einer Aufrüstung unter deutscher Beteiligung hat die Forschung seit jeher unter unterschiedlichen Aspekten interessiert [341: G. WETTIG, Entmilitarisierung]. Mit Abschluss des mehrbändigen Werkes „Anfänge westdeutscher Sicherheitspolitik" liegt eine quellengesättigte Gesamtdarstellung der Bemühungen um einen Wehrbeitrag der Bundesrepublik Deutschland vor, der die außenpolitischen Handlungsspielräume, die innenpolitischen Frontstellungen und die konzeptionellen Strukturprobleme im Vorfeld der Aufstellung deutscher Streitkräfte umfassend behandelt. [305: AWS]

Ost-West-Gegensatz und Wiederbewaffnung

Dagegen verharrte eine ideologisch gesteuerte Forschung zur Geschichte der Kasernierten Volkspolizei und der Nationalen Volksarmee bis zum Ende der DDR 1989/1990 in der Interpretation dieser bewaffneten Organe des SED-Staates als einer „Armee des Volkes". Erst mit der Öffnung der Archive nach der Vereinigung der beiden deutschen Staaten wurden Einzelstudien zur Entstehungsgeschichte der bewaffneten Formationen in der Sowjetisch besetzten Zone/DDR möglich [316: R. BRÜHL, Militärgeschichtsschreibung]. Eine Synthese, die die Entwicklung der sowjetischen Sicherheitspolitik am Beispiel der ostdeutschen Wiederbewaffnung mit den gleichzeitigen Maßnahmen in Westdeutschland in Beziehung setzt, steht hingegen noch aus.

Kasernierte Volkspolizei in der SBZ/DDR

Die neuere Forschung hat unter Bezug auf die sich wechselseitig steigernde Bedrohungsperzeption eine zunehmende Militarisierung des Kalten Krieges nach 1948/49 konstatiert. In dieses Szenario gehören die Berlin-Krise 1948 und ihre Vorgeschichte ebenso wie die erfolgreiche Erprobung einer sowjetischen Atombombe und schließlich der Ausbruch des Koreakrieges. Damit begann auch in der Bundesrepublik eine zunächst vertrauliche, dann alle Gruppen der Gesellschaft erfassende öffentliche Diskussion über Notwendigkeit, Formen und Umfang einer möglichen deutschen Wiederbewaffnung. Die sicherheitspolitischen Vorstellungen von Konrad Adenauer, des ersten Kanzlers der Bundesrepublik, müssen daher im Spannungsfeld von Westintegration, dem Expansionsstreben Stalins und dem ernsthaften Willen, die

Militarisierung des Kalten Krieges

Westorientierung und Wiederbewaffnung — Einheit Deutschlands zu bewahren, interpretiert werden. Die bereits in der innenpolitischen Diskussion der 1950er Jahre kontrovers beurteilte Politik Adenauers in Bezug auf Westorientierung, Wiederbewaffnung und gesicherte Teilsouveränität haben seit den späten 1960er Jahren eine intensive wissenschaftliche Auseinandersetzung angestoßen, die erst durch die grundlegenden Forschungen von HANS-PETER SCHWARZ [306: Vom Reich zur Bundesrepublik] einen vorläufigen Abschluss gefunden hat.

Wenn es auch für Adenauer keine vernünftige Alternative zur Westintegration zu geben schien, so mochte man diese Entscheidung durchaus kritisch gleichsam als Absage an die deutsche Wiedervereinigung verstehen, die nur mit Zustimmung der Sowjetunion zu haben gewesen wäre [304: U. LAPPENKÜPER, Deutsch-französische Beziehungen, 73].

Gleichberechtigung und Sicherheit — Hinsichtlich der Priorität von Gleichberechtigung und Sicherheit nehmen die Untersuchungen von ARNULF BARING und HANS-PETER SCHWARZ eine unterschiedliche Gewichtung vor. Während Baring [ebenso noch 327: G. v. GERSDORFF, Außenpolitik] die Wiedergewinnung von Gleichberechtigung und Souveränität als zentrales Anliegen der deutschen Politik in den frühen fünfziger Jahren zu erkennen glaubte, rückte Schwarz in seiner Interpretation der Ära Adenauer die bis dahin ungelöste Sicherheitsfrage an die erste Stelle der politischen Agenda des Bundeskanzlers. Es ist offensichtlich, dass beide Positionen in einem funktionalen Wechselverhältnis zueinander stehen, die auf eine Gleichordnung beider Prinzipien hindeuten. Adenauer war überzeugt, dass ein international handlungsfähiger Staat notwendigerweise über Instrumente zur Gewährleistung der inneren (Polizei) und äußeren Sicherheit (Streitkräfte) verfügen müsse [G. WETTIG, Aufrüstung, in:

Koreakrieg 1950 — 340: B. THOSS, Vom Kalten Krieg, 3–36]. Der Koreakrieg gab den Anstoß, dass die bisher von den militärischen Planungsstäben der USA und Großbritanniens angestellten theoretischen Überlegungen zu einem westdeutschen Verteidigungsbeitrag mit zunehmender Dringlichkeit auch auf die politische Agenda der beiden Regierungen und ihrer Verbündeten gesetzt wurden.

Optionen eines deutschen Wehrbeitrages — Dabei standen auch bei den Überlegungen zu einem deutschen Wehrbeitrag zunächst zwei Optionen zur Diskussion: eine unmittelbare NATO-Mitgliedschaft der Bundesrepublik oder eine streng kontrollierte und begrenzte Aufrüstung des deutschen Teilstaates, eingebettet in das supranationale Konstrukt einer „Europaarmee".

Wie ULRICH LAPPENKÜPER zu Recht festgestellt hat, erkannte Adenauer, dass mit den Verhandlungen über eine „Europaarmee" unter deutscher Beteiligung im Rahmen der Europäischen Verteidigungsgemeinschaft (EVG) die Tür zu einem schrittweisen Abbau des Besatzungsstatuts und zu einer Einbindung Westdeutschlands in ein westeuropäisches Sicherheitskonzept aufgestoßen war [304: Deutschfranzösische Beziehungen, 72]. In den folgenden Jahren gelang es in zähen Verhandlungen die von deutscher Seite als diskriminierend empfundenen Bestimmungen schrittweise abzubauen. Mit dem Scheitern der EVG in der französischen Nationalversammlung war der Idee einer supranationalen europäischen Armee der Todesstoß versetzt, der Bundesrepublik aber der Weg in die NATO geebnet, wenngleich Bonn durch die gleichzeitige Einbindung in die Westeuropäische Union (WEU) vor allem auf dem Rüstungssektor einer aufmerksamen Beobachtung durch seine Anrainerstaaten ausgesetzt blieb. Parallel dazu wurden über eine Erweiterung der bestehenden Befugnisse des Supreme Allied Command Europe (SACEUR) die Ausbildung, Dislozierung und Operationsführung der geplanten deutschen Streitkräfte einer strikten NATO-Kontrolle unterworfen. Die Pariser Verträge von 1954 ermöglichten daher nicht nur eine „gemeinsame Sicherheit mit Deutschland vor der Sowjetunion, sondern gleichzeitig immer noch Sicherheit vor Deutschland" [B. Thoss, Zwei deutsche Staaten, in: 340: ders., Vom Kalten Krieg, 89].

Pariser Verträge 1954

Die außenpolitischen Weichenstellungen im Hinblick auf eine deutsche Wiederbewaffnung bis 1955 können heute dank umfangreicher Forschungen der achtziger Jahre als weitgehend geklärt angesehen werden. In den beiden deutschen Staaten wurde in außen- und sicherheitspolitischer Hinsicht die Überzeugung vertreten, dass es nach den Erfahrungen zweier Weltkriege eine Befriedigung ausschließlich nationaler Sicherheitsbedürfnisse nicht mehr geben könne.

Hinsichtlich einer Wiederbewaffnung der SBZ/DDR nach 1945 vermochte die Forschung dagegen erst mit der Öffnung der Archive in Ostdeutschland und den Staaten des ehemaligen Warschauer Paktes nach 1989 zu quellengesättigten Ergebnissen zu gelangen. Dabei hat sich die immer noch restriktive Haltung der Russischen Föderation in Bezug auf einen umfassenden Aktenzugang als hinderlich erwiesen, wenngleich die nationalen Quellenbestände der ehemaligen Staaten des Warschauer Vertrages inzwischen belastbare Aussagen hinsichtlich der Schlüsselentscheidungen Moskaus zwischen 1945 und 1956 zulassen [320: T. Diedrich/R. Wenzke, Getarnte Armee; H. Ehlert/M. Rogg, Rückblende, in: 323: dies., Militär, 1–26].

Wiederbewaffnung in der SBZ/DDR

Nur teilweise eingelöst wurde bisher die pointiert vorgetragene Forderung: „Die Entwicklung der DDR zu einer der nach bisherigen

Erkenntnissen am meisten militarisierten Gesellschaften der Welt wird nur dann hinreichend aufzuklären sein, wenn die DDR-Forschung den Fokus auf die Gesamtkonzeption des ‚Systems der Landesverteidigung' lenkt" [321: H. EHLERT/A. WAGNER, Äußere Sicherheit, 150].

Militär- und Sicherheitspolitik der DDR

Doch bisher scheint die Militär- und Sicherheitspolitik der SED/DDR nicht zu den intensiver zu bearbeitenden Forschungsfeldern der allgemeinen DDR-Geschichte zu gehören [314: H. BISPINCK, Zukunft der DDR-Geschichte]. Dagegen hat sich die Geschichte der bewaffneten Macht in der DDR in den vergangenen Jahren aus ihrem Randlagen-Dasein [339: B. THOSS, Volksarmee, 15] befreit. Damit besitzt die Militärgeschichte des zweiten deutschen Staates innerhalb der DDR-Forschung inzwischen die Aufmerksamkeit, die ihr nach Ansicht jüngerer Zeitgeschichtsforscher zu Recht zukommt [315: H. BRÖCKERMANN/ T. DIEDRICH/W. HEINEMANN/M. ROGG/R. WENZKE, Zukunft der DDR-Geschichte]. So dürfen Anfangs- und Endphase der bewaffneten Organe als gut erforscht gelten, wie auch hinsichtlich ihrer Rolle in markanten Schlüsselsituationen der DDR-Geschichte in den vergangenen zehn Jahren deutliche Forschritte erzielt werden konnten.

Im Gegensatz zu den Verhältnissen in der Bundesrepublik, in der die Möglichkeit und Formen eines eigenständigen Wehrbeitrages als Bestandteil eines alliierten Sicherheitskonzepts angesichts einer immer erkennbarer werdenden sowjetischen Bedrohung kontrovers diskutiert und mitgestaltet wurden, erfolgte der Aufbau militärähnlicher Polizeiverbände in der SBZ/DDR spätestens seit 1948 unter ausschließlicher Verantwortung der Sowjetischen Militäradministration (SMAD) [339: B. THOSS, Volksarmee; 320: T. DIEDRICH/R. WENZKE, Getarnte Armee; 8: G. GLASER, Reorganisation]. Auch danach vollzog sich der Aufbau entsprechender Formationen, wie etwa der Kasernierten Volkspolizei (KVP), unter der Aufsicht der Sowjetunion und in Anlehnung an deren deutschland- und sicherheitspolitische Vorgaben.

Geschichte der Nationalen Volksarmee (NVA)

Insgesamt sind die politischen Rahmenbedingungen und das institutionelle Gefüge der bewaffneten Organe der DDR, insbesondere der KVP und der Nationalen Volksarmee (NVA) als ihrer Nachfolgeorganisation, relativ breit untersucht, sodass die Militärgeschichte der DDR zumindest organisationsgeschichtlich, sieht man von sektoralen Ausnahmen wie der noch im Entstehen begriffenen Geschichte der Grenztruppen einmal ab, in wesentlichen Bereichen auf sicherem Grund ruht. Ebenso ist aber auch festzuhalten, dass bisher weder eine Gesamtdarstellung der Geschichte der NVA noch eine umfassende Analyse der Militärgeschichte der SBZ/DDR vorliegen [320: T. DIEDRICH/R. WENZKE, Getarnte Armee; 332: W. KOPENHAGEN/H. MEHL/K.

2. Militär, Krieg und Gesellschaft im 19. und 20. Jahrhundert

SCHÄFER, NVA; 317: T. DIEDRICH/H. EHLERT/R. WENZKE, Partei; 38: K.-V. NEUGEBAUER, Grundkurs, Bd. 3].

Ähnlich wie für die Geschichte der Bundeswehr stellte sich auch für die KVP/NVA die Frage nach personellen Kontinuitäten zwischen der Wehrmacht und ihren Nachfolgern in der SBZ/DDR. Dabei erstaunte den auswärtigen Betrachter von Anfang an die erkennbare Dichotomie zwischen dem erklärten Ziel, die erste sozialistische Armee auf deutschem Boden zu errichten, und den offensichtlich nicht nur äußerlichen Anleihen am Erscheinungsbild und Auftreten der Wehrmacht, das der NVA nicht nur im Ausland den Beinamen die „roten Preußen" eintrug. Die Erforschung der bewaffneten Organe besitzt daher einen Schwerpunkt auf dem Feld der Rekrutierungspolitik und Traditionsstiftung [R. WENZKE, Kaderarmee, in: 339: B. THOSS, Volksarmee, 205–271; 324: S. FINGERLE, Waffen in Arbeiterhand; P. HEIDER, Indoktrination, in: 323: H. EHLERT/M. ROGG, Militär, 17–30]. Die Untersuchung von DANIEL NIEMETZ [335: Feldgraues Erbe] hat inzwischen den Nachweis erbracht, dass wehrmachtspezifisches Verhalten nicht über die vergleichsweise kleine Zahl ehemaliger Berufsoffiziere, sondern vielmehr durch die zahlenmäßig weitaus stärkere Gruppe der ehemaligen Unteroffiziere der Wehrmacht in die Truppe implantiert wurde. Durch sie und die milieuspezifisch ähnlich gelagerten jungen Offiziere der zweiten Kriegshälfte fanden wehrmachtstypische Erscheinungsformen auch Eingang in die NVA. Es wäre ein reizvolles Forschungsthema in vergleichender Betrachtung den professionellen Habitus der Wehrmacht, die sich nach 1942 auf dem Weg in eine „nationalsozialistische Volksarmee" wähnte, und den der frühen NVA zu untersuchen. Ebenso wie in der Bundeswehr bestand auch in der KVP/NVA das Problem, rasch eine einsatzfähige Truppe zu schaffen, in der Angehörige bestimmter Alterskohorten vertreten sein mussten, die durch Wehr- und Kriegsdienst fachlich ausgewiesen waren, bei denen aber eine uneingeschränkt positive Einstellung zur jeweiligen politischen Ordnung nicht ohne weiteres vorausgesetzt werden konnte.

Die SED reagierte darauf mit einer Mischung aus „Pragmatismus und ideologischem Dogmatismus" [335: D. NIEMETZ, Feldgraues Erbe, 289]. Sie verhielt sich damit ähnlich wie die Sowjetunion, die nach der Revolution zunächst noch zaristische Offiziere als Fachleute des militärischen Handwerks in ihren Reihen duldete. Dennoch fehlen, wie Bröckermann u. a. jüngst festgestellt haben, „Arbeiten zu Akteurskonstellationen und Netzwerkhandeln bei Entscheidungsprozessen im Herrschaftssystem insgesamt" [315: H. BRÖCKERMANN/T. DIEDRICH/ W. HEINEMANN/M. ROGG/R. WENZKE, Zukunft der DDR-Geschichte,

Personelle Kontinuitäten zwischen Wehrmacht und KVP/NVA

Pragmatismus und Dogmatismus

88]. Als eine Voraussetzung entsprechender Untersuchungen sind in den vergangenen Jahren biographische und gruppenbiographische Arbeiten entstanden. Mit ihrer Hilfe ließen sich einerseits Korrekturen an der subjektiven Perspektive der inzwischen umfangreichen Memoirenliteratur vornehmen, wie andererseits vergleichende Forschungen zu Gemeinsamkeiten und systemimmanenten Unterschieden der militärischen Eliten in den beiden deutschen Staaten ermöglicht wurden [322: H. EHLERT/A. WAGNER, Genosse General; 325: K. FROH/R. WENZKE, Generäle].

Rolle der Streitkräfte in der DDR

Die Innensicht auf die bewaffneten Organe wird seit einigen Jahren durch einen integrativen Ansatz ergänzt, der Rolle und Bedeutung der Streitkräfte im Herrschaftsgefüge der DDR untersucht. In ihrer programmatischen Standortbestimmung von 2004 haben HANS EHLERT und MATTHIAS ROGG pointiert festgestellt, dass „alle sicherheits- und wehrpolitischen Aspekte auch den Dreh- und Angelpunkt für die Frage der Identifikation und Akzeptanz der Bürger mit ihrem Staat" bildeten [323: Militär]. Dabei geht die moderne Militärgeschichtsforschung über die DDR von einem weit gefassten Sicherheitsbegriff aus, der die Bipolarität von innerer und äußerer Sicherheit umschließt. „Letztlich dreht sich die Militärgeschichte der DDR um drei große Fragenkomplexe: herrschaftsgeschichtlich um Funktion und Stellenwert der NVA in der Sicherheitsarchitektur des SED-Staates und im östlichen Bündnis, gesellschaftsgeschichtlich um die empirische und theoretische Verortung der Streitkräfte in ‚ihrem' namensstiftenden Volk, alltagsgeschichtlich um die Erfahrung des omnipräsenten Sicherheitsapparates durch freiwillig Beteiligte, zwangsweise Betroffene (Wehrpflichtige) und Außenstehende" [321: H. EHLERT/A. WAGNER, Äußere Sicherheit, 149].

Innere Militarisierung der DDR

Zweifellos gehörte die DDR, in der etwa zehn Prozent der Staatsbürger in den bewaffneten Organen erfasst wurden, innerhalb der sozialistischen Staaten des Warschauer Paktes unter Einschluss der Sowjetunion zu den militarisiertesten Gemeinwesen [317: T. DIEDRICH/ H. EHLERT/R. WENZKE, Partei, 1]. Die herausragende Rolle, die die militärischen und paramilitärischen Organe der DDR in entscheidenden innenpolitischen Krisensituationen spielten, wird am Beispiel des Volksaufstandes am 17. Juni 1953, beim Mauerbau am 13. August 1961 und schließlich beim Zerfall der SED-Diktatur 1989 deutlich [319: T. DIEDRICH/I.-S. KOWALCZUK, Staatsgründung; 352: H. EHLERT, Wende].

„Armee des Volkes"?

Angesichts des Spannungsverhältnisses von innenpolitischer Erzwingungsagentur einerseits und dem selbst gesetzten Anspruch,

"Armee des Volkes" zu sein, andererseits, richtete sich das Interesse zunehmend auf die Rolle der SED und damit auf die Parteiherrschaft innerhalb der NVA und ihren Einfluss auf fachmilitärische Entscheidungsprozesse. In diesem Zusammenhang ist das Divergenzmodell einer grundsätzlichen Übereinstimmung von Partei und Armee in Frage gestellt worden [328: D. GIESE, SED; 329: F. HAGEMANN, Parteiherrschaft in der NVA].

Damit gewinnt die Erörterung des Umfanges und der Intensität von Nonkonformität und Widerständigkeit innerhalb der Streitkräfte zunehmend an Bedeutung [309: R. WENZKE, Staatsfeinde]. In den weiteren Zusammenhang dieses Phänomens gehört die Erforschung der Alltagsbeziehungen innerhalb des Militärs. Dem Anspruch des Regimes, den Wehrdienst zur Entwicklung einer sozialistischen Soldatenpersönlichkeit zu nutzen, setzten sich die Betroffenen mit individuellem, eigensinnigem und nonkonformem Verhalten, das bisweilen in Widerständigkeit umschlagen konnte, zur Wehr. Die Macht informeller Hierarchien, wie etwa der EK (Entlassungskandidaten)-bewegung, [C. T. MÜLLER, EK-Bewegung, in: 323: H. EHLERT/M. ROGG, Militär, 559–583; 333: ders., Tausend Tage] wird allmählich in ihrem den militärischen Alltag prägenden Umfang erkennbar. Eine umfassende Längsschnittanalyse hat jetzt eindringlich nachgewiesen, dass das Leitbild einer ‚Armee des Volkes' als sichtbarer Ausdruck einer Identität von Staat und Volk im Sinne eines gelebten Sozialismus weder innerhalb der Streitkräfte verinnerlicht noch hinsichtlich des Stellenwertes der Streitkräfte innerhalb der Gesellschaft realisiert werden konnte [337: M. ROGG, Armee des Volkes].

2.4.3 Das innere Gefüge der Bundeswehr zwischen Tradition und Reform – Idee und Gestalt der „Inneren Führung"

War die Gesellschaft der DDR „nicht grundlegend gegen *das* Militär", sondern „gegen *dieses* Militär", wie MATTHIAS ROGG es jüngst auf den Punkt gebracht hat [337: Armee des Volkes, 566], so sah man in der Bundesrepublik bis an die Schwelle der neunziger Jahre das Militär weniger als unverzichtbaren Bestandteil der Landesverteidigung an, sondern nahm die Streitkräfte vielmehr als Voraussetzung einer eingeschränkten Souveränität billigend in Kauf.

HANS-PETER SCHWARZ hat in einer programmatischen Skizze auf den für die Streitkräfteentwicklung in beiden deutschen Staaten eminent wichtigen Aspekt der Integration in supranationale militärische Bündnisstrukturen hingewiesen [350: Integration].

Die Geschichte von Bundeswehr und Nationaler Volksarmee lässt

Geschichte der deutschen Streitkräfte in ihren Bündnissen

„Staatsbürger in Uniform"

sich demzufolge nicht mehr auf ihre nationalen Bedingungsfaktoren eingrenzen, sondern nur noch im Kontext ihrer jeweiligen Bündnisstrukturen angemessen analysieren. Daraus folgte für die Forschung in Bezug auf die Geschichte der Bundeswehr, dass sich das Interesse in erster Linie auf die sicherheitspolitischen Rahmenbedingungen ihres Einsatzes im Bündnis konzentrierte. Daneben wurde der inneren Entwicklung der neuen westdeutschen Streitkräfte, den Veränderungen in ihrem Traditionsverständnis ebenso wie der Konkretisierung des demokratischen Leitbildes vom ‚Staatsbürger in Uniform' und den daraus unter dem Etikett „Innere Führung" abgeleiteten Grundsätzen der Menschenführung im Spannungsfeld der mit Befehl und Gehorsam umschriebenen innermilitärischen Normen geradezu seismographisch nachgespürt.

War die innere Entwicklung der Bundeswehr, ihre strukturelle Einbindung in das Regierungssystem der Bundesrepublik und ihre parlamentarische Kontrolle Gegenstand publizistischer wie wissenschaftlicher Bemühungen, so bleibt eine Sozial- und Kulturgeschichte des Militärs in der demokratischen Gesellschaft weitgehend ein Desiderat der Forschung [erste Annäherungen finden sich bei: 34: M. KUTZ, Deutsche Soldaten]. Die militärische Gesellschaft als integraler Bestandteil der jeweiligen Gesamtgesellschaft, die Wechselwirkungen zwischen den Lebensformen des Militärs und der sie umgebenden Bevölkerung, die ökonomische Bedeutung von Garnisonen, die Veränderung gewachsener lokaler Sozialbeziehungen durch die zeitlich begrenzte Anwesenheit von Militär sind in Bezug auf die Streitkräfte der Bundesrepublik bisher nur ausnahmsweise ein Gegenstand der Forschung gewesen [24: W. BREDOW, Militär und Demokratie; 343: D. BALD, Militär und Gesellschaft]. Eine Studie, die konkret den Ort der Streitkräfte in der Gesellschaft vermisst, vermag den Nachweis zu erbringen, dass „sich die materielle Integration als eigentliche Nagelprobe für die gesellschaftliche Akzeptanz der Bundeswehr" erwiesen hat [338: W. SCHMIDT, Integration, 467]. Damit wird von WOLFGANG SCHMIDT ein Befund bestätigt, den die Militärgeschichte als konstitutives Element zur Bestimmung des soziopolitischen Ortes des Militärs in der jeweils zeitgenössischen Gesellschaft seit der Frühen Neuzeit festgestellt hat. Hinsichtlich dieses Anspruches befindet sich eine Kultur- und Sozialgeschichte der Bundeswehr als Bestandteil einer Kulturgeschichte der westdeutschen Wandlungsgesellschaft noch in den Anfängen.

Weitaus umfassender, wenngleich in der Beurteilung durchaus kontrovers, erweist sich die Geschichtsschreibung zum Verhältnis von

2. Militär, Krieg und Gesellschaft im 19. und 20. Jahrhundert

radition und Reform in den Streitkräften. Die Auseinandersetzung darüber, in welchem Umfang traditionelle Vorstellungen vom Bild des Soldaten und den ihm zu vermittelnden soldatischen Tugenden aus dem Erfahrungsschatz der Wehrmacht zu entlehnen waren, um den militärischen Auftrag der neuen Streitkräfte zu gewährleisten, oder inwieweit die Armee eines demokratischen Rechtsstaates mit den überkommenen, durch einen rasseideologisch geführten Vernichtungskrieg im Dienste eines totalitären Regimes diskreditierten Wertvorstellungen zu brechen habe, hat die Geschichte der Bundeswehr und ihr Bild in der Gesellschaft bis in die Gegenwart geprägt. Befürworter wie Kritiker waren dabei bestrebt, die jeweils gegenteilige Auffassung zu überschätzen und ihre Wirkungen auf die innere Struktur der Streitkräfte überzubetonen. Die „Himmeroder Denkschrift" oder die „Magna Charta der Bundeswehr", wie sie aus rückschauender Perspektive nicht ohne Pathos genannt werden sollte, war in erster Linie ein Dokument, in dem vorrangig spezifisch militärische Probleme der Neugründung deutscher Streitkräfte, strategische Grundüberlegungen ebenso wie Gedanken über Aufstellung, Gliederung, Ausrüstung und Einsatzgrundsätze thematisiert wurden. Dennoch gelang es, an zentralen Stellen des Textes Regelsätze im Sinne einer „normativen Wertewende" einzufügen [349: R. J. SCHLAFFER/W. SCHMIDT, Baudissin]. Zweifellos atmet die „Himmeroder Denkschrift" den Geist eines Gründungskompromisses. Sie mochte den Rahmen abstecken, in dem sich in den folgenden Jahrzehnten die Debatte um die innere Struktur der Bundeswehr zwischen Reformern und Traditionalisten abspielen sollte.

Tradition und Reform in der Bundeswehr

Das Konzept der „Inneren Führung" mit ihrem Leitbild des Staatsbürgers in Uniform beinhaltete eine deutliche Distanzierung vom Soldatenbild der Vergangenheit. Die Forderung nach parlamentarischer Kontrolle der Armee, sichtbar in der Institution des Wehrbeauftragten, die im Soldatengesetz verankerte rechtliche Absicherung des aktiven und passiven Wahlrechts für Soldaten, insgesamt ein ganzes Bündel von Gesetzen sicherten dem Soldaten den Fortbestand seiner staatsbürgerlichen Rechte, soweit ihre Wahrnehmung nicht die Erfüllung des militärischen Auftrags in Frage stellte [326: G. GENSCHEL, Wehrreform; dagegen kritisch: 336: H.-J. RAUTENBERG, Standortbestimmung; neuerdings, 334: F. NÄGLER, Personelle Rüstung]. Angesichts einer überhasteten Aufstellung musste die Bundeswehrführung fast zwangsläufig auf eine intensive Schulung ihrer Einheitsführer hinsichtlich der Erfordernisse der „Inneren Führung" verzichten. Damit entzog sie sich ihrer Pflicht, der Truppe eindeutige Richtlinien zur Traditions-

Konzept der „Inneren Führung"

Wehrmacht und Bundeswehr

stiftung und damit zum Verhältnis von Bundeswehr und Wehrmacht an die Hand zu geben. Ohne eine kritische Auseinandersetzung mit der Rolle der Wehrmacht im „Dritten Reich", die notwendig gewesen wäre, um vor ihrem Hintergrund die ethischen und politischen Aspekte einer demokratischen Wehrverfassung eindeutig akzentuieren zu können, musste auf dem für die innere Standortbestimmung der Streitkräfte eminent wichtigen Feld der Traditionsstiftung eine höchst unterschiedliche Interpretation der jüngsten Vergangenheit betrieben werden, die später nur schwer auf das Maß demokratischer Grundüberzeugungen zurückgeführt werden konnte. Die mittlere Führung der Bundeswehr, sozialisiert im Werteverständnis der Wehrmacht, fühlte sich daher zunehmend verunsichert und in ihrem Erziehungsauftrag von der politischen und militärischen Führung allein gelassen. Insofern ist es zweifellos zutreffend, dass das Konzept der ‚Inneren Führung' in der Aufbauphase der Bundeswehr nicht die Wirkung erzielte, die ihre Schöpfer von ihr erwartet hatten [346: F. PAULI, Wehrmachtsoffiziere]. Dennoch besaß die Bundeswehr Ende der 1960er Jahre eine belastbare demokratische Struktur, die sie unverwechselbar von ihren Vorgängerinnen abhob.

Generationswechsel in der Bundeswehr

Die Konsolidierung des Streitkräfteaufbaus in Verbindung mit dem gleichzeitig erfolgenden politischen und mentalitätsmäßigen Generationswechsel in der Bundesrepublik musste unter diesen Voraussetzungen zu einer gravierenden Krise im Traditionsverständnis der jungen Streitkräfte und hinsichtlich der Einschätzung der „Inneren Führung" führen [330: H.-J. HARDER/N. WIGGERSHAUS, Tradition; 342: D. ABENHEIM, Bundeswehr und Tradition; in kritischer Perspektive: 343: D. BALD, Militär und Gesellschaft; 20: DERS., Bundeswehr; 344: D. BALD/J. KLOTZ/W. WETTE, Mythos Wehrmacht]. In der Truppe bestand vielfach Unklarheit über das Wesen der Tradition und ihrem auf das Normen- und Wertesystem der Gegenwart bezogenen Geltungs- und Verpflichtungscharakter. Die Gesamtgeschichte des Militärs, die Beachtung gewachsener Konventionen, die Verwendung bestimmter militärspezifischer Symbole und die Anwendung zeremonieller Praktiken können daher nicht zwangsläufig traditionsstiftend sein [330: H.-J. HARDER/N. WIGGERSHAUS, Tradition]. Sie müssen im Gegenteil immer wieder kritisch auf ihre Vereinbarkeit mit den Wertvorstellungen der sie umgebenden Gesellschaft hin überprüft werden. Die Umbenennung von Kasernen, die den Namen von Wehrmachtgeneralen trugen, oder die Namensänderung eines Luftwaffengeschwaders führten noch in jüngster Zeit zu gleichermaßen notwendigen wie intensiven öffentlichen Auseinandersetzungen [J. ZIMMERMANN, Umgang, in: 351: F. NÄGLER, Bundeswehr, 115–130].

2.4.4 Die Bundesrepublik und die DDR im Spannungsfeld nuklearer Bedrohung

Neben der Entstehungsgeschichte deutscher Streitkräfte nach dem Zweiten Weltkrieg, ihren politischen, gesellschaftlichen und ökonomischen Bedingungen und ihrer Wirkungsgeschichte ist die Forschung der inneren Struktur der Streitkräfte und dem Verhältnis von Militär und Gesellschaft unter den Bedingungen des Kalten Krieges nachgegangen. Das Schreckensszenario einer thermo-nuklearen Katastrophe, der Übergang des Kalten Krieges in einen „heißen" Dritten Weltkrieg ist seit den fünfziger Jahren politisch-publizistisch thematisiert und mit dem methodischen Instrumentarium der Politikwissenschaft ausgeleuchtet worden.

Eine quellengestützte Erforschung sowohl der NATO- als auch der Warschauer Pakt-Strategie und der Umsetzung entsprechender strategischer und politischer Vorgaben in operatives Handeln zwischen 1949 und den 1970er Jahren und ihrer Auswirkungen auf das Kriegsbild der militärischen Führungsstäbe in West und Ost ließ sich erst seit der Mitte der 1990er Jahre schrittweise in Angriff nehmen [354: H. NIELSEN, DDR und Kernwaffen; 356: B. THOSS, NATO; 353: V. MASTNY, War plans; 355: PHP Collection Series]. *Vergleichende Strategieforschung NATO/Warschauer Pakt*

Inzwischen ist die internationale Strategieforschung vorangekommen. Die Erforschung der deutschen Sicherheitspolitik im Kontext der internationalen Beziehungen, vor allem des Verhältnisses der Bundesrepublik zu ihren wichtigsten Partnern innerhalb der Allianz, ruht nunmehr auf einem vergleichsweise festen Quellenfundament. Dennoch bestehen nach wie vor erhebliche Restriktionen, was den Zugang zu Dokumenten betrifft, die über die konkreten Planungen eines möglichen konventionell und nuklear zu führenden Konflikts auf deutschem Boden und seine Folgen für die betroffene Bevölkerung Auskunft geben könnten. Die Ernstfallszenarien der westlichen Verteidigungsdoktrin waren für die Bundesrepublik und die DDR gleichermaßen katastrophal. Sie beleuchten grell „das Dilemma der schmalen, dicht besiedelten und mit Waffen vollgestopften Bundesrepublik ... Zumindest bis in die 70er Jahre waren weder die eigenen noch die verbündeten Streitkräfte auf deutschem Boden in der Lage, einen konventionellen Großangriff der Sowjetunion nur konventionell abzuwehren. Die territoriale Integrität der Bundesrepublik gebot demnach einen frühen Kernwaffeneinsatz" [KRÜGER, Einführung, in: 351: *Landesverteidigung und Kernwaffeneinsatz*

F. Nägler, Bundeswehr, 293; H. R. Hammerich, Morgengruß, in: 351: F. Nägler, Bundeswehr, 297–312; A. F. Gablik, Flexible Response, in: 351: F. Nägler, Bundeswehr, 313–328]. Entweder entschieden sich die USA für einen Kernwaffeneinsatz, dann war es kaum möglich, das Überleben der deutschen Bevölkerung in der Bundesrepublik und in der DDR zu gewährleisten. Verzichtete Washington hingegen auf den Einsatz atomarer Waffen, dann hätte auch ein konventioneller Krieg auf deutschem Boden, angesichts der Überlegenheit der Sowjetunion und ihrer Verbündeten auf diesem Gebiet, nicht nur zu nicht hinnehmbaren flächendeckenden Zerstörungen geführt, sondern in seinem Gefolge auch die staatliche Existenz der Bundesrepublik ausgelöscht.

Entspannungspolitik und Nachrüstungsdebatte

Weder „massive retaliation" (massive Vergeltung) noch „flexible response" (flexible Antwort) vermochten dieses Dilemma zu lösen. Erst der KSZE-Prozess und die erste Phase einer globalen Politik vertrauensbildender Maßnahmen (Atomwaffensperrvertrag, SALT- und START-Abkommen) waren geeignet, die permanente nukleare Bedrohung zu einer Recheneinheit in den machtpolitischen Standortauseinandersetzungen der Supermächte werden zu lassen, zumal weitere Mächte in den Besitz von Nuklearsprengköpfen gelangten und die notwendigen Trägersysteme zu entwickeln begannen. Mit der Öffnung der Archive wird es in den kommenden Jahren möglich sein, die bündnisinternen Auseinandersetzungen um die sogenannte Nachrüstung zu erforschen und damit zu den Voraussetzungen der entsprechenden Vorgänge vorzustoßen, über die eine Bundesregierung stürzte und die Gesellschaft der Bundesrepublik, wie nie zuvor in ihrer Geschichte, in zwei erbittert miteinander ringende Lager zerfiel.

Moderne Militärgeschichte als Kulturgeschichte der Gewalt untersucht ausgehend von den Quellenbeständen des politischen und militärischen Verkehrs die langfristigen Wirkungen kultureller Orientierung in praxeologischer Perspektive. Sie spürt den Bildern und Diskursen nach, die in einer Gesellschaft auf der Grundlage ihrer kollektiven Erinnerung und angesichts der ihr zugänglichen Informationen präsent sind und geführt werden, und erhebt sie zum Maßstab ihrer Zukunftserwartung. Welche Fernwirkungen entfalteten, so mag man fragen, die verinnerlichten Katastrophenerfahrungen des zwanzigsten Jahrhunderts? Welchen Einfluss besaßen sie auf die Handlungsoptionen der auf der internationalen politischen Bühne agierenden Verantwortlichen? Liegen die Grundlagen von Perestroika und Glasnost in der voraufgegangenen Auseinandersetzung über eine Nachrüstung? Oder manifestiert sich in ihnen eine auf sedimentierten Erfahrungen kriegerischer Katastrophen beruhende Überzeugung, die schließlich zum

Ende der bipolar geprägten Nachkriegszeit und zur Wiedergewinnung eines verbindenden Bewusstseins europäischer Gesittung führte, die der Halbkontinent mehr als ein Jahrhundert schmerzlich vermisst hatte?

III. Quellen und Literatur

Es gelten die Siglen der Historischen Zeitschrift.

1. Gedruckte Quellen

1. V. R. BERGHAHN/W. DEIST, Rüstung im Zeichen der wilhelminischen Weltpolitik. Grundlegende Dokumente, Düsseldorf 1988.
2. U. BERND (Hrsg.), Untertan in Uniform. Militär und Militarismus im Kaiserreich 1871–1914. Quellen und Dokumente, Frankfurt/Main 2001.
3. W. A. BOELCKE (Hrsg.), Deutschlands Rüstung im Zweiten Weltkrieg. Hitlers Konferenzen mit Albert Speer 1942–1945, Frankfurt/Main 1969.
4. H. BRILL (Hrsg.), Beiträge zur Entstehungsgeschichte der Bundeswehr. Dokumente und Materialien, Baden-Baden 1989.
5. Bundesarchiv/Militärgeschichtliches Forschungsamt, Die Sitzungsprotokolle des Nationalen Verteidigungsrates der DDR von 1960–1989, http://www.nationaler-verteidigungsrat.de.
6. W. DEIST (Bearb.), Militär und Innenpolitik im Weltkrieg 1914–1918. 2 Teile, Düsseldorf 1970.
7. H. EHLERT/M. EPKENHANS/G. P. GROSS (Hrsg.), Der Schlieffenplan. Analysen und Dokumente, Paderborn u. a. 2006.
8. G. GLASER (Hrsg.), „Reorganisation der Polizei" oder getarnte Bewaffnung der SBZ im Kalten Krieg? Dokumente und Materialien zur sicherheits- und militärpolitischen Weichenstellung in Ostdeutschland 1948/49, Frankfurt/Main 1995.
9. F. HALDER, Generaloberst Halder, Kriegstagebuch. Tägliche Aufzeichnungen des Chefs des Generalstabes des Heers 1939–1942. Hrsg. v. Arbeitskreis für Wehrforschung Stuttgart. Bearb. v. H.-A. Jacobsen. 3 Bde., Stuttgart 1962–1964.
10. H. HEIBER (Hrsg.), Hitlers Lagebesprechungen. Die Protokollfragmente seiner militärischen Konferenzen 1942–1945, Stuttgart 1962.

11. W. HUBATSCH (Hrsg.), Hitlers Weisungen für die Kriegführung, 1939–1945. Dokumente des Oberkommandos der Wehrmacht, Frankfurt/Main 1962.
12. M. MOLL (Bearb.), „Führer-Erlasse" 1939–1945. Edition sämtlicher überlieferter, nicht im Reichsgesetzblatt abgedruckter, von Hitler während des Zweiten Weltkrieges schriftlich erteilter Direktiven aus den Bereichen Staat, Partei, Wirtschaft, Besatzungspolitik und Militärverwaltung, Stuttgart 1997.
13. G. W. PEDLOW (Ed.), NATO Strategy Documents 1949–1969, Brussels 1997.
14. W. RAHN (Hrsg.), Kriegstagebuch der Seekriegsleitung 1939–1945. 68 Bde. in 77 Tl.-Bdn. u. Beiheft. Im Auftr. des Militärgeschichtlichen Forschungsamtes in Verbindung mit dem Bundesarchiv-Militärarchiv. Faksimile-Edition, Herford u. a. 1988–1997.
15. W. RÖHR, Analysen, Quellen, Register. 47 Tabellen, in: Europa unterm Hakenkreuz. Die Okkupationspolitik des deutschen Faschismus (1938–1945). Dokumentenedition. Hrsg. v. Bundesarchiv. 8 Bde., Heidelberg 1996.
16. P. E. SCHRAMM (Hrsg.), Kriegstagebuch des Oberkommandos der Wehrmacht (Wehrmachtführungsstab) 1940–1945. Geführt v. H. Greiner/P. E. Schramm im Auftr. d. Arbeitskreises für Wehrforschung. 4 Bde., Frankfurt/Main 1961–1969.
17. O. E. SCHUEDDEKOPF (Bearb.), Das Heer und die Republik. Quellen zur Politik der Reichswehrführung 1918–1933, Hannover u. a. 1955.
18. B. ULRICH/J. VOGEL/B. ZIEMANN (Hrsg.), Untertan in Uniform. Militär und Militarismus im Kaiserreich 1871–1914. Quellen und Dokumente, Frankfurt/Main 2001.
19. G. WAGNER (Hrsg.), Lagevorträge des Oberbefehlshabers der Kriegsmarine vor Hitler 1939–1945. Im Auftrag des Arbeitskreises für Wehrforschung, München 1972.

2. Einführungen, Überblicksdarstellungen, Bibliographien

20. D. BALD, Die Bundeswehr. Eine kritische Geschichte 1955–2005, München 2005.

2. Einführungen, Überblicksdarstellungen, Bibliographien

21. D. BALD, Der deutsche Generalstab 1859–1939. Reform und Restauration in Ausbildung und Bildung, München 1977.
22. D. BALD, Der deutsche Offizier. Sozial- und Bildungsgeschichte des deutschen Offizierkorps im 20. Jahrhundert, München 1982.
23. J. BOURKE, An Intimate History of Killing. Face to Face Killing in 20th Century Warfare, New York 2000.
24. W. BREDOW, Militär und Demokratie in Deutschland. Eine Einführung, Wiesbaden 2008.
25. N. BUSCHMANN/H. CARL (Hrsg.), Die Erfahrung des Krieges. Erfahrungsgeschichtliche Perspektiven von der Französischen Revolution bis zum Zweiten Weltkrieg, Paderborn u. a. 2001.
26. H. CARL/H.-H. KORTÜM/D. LANGEWIESCHE/F. LENGER (Hrsg.), Kriegsniederlagen. Erfahrungen und Erinnerungen, Berlin 2004.
27. R. M. CITINO, The German way of war. From the Thirty Years' War to the Third Reich, Lawrence, Kan. 2005.
28. I. ETZERSDORFER, Krieg. Eine Einführung in die Theorien bewaffneter Konflikte, Wien u. a. 2007.
29. U. FREVERT, Die kasernierte Nation. Militärdienst und Zivilgesellschaft in Deutschland, München 2001.
30. U. FREVERT (Hrsg.), Militär und Gesellschaft im 19. und 20. Jahrhundert, Stuttgart 1997.
31. M. GEYER, Deutsche Rüstungspolitik 1860–1980, Frankfurt/Main 1984.
32. A. HERBERG-ROTHE, Der Krieg. Geschichte und Gegenwart, Frankfurt/Main 2003.
33. T. KÜHNE/B. ZIEMANN (Hrsg.), Was ist Militärgeschichte? Paderborn u. a. 2000.
34. M. KUTZ, Deutsche Soldaten. Eine Kultur- und Mentalitätsgeschichte, Darmstadt 2006.
35. T. LINDENBERGER/A. LÜDTKE (Hrsg.), Physische Gewalt. Studien zur Geschichte der Neuzeit, Frankfurt/Main 1995.
36. Militärgeschichtliches Forschungsamt (Hrsg.), Handbuch zur deutschen Militärgeschichte 1648–1939. 6 Bde., München 1964–1981.
37. H. MÜNKLER, Der Wandel des Krieges. Von der Symmetrie zur Asymmetrie, Weilerswist 2006.
38. K.-V. NEUGEBAUER (Hrsg.), Grundkurs deutsche Militärgeschichte. Im Auftr. des Militärgeschichtlichen Forschungsamtes. Drei Bände mit interaktiver DVD für die historische und politische Bildung in der Bundeswehr, München 2006–2008.
39. J. NOWOSADTKO, Krieg, Gewalt und Ordnung. Einführung in die Militärgeschichte, Tübingen 2002.

40. R. Schilling, Kriegshelden. Deutungsmuster heroischer Männlichkeit in Deutschland 1813–1945, Paderborn u. a. 2002.
41. W. Schivelbusch, Die Kultur der Niederlage. Der amerikanische Süden 1865, Frankreich 1871, Deutschland 1918. 2. Aufl., Berlin 2001.
42. H. v. Stietencron/J. Rüpke (Hrsg.), Töten im Krieg, Freiburg im Breisgau u. a. 1995.
43. B. Thoss/H.-E. Volkmann (Hrsg.), Erster Weltkrieg – Zweiter Weltkrieg. Ein Vergleich. Krieg, Kriegserlebnis, Kriegserfahrung in Deutschland, Paderborn u. a. 2002.
44. W. Wette, Militarismus in Deutschland. Geschichte einer kriegerischen Kultur, Frankfurt/Main 2008.
45. E. Wolfrum, Krieg und Frieden in der Neuzeit. Vom Westfälischen Frieden bis zum Zweiten Weltkrieg, Darmstadt 2003.

3. Historiographie der Militärgeschichte

46. J. Angelow, Forschung in ungelüfteten Räumen. Anmerkungen zur Militärgeschichtsschreibung der ehemaligen DDR, in: Was ist Militärgeschichte? Hrsg. v. T. Kühne/B. Ziemann, Paderborn u. a. 2000, 73–89.
47. V. R. Berghahn (Hrsg.), Militarismus. Die Geschichte einer Internationalen Debatte, Hamburg u. a. 1986.
48. D. Bradley (Hrsg.), Militärgeschichte, Militärwissenschaft und Konfliktforschung. Festschrift für W. Hahlweg zur Vollendung seines 65. Lebensjahres, Osnabrück 1977.
49. R. Brühl, Militärgeschichte und Kriegspolitik. Zur Militärgeschichtsschreibung des preußisch-deutschen Generalstabes 1816–1945, Berlin 1973.
50. L. Dehio, Um den deutschen Militarismus. Bemerkungen zu G. Ritters Buch „Staatskunst und Staatsräson (sic) – Das Problem des ‚Militarismus' in Deutschland", in: HZ 180 (1955) 43–64.
51. H. Delbrück, Geschichte der Kriegskunst im Rahmen der politischen Geschichte. Bd. 4: Neuzeit, Berlin 1920.
52. J. Dülffer, Militärgeschichte und politische Geschichte, in: Was ist Militärgeschichte? Hrsg. v. T. Kühne/B. Ziemann, Paderborn u. a. 2000, 127–140.

3. Historiographie der Militärgeschichte

53. E. ENGELBERG, Zu den Aufgaben der Militärgeschichtswissenschaft in der DDR im Lichte des Nationalen Dokuments, in: Zeitschrift für Militärgeschichte 1 (1962) 8–23.
54. F. FISCHER, Bündnis der Eliten. Zur Kontinuität der Machtstrukturen in Deutschland 1871–1945, Düsseldorf 1979.
55. M. FUNCK, Militär, Krieg und Gesellschaft. Soldaten und militärische Eliten in der Sozialgeschichte, in: Was ist Militärgeschichte? Hrsg. v. T. Kühne/B. Ziemann, Paderborn u. a. 2000, 157–174.
56. U. v. GERSDORFF (Hrsg.), Geschichte und Militärgeschichte. Wege der Forschung, Frankfurt/Main 1974.
57. M. GEYER, Eine Kriegsgeschichte, die vom Tod spricht, in: Physische Gewalt. Studien zur Geschichte der Neuzeit. Hrsg. v. T. Lindenberger/A. Lüdtke, Frankfurt/Main 1996, 136–161.
58. H. HERZFELD, Der Militarismus als Problem der neueren Geschichte, in: Schola 1 (1946) 1–67.
59. H. HÜRTEN, Zielsetzung und Methode der Militärgeschichtsschreibung, in: MGM 2 (1976) 9–19.
60. S. v. de KERKHOF, Rüstungsindustrie und Kriegswirtschaft. Vom Nutzen und Nachteil wirtschaftshistorischer Methoden für die Militärgeschichte, in: Was ist Militärgeschichte? Hrsg. v. T. Kühne/B. Ziemann, Paderborn u. a. 2000, 175–194.
61. F. KLEIN, Militärgeschichte in der Bundesrepublik Deutschland, in: Militärgeschichte in Deutschland und Österreich vom 18. Jahrhundert bis zur Gegenwart. Hrsg. v. Militärgeschichtlichen Forschungsamt, Herford u. a. 1985, 183–208.
62. G. KRUMEICH, Sine ira et studio? Ansichten einer wissenschaftlichen Militärgeschichte, in: Was ist Militärgeschichte? Hrsg. v. T. Kühne/B. Ziemann, Paderborn u. a. 2000, 91–102.
63. A. LIPP, Diskurs und Praxis. Militärgeschichte als Kulturgeschichte, in: Was ist Militärgeschichte? Hrsg. v. T. Kühne/B. Ziemann, Paderborn u. a. 2000, 211–228.
64. K. A. MAIER, Überlegungen zur Zielsetzung und Methode der Militärgeschichtsschreibung im Militärgeschichtlichen Forschungsamt und die Forderung nach deren Nutzen für die Bundeswehr seit Mitte der 70er Jahre, in: MGM 52 (1993) 359–370.
65. Militär. Krieg. Staat. Gesellschaft. Themenheft. ÖZG 9 (1998) H. 1.
66. Militärgeschichte Heute. Themenheft. GG 22 (1996) H. 4.
67. Militärgeschichtliches Forschungsamt (Hrsg.), Militärgeschichte in Deutschland und Österreich vom 18. Jahrhundert bis zur Gegenwart, Herford u. a. 1985.

68. Militärgeschichtliches Forschungsamt (Hrsg.), Militärgeschichte. Probleme – Thesen – Wege, Stuttgart 1982.
69. S. Neitzel, Militärgeschichte ohne Krieg? in: HZ Beiheft 44 (2007) 287–308.
70. G. Oestreich, Vom Wesen der Wehrgeschichte (Sonderdruck) in: HZ 162 (1940) 231–257.
71. M. Pöhlmann, Kriegsgeschichte und Geschichtspolitik. Der Erste Weltkrieg. Die amtliche deutsche Militärgeschichtsschreibung 1914–1956/7, Paderborn u. a. 2002.
72. W. Rahn, Seestrategisches Denken in deutschen Marinen von 1848–1990, in: Seemacht und Seestrategie im 19. und 20. Jahrhundert. Hrsg. v. J. Duppler, Hamburg u. a. 1999, 53–79.
73. H. Rahne, Mobilmachung, Militärische Mobilmachungsplanung und -technik in Preußen und im Deutschen Reich von der Mitte des 19. Jahrhunderts bis zum Zweiten Weltkrieg, Berlin (Ost) 1983.
74. A. Reimann/N. Buschmann, Die Konstruktion historischer Erfahrung. Neue Wege zu einer Erfahrungsgeschichte des Krieges, in: Wege zur Erfahrungsgeschichte des Krieges. Hrsg. v. N. Buschmann/H. Carl, Paderborn u. a. 2001, 261–271.
75. G. Ritter, Staatskunst und Kriegshandwerk. Das Problem des Militarismus in Deutschland. 4 Bde., München 1954–1968.
76. D. Schumann, Gewalt als Grenzüberschreitung. Überlegungen zur Sozialgeschichte der Gewalt im 19. und 20. Jahrhundert, in: AfS 37 (1997) 366–386.
77. R. Sieder, Sozialgeschichte auf dem Weg zu einer historischen Kulturwissenschaft? in: GG 20 (1994) 445–468.
78. B. Thoss, Die Zeit der Weltkriege – Epochen als Erfahrungseinheit? in: Erster Weltkrieg – Zweiter Weltkrieg. Ein Vergleich. Hrsg. v. B. Thoß/H.-E. Volkmann, Paderborn u. a. 2002, 7–30.
79. B. Ulrich, „Militärgeschichte von unten". Anmerkungen zu ihren Ursprüngen, Quellen und Perspektiven im 20. Jahrhundert, in: GG 22 (1996) H. 4, 473–503.
80. A. Vagts, A history of militarism. Civilian and military, o. O. 1937.
81. J. H. Wallach, Das Dogma der Vernichtungsschlacht. Die Lehren von Clausewitz und Schlieffen und ihre Wirkungen in zwei Weltkriegen, Frankfurt/Main 1967.
82. B. Wegner, Kriegsgeschichte, Politikgeschichte, Gesellschaftsgeschichte. Der Zweite Weltkrieg in der westdeutschen Historiographie der siebziger und achtziger Jahre, in: Neue Forschungen zum

Zweiten Weltkrieg. Hrsg. v. J. Rohwer/H. Müller, Koblenz 1990, 102–129.
83. B. WEGNER, Wozu Operationsgeschichte?, in: Was ist Militärgeschichte? Hrsg. v. T. Kühne/B. Ziemann, Paderborn u. a. 2000, 105–113.
84. H.-U. WEHLER, ‚Absoluter' und ‚totaler' Krieg. Von Clausewitz zu Ludendorff, in: Politische Vierteljahresschrift 10 (1969) 220–248.
85. H.-U. WEHLER, Geschichtswissenschaft heute 1949–1979, in: Stichworte zur „geistigen Situation der Zeit". Hrsg. v. J. Habermas. Bd. 2, Frankfurt/Main 1979, 709–753.
86. W. WETTE, Friedensforschung, Militärgeschichtsforschung, Geschichtswissenschaft. Aspekte einer Kooperation, in: Friedensforschung. Entscheidungshilfe gegen Gewalt. Hrsg. v. M. Funke, Bonn 1975.
87. R. WOHLFEIL, Militärgeschichte. Zu Geschichte und Problemen einer Disziplin der Geschichtswissenschaft (1952–1967), in: MGM 52 (1993) 323–344.
88. R. WOHLFEIL, Wehr-, Kriegs- oder Militärgeschichte? in: MGM 1 (1967) 21–29.
89. Zielsetzung und Methode der Militärgeschichtsschreibung. Ergebnisse einer Arbeitsgruppe des Militärgeschichtlichen Forschungsamtes unter Leitung von H. Hürten, in: MGM 20 (1976) H. 2, 9–17. Erneut gedruckt in: Militärgeschichte. Probleme – Thesen – Wege. Hrsg. v. Militärgeschichtlichen Forschungsamt, Stuttgart 1982, 48–59.
90. B. ZIEMANN, ‚Vergesellschaftung der Gewalt' als Thema der Kriegsgeschichte seit 1914. Perspektiven und Desiderate eines Konzeptes, in: Erster Weltkrieg – Zweiter Weltkrieg. Ein Vergleich. Hrsg. v. B. Thoß/H.-E. Volkmann, Paderborn u. a. 2002, 735–758.
91. B. ZIEMANN, Überlegungen zur Form der Gesellschaftsgeschichte angesichts des „cultural turn", in: AfS 43 (2003) 600–616.

4. Literatur zur Militärgeschichte zwischen 1890 und 1990

4.1 Militär und Gesellschaft im späten Kaiserreich

92. J. ANKER, Die Militärstrafgerichtsordnung des Deutschen Reiches von 1898. Entwicklung, Einführung und Anwendung, dargestellt

an der Auseinandersetzung zwischen Bayern und Preußen, Frankfurt/Main u. a. 1995.
93. D. L. AUGUSTINE, Patricians and Parvenus. Wealth and High Society in Wilhelmine Germany, Providence 1994.
94. F. BECKER, „Bewaffnetes Volk" oder „Volk in Waffen"? Militärpolitik und Militarismus in Deutschland und Frankreich 1870–1914, in: Der Bürger als Soldat. Die Militarisierung europäischer Gesellschaften im langen 19. Jahrhundert. Ein internationaler Vergleich. Hrsg. v. C. Jansen, Essen 2004, 158–174.
95. F. BECKER, Bilder von Krieg und Nation. Die Einigungskriege in der bürgerlichen Öffentlichkeit Deutschlands 1864–1913, München 2001.
96. B. BESSLICH, Wege in den ‚Kulturkrieg'. Zivilisationskrieg in Deutschland 1890–1914. Darmstadt 2000.
97. E. BESTECK, Die trügerische „First Line of Defence". Zum deutsch-britischen Wettrüsten vor dem Ersten Weltkrieg, Freiburg im Breisgau 2006.
98. D. BLACKBOURN/G. ELEY, The peculiarities of German history. Bourgeois society and politics in nineteenth-century Germany. Oxford 1985. Dtsch: Mythen deutscher Geschichtsschreibung. Die gescheiterte bürgerliche Revolution von 1848. Aus d. engl. [Ms.] übers. v. U. Haselstein, Frankfurt/Main u. a. 1980.
99. M. F. BOEMEKE/R. CHICKERING/S. FÖRSTER (Hrsg.), Anticipating Total War. The American and German Experiences 1871–1914, Cambridge 1999.
100. J. M. DIEHL, Paramilitary Politics in Weimar Germany, Bloomington Ind. 1977.
101. J. DÜLFFER, Bereit zum Krieg. Kriegsmentalität im wilhelminischen Deutschland 1890–1914, Göttingen 1986.
102. G. ELEY, Defining Social Imperialism. Use and Abuse of an Idea, in: Social History 1, 3 (October 1976) 265–290.
103. F. C. ENDRES, Soziologische Struktur und ihr entsprechende Ideologien des deutschen Offizierkorps vor dem Weltkriege, in: Archiv für Sozialwissenschaft und Sozialpolitik 58 (1927) 282–319.
104. M. EPKENHANS, Die wilhelminische Flottenrüstung 1908–1914. Weltmachtstreben, industrieller Fortschritt, soziale Integration, München 1991.
105. M. EPKENHANS, Military Industrial Relations in Imperial Germany 1870–1914, in: War in History 10 (2003) H. 1, 1–26.
106. S. FÖRSTER, Der doppelte Militarismus. Die deutsche Heeres-

4. Literatur zur Militärgeschichte zwischen 1890 und 1990 121

rüstungspolitik zwischen Status-Quo-Sicherung und Aggression 1890–1913, Stuttgart 1985.
107. S. FÖRSTER, Militär und Militarismus im Deutschen Kaiserreich. Versuch einer differenzierten Betrachtung, in: Militarismus in Deutschland 1871 bis 1945. Hrsg. v. W. Wette, Münster 1999, 63–80.
108. S. FÖRSTER/J. NAGLER (Ed.), On the Road to Total War. The American Civil War and the German Wars of Unification 1861–1871, Cambridge 1997.
109. R. v. FRIEDEBURG, Klassen-, Geschlechter- oder Nationalidentität? Handwerker und Tagelöhner in den Kriegervereinen der neupreußischen Provinz Hessen-Nassau 1890–1914, in: Militär und Gesellschaft im 19. und 20. Jahrhundert. Hrsg. v. U. Frevert, Stuttgart 1997, 229–244.
110. H. HERWIG, „Luxury" Fleet. The imperial German Navy 1888–1918, London 1980.
111. R. HOBSON, Maritimer Imperialismus. Seemachtideologie, seestrategisches Denken und der Tirpitzplan 1876 bis 1914, München 2003.
112. I. V. HULL, Absolute Destruction. Military Culture and the Practices of War in Imperial Germany, Ithaca N.Y. 2005.
113. H. HÜRTEN, Das Offizierkorps des Reichsheeres, in: Das deutsche Offizierkorps 1860–1960. Hrsg. v. H. H. Hofmann, Boppard am Rhein 1980, 231–246.
114. H. JOHN, Das Reserveoffizierkorps im deutschen Kaiserreich 1890–1914. Ein sozialgeschichtlicher Beitrag zur Untersuchung der gesellschaftlichen Militarisierung im Wilhelminischen Deutschland, Frankfurt/Main u. a. 1981.
115. E. KEHR, Der Primat der Innenpolitik. Gesammelte Aufsätze zur preußisch-deutschen Sozialgeschichte im 19. und 20. Jahrhundert. Hrsg. v. H.-U. Wehler. 2. durchges. Aufl., Berlin 1970.
116. J. KOCKA, Klassengesellschaft im Krieg. Deutsche Sozialgeschichte 1914–1918, Göttingen 1973.
117. B. R. KROENER, Integrationsmilitarismus – Zur Rolle des Militärs als Instrument bürgerlicher Partizipationsbemühungen im Deutschen Reich und in Preußen im 19. Jahrhundert bis zum Ausbruch des Ersten Weltkrieges, in: Ders., Kriegerische Gewalt und militärische Präsenz in der Neuzeit. Ausgewählte Schriften. Im Auftrag des Militärgeschichtlichen Forschungsamtes hrsg. v. R. Pröve/B. Thoß, Paderborn u. a. 2008, 83–107.

118. I. N. LAMBI, The Navy and German Power Politics 1862–1914, Boston 1984.
119. S. LEISTENSCHNEIDER, Auftragstaktik im preußisch-deutschen Heer 1871 bis 1914, Hamburg 2002.
120. S. MALINOWSKI, Vom König zum Führer. Sozialer Niedergang und politische Radikalisierung im deutschen Adel zwischen Kaiserreich und NS-Staat, Berlin 2003.
121. H. O. MEISNER, Der Kriegsminister 1814–1914. Ein Beitrag zur militärischen Verfassungsgeschichte, Berlin 1940.
122. M. MESSERSCHMIDT, Militär und Politik in der Bismarckzeit und im wilhelminischen Deutschland, Darmstadt 1975.
123. V. MOLLIN, Auf dem Wege zur „Materialschlacht". Vorgeschichte und Funktionieren des Artillerie-Industrie-Komplexes im Deutschen Kaiserreich, Pfaffenweiler 1986.
124. A. MOMBAUER, Helmuth von Moltke and the origins of the First World War, Cambridge u. a. 2001.
125. S. NEITZEL, Kriegsausbruch. Deutschlands Weg in die Katastrophe 1900–1914, München 2002.
126. H. OSTERTAG, Bildung, Ausbildung und Erziehung des Offizierkorps im deutschen Kaiserreich 1871 bis 1918. Eliteideal, Anspruch und Wirklichkeit, Frankfurt/Main u. a. 1990.
127. T. ROHKRÄMER, Der Militarismus der ‚kleinen Leute'. Kriegervereine im deutschen Kaiserreich (1871–1914), München 1990.
128. O. STEIN, Die deutsche Heeresrüstungspolitik 1890–1914. Das Militär und der Primat der Politik, Paderborn u. a. 2007.
129. D. STEVENSON, Armements and the coming of the War. Europe 1904–1914, 2. Aufl., Oxford 1996. 2000.
130. M. R. STONEMAN, Bürgerliche und adelige Krieger. Zum Verhältnis zwischen sozialer Herkunft und Berufskultur im wilhelminischen Armee-Offizierkorps, in: Adel und Bürgertum in Deutschland. Bd. 2: Entwicklungslinien und Wendepunkte im 20. Jahrhundert. Hrsg. v. H. Reif, Berlin 2001, 25–64.
131. D. STORZ, Kriegsbild und Rüstung vor 1914. Europäische Landstreitkräfte vor dem Ersten Weltkrieg, Herford 1992.

4.2 Zwischen „Augusterlebnis" und „Dolchstoßlegende" 1914–1920

132. M. KITCHEN, The German Officer Corps 1890–1918, Oxford 1968.

133. M. SCHÖNING, Versprengte Gemeinschaft. Kriegsroman und intellektuelle Mobilmachung in Deutschland 1914–33, Göttingen 2009.
134. B. BARTH, Dolchstoßlegenden und politische Desintegration. Das Trauma der deutschen Niederlage im Ersten Weltkrieg 1914–1933, Düsseldorf 2003.
135. S. BRUENDEL, Die „Ideen von 1914" und die Neuordnung Deutschlands im Ersten Weltkrieg, Berlin 2003.
136. R. CHICKERING, Freiburg im Ersten Weltkrieg, Paderborn 2009.
137. R. CHICKERING/S. FÖRSTER (Ed.), Great War, Total War, Combat and Mobilization on the Western Front 1914–1918, Cambridge 2000.
138. R. CHICKERING, Krieg, Frieden und Geschichte. Gesammelte Aufsätze über patriotischen Aktionismus, Geschichtskultur und totalen Krieg, Stuttgart 2007.
139. R. CHICKERING, Total War: The Use and Abuse of a Concept, in: Anticipating Total War. The American and German Experiences 1871–1914. Ed. by M. F. Boemeke/R. Chickering/S. Förster, Cambridge 1999, 13–28.
140. W. DEIST, Der militärische Zusammenbruch des Kaiserreichs. Zur Realität der Dolchstoßlegende, in: Ders., Militär, Staat und Gesellschaft. Studien zur preußisch-deutschen Militärgeschichte, München 1991, 211–233.
141. W. DEIST, Verdeckter Militärstreik im Kriegsjahr 1918? in: Der Krieg des kleinen Mannes. Eine Militärgeschichte von unten. Hrsg. v. W. Wette, München 1992, 146–167.
142. D. DINER, Der Krieg der Erinnerungen und die Ordnung der Welt, Berlin 1991.
143. J. DUPPLER/G. P. GROSS (Hrsg.), Kriegsende 1918. Ereignis, Wirkung, Nachwirkung, München 1999.
144. G. D. FELDMAN, Armee, Industrie und Arbeiterschaft in Deutschland 1914 bis 1918, Berlin 1985.
145. F. FISCHER, Griff nach der Weltmacht. Die Kriegszielpolitik des kaiserlichen Deutschland 1914/1918, Düsseldorf 1961.
146. C. GEINITZ, Kriegsfurcht und Kampfbereitschaft. Das Augusterlebnis in Freiburg. Eine Studie zum Kriegsbeginn 1914, Essen 1998.
147. M. GEYER, Urkatastrophe, Europäischer Bürgerkrieg, Menschenschlachthaus – Wie Historiker dem Epochenbruch des Ersten Weltkriegs Sinn geben, in: Der Weltkrieg 1914–1918. Ereignis und Erinnerung. Hrsg. v. R. Rother [Katalog zur Ausstellung im

Deutschen Historischen Museum, Berlin, 13. Mai bis 16. August 2004], Berlin u. a. 2004, 24–33.
148. G. GRANIER (Bearb.), Die deutsche Seekriegsleitung im Ersten Weltkrieg. Dokumentation. 4 Teile, Koblenz 1999–2004.
149. D. G. HERRMANN, The Arming of Europe and the Making of the First World War, Princeton NJ 1996.
150. M. HEWITSON, Germany and the Causes of the First World War, Oxford 2004.
151. G. HIRSCHFELD (Hrsg.), Kriegserfahrungen. Studien zur Sozial- und Mentalitätsgeschichte des Ersten Weltkriegs, Essen 1997.
152. G. HIRSCHFELD/G. KRUMEICH/I. RENZ (Hrsg.), Enzyklopädie Erster Weltkrieg. 2. Aufl., Paderborn u. a. 2004.
153. H. HÜRTEN (Bearb.), Zwischen Revolution und Kapp-Putsch. Militär und Innenpolitik 1918–1920. 4 Bde., Düsseldorf 1977–1980.
154. W. KRUSE, Eine Welt von Feinden. Der Große Krieg 1914–1918, Frankfurt/Main 1997.
155. H. LINNENKOHL, Vom Einzelschuss zur Feuerwalze. Der Wettlauf zwischen Technik und Taktik im Ersten Weltkrieg, Bonn 1996.
156. W. MICHALKA (Hrsg.), Der Erste Weltkrieg. Wirkung, Wahrnehmung, Analyse, München u. a. 1994.
157. W. PYTA, Hindenburg. Herrschaft zwischen Hohenzollern und Hitler, München 2007.
158. S. QUANDT/H. SCHICHTEL (Hrsg.), Der Erste Weltkrieg als Kommunikationsereignis, Gießen 1993.
159. T. RAITHEL, Das „Wunder" der inneren Einheit. Studien zur deutschen und französischen Öffentlichkeit bei Beginn des Ersten Weltkrieges, Bonn 1996.
160. M. RAUCHENSTEINER, Der Tod des Doppeladlers. Österreich-Ungarn und der Erste Weltkrieg, Köln 1993.
161. R. ROTHER (Hrsg.), Der Weltkrieg 1914–1918. Ereignis und Erinnerung [Katalog zur Ausstellung im Deutschen Historischen Museum, Berlin, 13. Mai bis 16. August 2004], Berlin u. a. 2004.
162. D. STORZ, Die Schlacht der Zukunft. Die Vorbereitung der Armeen Deutschlands und Frankreichs auf den Landkrieg des 20. Jahrhunderts, in: Der Erste Weltkrieg – Wirkung, Wahrnehmung, Analyse. Hrsg. v. W. Michalka, München 1994, 252–279.
163. H. STRACHAN, The First World War, Oxford 2001.
164. T. TRAVERS, The Killing Ground. The British Army, the Western Front and the Emergence of Modern War 1900–1918, London 1987.

165. B. ULRICH/B. ZIEMANN (Hrsg.), Krieg im Frieden. Die umkämpfte Erinnerung an den Ersten Weltkrieg, Frankfurt/Main 1997.
166. J. VERHEY, Der ‚Geist von 1914' und die Erfindung der Volksgemeinschaft, Hamburg 2000.
167. K. VONDUNG, Propaganda oder Sinndeutung? in: Kriegserlebnis. Der Erste Weltkrieg in der literarischen Gestaltung und symbolischen Deutung der Nationen. Hrsg. v. Dems., Göttingen 1980, 11–37.
168. J. WINTER/A. PROST, The Great War in History, Cambridge 2005.
169. B. ZIEMANN, Das Fronterlebnis des Ersten Weltkrieges – eine sozialhistorische Zäsur?, in: Der Erste Weltkrieg und die europäische Nachkriegsordnung. Sozialer Wandel und Formenveränderung der Politik. Hrsg. v. H. Mommsen, Köln 2000, 43–82.
170. B. ZIEMANN, Front und Heimat. Ländliche Kriegserfahrungen im südlichen Bayern 1914–1923, Essen 1997.

4.3 Reichswehr, Wehrmacht und Zweiter Weltkrieg 1920–1945

171. L. BUDRASS, Flugzeugindustrie und Luftrüstung in Deutschland 1918–1945, Düsseldorf 1998.
172. R. CHICKERING/S. FÖRSTER/B. GREINER (Ed.), A World at War. Global Conflict and the Politics of Destruction 1937–1945, Cambridge 2005.
173. M. V. CREVELD, Kampfkraft. Militärische Organisation und militärische Leistung. 1939–1945, Freiburg im Breisgau 1989.
174. M. GEYER, Krieg als Gesellschaftspolitik. Anmerkungen zu neueren Arbeiten über das Dritte Reich im Zweiten Weltkrieg, in: AfS 26 (1986) 557–601.
175. U. V. HEHL, Nationalsozialistische Herrschaft, 2. Aufl. München 2001.
176. E. MAWDSLEY, World War Two. A New History 1937–1945, Cambridge 2009.
177. W. MICHALKA (Hrsg.), Der Zweite Weltkrieg. Analysen, Grundzüge, Forschungsbilanz, München u. a. 1989.
178. Militärgeschichtliches Forschungsamt (Hrsg.), Das Deutsche Reich und der Zweite Weltkrieg (DRZW), 10 Bde., München u. a. 1979–2008.
179. K.-J. MÜLLER, Heer und Hitler. Armee und Nationalsozialistisches Regime 1933–1945. 2. Aufl., Stuttgart 1988.

180. R.-D. Müller/H.-E. Volkmann (Hrsg.), Die Wehrmacht. Mythos und Realität, München 1999.
181. R. Overy, Why the allies won. London 1995. Dtsch: Die Wurzeln des Sieges. Warum die Alliierten den Zweiten Weltkrieg gewannen, Stuttgart 2000.
182. G. L. Weinberg, A World at Arms. A Global History of World War II. New York 1994. Dtsch: Eine Welt in Waffen. Die globale Geschichte des Zweiten Weltkrieges, Stuttgart 1995.

4.3.1 Von der Reichswehr zur Wehrmacht

183. S. Förster (Hrsg.), An der Schwelle zum Totalen Krieg. Die militärische Debatte über den Krieg der Zukunft 1919–1939, Paderborn u. a. 2002.
184. K.-H. Völker, Die deutsche Luftwaffe 1933–1939. Aufbau, Führung, Rüstung, Stuttgart 1967.
185. K.-J. Müller, Armee und Drittes Reich 1933–1939, Paderborn u. a. 1987.
186. R. Bergien, Die bellizistische Republik, Wehrkonsens und Wehrhaftmachung in Deutschland 1918–1933. Phil. Diss. (erscheint 2010).
187. R. Bessel, Germany after the First World War, Oxford 1993.
188. F. L. Carsten, Reichswehr und Politik 1918–1933, Köln u. a. 1964.
189. R. Chickering/S. Förster, The Shadows of Total War. Europe, East Asia, and the United States 1919–1939, Cambridge 2003.
190. J. Förster, Vom Führerheer der Republik zur nationalsozialistischen Volksarmee. Zum Strukturwandel der Wehrmacht 1939–1945, in: Deutschland in Europa. Kontinuität und Bruch. Gedenkschrift für A. Hillgruber. Hrsg. v. J. Dülffer/B. Martin/G. Wollstein, Berlin 1990, 311–330.
191. M. Funck, Schock und Chance. Der preußische Militäradel in der Weimarer Republik zwischen Stand und Profession, in: Adel und Bürgertum in Deutschland. Bd. 2: Entwicklungslinien und Wendepunkte im 20. Jahrhundert. Hrsg. v. H. Reif, Berlin 2001, 127–172.
192. M. Geyer, Der zur Organisation erhobene Burgfriede, in: Militär und Militarismus in der Weimarer Republik. Hrsg. v. K.-J. Müller/ E. Oppitz, Düsseldorf 1978.
193. B. R. Kroener, Mobilmachungsplanungen gegen Recht und Verfassung. Kriegsvorbereitungen in Reichsheer und Wehrmacht

1918 bis 1939, in: Erster Weltkrieg – Zweiter Weltkrieg. Ein Vergleich. Hrsg. v. B. Thoß/H.-E. Volkmann, Paderborn u. a. 2002, 57–78.
194. G. MEINCK, Hitler und die deutsche Aufrüstung 1933–1937, Wiesbaden 1959.
195. H. MÖLLERS, Reichswehrminister Otto Geßler. Eine Studie zu „unpolitischer" Militärpolitik in der Weimarer Republik, Frankfurt/Main 1998.
196. T. MULLIGAN, The Creation of the Modern German Army. General Walther Reinhardt and the Weimar Republic 1914–1930, New York u. a. 2005.
197. J. NAKATA, Der Grenz- und Landesschutz in der Weimarer Republik 1918 bis 1933. Die geheime Aufrüstung und die deutsche Gesellschaft, Hamburg 1999.
198. W. RAHN, Reichsmarine und Landesverteidigung 1919–1928, München 1976.
199. E. ROSENHAFT, Paramilitarismus und politische Gewalt in der Weimarer Republik. Zur Gewaltsamkeit der militärähnlichen Verbände, in: Beiträge zur Konfliktforschung 9 (1979) 133–147.
200. M. SALEWSKI, Entwaffnung und Militärkontrolle in Deutschland 1919–1927, München 1966.
201. D. SCHUMANN, Politische Gewalt in der Weimarer Republik. Kampf um die Straße und Furcht vor dem Bürgerkrieg, Essen 2001.
202. M. STROHN, The German Army and the Conduct of the Defensive, Oxford 2007.
203. R. WOHLFEIL, Heer und Republik, in: Handbuch zur deutschen Militärgeschichte. Hrsg. v. Militärgeschichtlichen Forschungsamt. Abschnitt VI: Reichswehr und Republik (1918–1933), München 1979.
204. M. ZEIDLER, Reichswehr und Rote Armee 1920–1933. Wege und Stationen einer ungewöhnlichen Zusammenarbeit, München 1994.

4.3.2 Wehrmacht und militärische Expansion

205. A. HILLGRUBER, Hitlers Strategie. Politik und Kriegführung 1940–1941, Frankfurt/Main 1965.
206. E. MASCHKE, Zur Geschichte der deutschen Kriegsgefangenen des Zweiten Weltkriegs. 8 Bde., Bielefeld 1962–1974.
207. R. J. OVERY, War and Economy in the Third Reich, Oxford 1994.

208. J. A. TOOZE, Ökonomie der Zerstörung. Die Geschichte der Wirtschaft im Nationalsozialismus, München 2007.
209. W. DLUGOBORSKI (Hrsg.), Zweiter Weltkrieg und sozialer Wandel. Achsenmächte und besetzte Länder, Göttingen 1981.
210. J. FÖRSTER, Die Wehrmacht im NS-Staat. Eine strukturgeschichtliche Analyse, München 2007.
211. U. HERBERT (Hrsg.), Europa und der „Reichseinsatz". Ausländische Zivilarbeiter, Kriegsgefangene und KZ-Häftlinge in Deutschland 1938–1945, Essen 1991.
212. M. MESSERSCHMIDT, Die Wehrmacht im NS-Staat. Zeit der Indoktrination. Hamburg 1969.
213. M. MESSERSCHMIDT, Die Wehrmachtjustiz 1933–1945, Paderborn u. a. 2005.
214. A. S. MILWARD, Die deutsche Kriegswirtschaft 1939–1945, Stuttgart 1966.
215. B. MUELLER-HILLEBRAND, Das Heer 1933–1945. Entwicklung des organisatorischen Aufbaues. 3 Bde., Darmstadt 1954–1969.
216. R. J. OVERY, Hitler's War and the German Economy. A Reinterpretation, in: Economic History Review 2 ser. 35 (1982) 272–291.
217. M. STEINERT, Hitlers Krieg und die Deutschen. Stimmung und Haltung der deutschen Bevölkerung im Zweiten Weltkrieg, Düsseldorf u. a. 1970.
218. C. STREIT, Keine Kameraden. Die Wehrmacht und die sowjetischen Kriegsgefangenen 1941–1945. Stuttgart 1978. Neuaufl., Bonn 1991.
219. B. WEGNER, Zwei Wege nach Moskau. Vom Hitler-Stalin-Pakt bis zum „Unternehmen Barbarossa", München 1991.

4.3.3 Wehrmachtelite und Krieg

220. C. BARNETT (Hrsg.), Hitler's generals, London 1989.
221. H. BOOG, Die deutsche Luftwaffenführung 1935–1945. Führungsprobleme, Spitzengliederung, Generalstabsausbildung, Stuttgart 1982.
222. T. DIEDRICH, Paulus. Das Trauma von Stalingrad. Eine Biographie, Paderborn u. a. 2008.
223. C. HARTMANN, Halder. Generalstabschef Hitlers 1938–1942, Paderborn u. a. 1991.
224. J. HÜRTER, Hitlers Heerführer. Die deutschen Oberbefehlshaber im Krieg gegen die Sowjetunion 1941/42, 2. Aufl. München 2007.

4. Literatur zur Militärgeschichte zwischen 1890 und 1990   129

225. H. KRAUSNICK/H.-H. WILHELM, Die Truppe des Weltanschauungskrieges. Die Einsatzgruppen der Sicherheitspolizei und des SD 1938–1942, Stuttgart 1981.
226. B. R. KROENER, Auf dem Weg zu einer ‚nationalsozialistischen Volksarmee'. Die soziale Öffnung des Heeresoffizierkorps im Zweiten Weltkrieg, in: Von Stalingrad zur Währungsreform. Zur Sozialgeschichte des Umbruchs in Deutschland. Hrsg. v. M. Broszat/K.-D. Henke/H. Woller, 3. Aufl. München 1990, 651–682.
227. B. R. KROENER, Generationserfahrungen und Elitenwandel. Strukturveränderungen im deutschen Offizierskorps 1933–1945, in: Eliten in Deutschland und Frankreich im 19. und 20. Jahrhundert. Bd. 1: Strukturen und Beziehungen. Hrsg. v. R. Hudemann/G.-H. Soutou, München 1994, 219–233.
228. G. P. MEGARGEE, Hitler und die Generäle. Das Ringen um die Führung der Wehrmacht 1933–1945. Mit einem Vorw. v. W. Murray. Aus dem Amerikan. übers. v. K. Nicolai, Paderborn u. a. 2006.
229. K.-J. MÜLLER, Deutsche Militär-Elite in der Vorgeschichte des Zweiten Weltkrieges, in: Die deutschen Eliten und der Weg in den Zweiten Weltkrieg. Hrsg. v. M. Broszat/K. Schwabe, München 1989, 226–290.
230. K.-J. MÜLLER, General Ludwig Beck. Studien und Dokumente zur politisch-militärischen Vorstellungswelt und Tätigkeit des Generalstabschefs des deutschen Heeres 1933–1938, Boppard am Rhein 1980.
231. M. SALEWSKI, Die deutsche Seekriegsleitung 1935–1945. 3 Bde., Frankfurt/Main 1970–1973.
232. R. SMELSER (Hrsg.), Die SS. Elite unter dem Totenkopf. 30 Lebensläufe, Paderborn u. a. 2000.
233. R. STUMPF, Die Wehrmacht-Elite. Rang- und Herkunftsstruktur der deutschen Generale und Admirale 1933–1945, Boppard am Rhein 1982.
234. G. R. UEBERSCHÄR (Hrsg.), Hitlers militärische Elite. 2 Bde., Darmstadt 1998.

4.3.4 Kampfmotivation und Kampfverhalten im Krieg

235. T. KÜHNE, Kameradschaft. Die Soldaten des nationalsozialistischen Krieges und das 20. Jahrhundert, Göttingen 2006.
236. E. S. SHILS/M. JANOWITZ, Cohesion and Disintegration in the

Wehrmacht in World War II, in: Public Opinion Quarterly 12 (1948) 280–315.

4.3.5 Besatzungsherrschaft

237. F. ANDRAE, Auch gegen Frauen und Kinder. Der Krieg der deutschen Wehrmacht gegen die Zivilbevölkerung in Italien 1943–1945, München 1995.
238. C. GERLACH, Kalkulierte Morde. Die deutsche Wirtschafts- und Vernichtungspolitik in Weißrußland 1941 bis 1944, Hamburg 1999.
239. G. KRONENBITTER (Hrsg.), Besatzung. Funktion und Gestalt militärischer Fremdherrschaft von der Antike bis zum 20. Jahrhundert, Paderborn u. a. 2006.
240. P. LIEB, Konventioneller Krieg oder NS-Weltanschauungskrieg? Kriegführung und Partisanenbekämpfung in Frankreich 1943/44, München 2006.
241. W. MANOSCHEK, „Serbien ist judenfrei". Militärische Besatzungspolitik und Judenvernichtung in Serbien 1941/42, München 1993.
242. M. MAZOWER, Inside Hitler's Greece. The experience of occupation 1941–44, New Haven/Conn. 1993.
243. A. MEYER, Die deutsche Besatzung in Frankreich 1940–1944. Widerstandsbekämpfung und Judenverfolgung, Darmstadt 2000.
244. R.-D. MÜLLER/G. R. UEBERSCHÄR, Hitlers Krieg im Osten 1941–1945. Ein Forschungsbericht, Darmstadt 2000.
245. D. POHL, Die Herrschaft der Wehrmacht. Deutsche Militärbesatzung und einheimische Bevölkerung in der Sowjetunion 1941–1944, 2. Aufl. München 2009.
246. H. UMBREIT, Deutsche Militärverwaltungen 1938/39. Die militärische Besetzung der Tschechoslowakei und Polens, Stuttgart 1977.

4.3.6 Der „kleine Mann" als Soldat im Krieg

247. C. R. BROWNING, Ganz normale Männer. Das Reserve-Polizeibataillon 101 und die „Endlösung" in Polen, Hamburg 1999.
248. J. FÖRSTER (Hrsg.), Stalingrad. Ereignis – Wirkung – Symbol, München 1992.
249. S. G. FRITZ, Frontsoldaten. The German Soldier in World War II. Lexington, Ky. 1995. Neuaufl., Berlin 1998.
250. M. JABS-KRIEGSMANN, Deutsche Legenden. Geschichte und Zeitgeschichte im deutschen Illustriertenroman 1945–1977, Frankfurt/Main 1995.

251. M. Koch, Fahnenfluchten. Deserteure der Wehrmacht im Zweiten Weltkrieg – Lebenswege und Entscheidungen, Paderborn u. a. 2008.
252. K. Latzel, Deutsche Soldaten – nationalsozialistischer Krieg. Kriegserlebnis – Kriegserfahrung 1939–1945. 2. Aufl., Paderborn u. a. 2000.
253. M. Messerschmidt, Deutsche Militärgerichtsbarkeit im Zweiten Weltkrieg, Baden-Baden 1983.
254. G. Paul, Krieg und Film im 20. Jahrhundert. Historische Skizze und methodologische Überlegungen. Kriegsfilm und interdisziplinäres Umfeld, in: Krieg und Militär im Film des 20. Jahrhunderts. Hrsg. v. B. Chiari/M. Rogg/W. Schmidt, München 2003, 3–78.
255. C. Rass, „Menschenmaterial". Deutsche Soldaten an der Ostfront. Innenansicht einer Infanteriedivision 1939–1945, Paderborn u. a. 2003.
256. M. Schornstheimer, Die leuchtenden Augen der Frontsoldaten. Nationalsozialismus und Krieg in den Illustriertenromanen der fünfziger Jahre, Berlin 1995.
257. F. Werner, „Hart müssen wir hier draußen sein". Soldatische Männlichkeit im Vernichtungskrieg 1941–44, in: GG 34 (2008) 5–40.
258. W. Wette (Hrsg.), Der Krieg des kleinen Mannes. Eine Militärgeschichte von unten, München 1992.
259. W. Wette/D. Vogel (Hrsg.), Andere Helme – andere Menschen? Heimaterfahrung und Frontalltag im Zweiten Weltkrieg. Ein internationaler Vergleich. Essen 1995.
260. I. Wilharm, Krieg in deutschen Nachkriegsspielfilmen, in: Dies., Bewegte Spuren – Studien zur Zeitgeschichte im Film, Hrsg. v. D. Endeward, Hannover 2006, 89–106.

4.3.7 Feldpostbriefforschung

261. O. Buchbender/R. Sterz (Hrsg.), Das andere Gesicht des Krieges. Deutsche Feldpostbriefe 1939–1945, München 1982.
262. W. U. Eckart (Hrsg.), Medizin im Zweiten Weltkrieg. Militärmedizinische Praxis und medizinische Wissenschaft im „Totalen Krieg", Paderborn u. a. 2006.
263. M. Humburg, Das Gesicht des Krieges. Feldpostbriefe von Wehrmachtsoldaten aus der Sowjetunion 1941–1944, Opladen u. a. 1998.

264. P. KNOCH (Hrsg.), Kriegsalltag. Die Rekonstruktion des Kriegsalltags als Aufgabe der historischen Forschung und der Friedenserziehung, Stuttgart 1989.
265. A. REIMANN, Der große Krieg der Sprachen. Untersuchungen zur historischen Semantik in Deutschland und England zur Zeit des Ersten Weltkrieges, Essen 2000.
266. F. VOSSLER, Propaganda in die eigene Truppe. Die Truppenbetreuung in der Wehrmacht 1939–1945, Paderborn u. a. 2005.

4.3.8 Soldaten als Täter – Die Verbrechen der Wehrmacht

267. T. KÜHNE, Der nationalistische Vernichtungskrieg und die „ganz normalen" Deutschen. Forschungsprobleme und Forschungstendenzen der Gesellschaftsgeschichte des Zweiten Weltkrieges, in: AfS 39 (1999) 580–662.
268. O. BARTOV, Hitlers Army. Soldiers, Nazis and War in the Third Reich. Oxford 1992. Dtsch: Hitlers Wehrmacht. Soldaten, Fanatismus und die Brutalisierung des Krieges, Reinbek bei Hamburg 1999.
269. O. BARTOV, The Eastern Front 1941–1945. German Troops and the Barbarisation of Warfare, Basingstoke/London 1985.
270. B. BECK, Wehrmacht und sexuelle Gewalt. Sexualverbrechen vor deutschen Militärgerichten 1939–1945, Paderborn u. a. 2004.
271. J. FÖRSTER, Weltanschauliche Erziehung von SS, Polizei und Waffen-SS im Rahmen der Endlösung, Frankfurt/Main 2003.
272. Hamburger Institut für Sozialforschung (Hrsg.), Vernichtungskrieg. Verbrechen der Wehrmacht 1941–1944. Katalog zur Ausstellung, Hamburg 1996.
273. Hamburger Institut für Sozialforschung (Hrsg.), Verbrechen der Wehrmacht. Dimensionen des Vernichtungskrieges 1941–1944, Hamburg 2002.
274. C. HARTMANN/J. HÜRTER/U. JUREIT (Hrsg.), Verbrechen der Wehrmacht. Bilanz einer Debatte, München 2005.
275. T. KÜHNE, Die Viktimisierungsfalle. Wehrmachtsverbrechen, Geschichtswissenschaft und symbolische Ordnung des Militärs, in: Der Krieg in der Nachkriegszeit. Der Zweite Weltkrieg in Politik und Gesellschaft der Bundesrepublik. Hrsg. v. M. T. Greven/O. v. Wrochem, Opladen 2000, 183–196.
276. G. P. MEGARGEE, War of annihilation. Combat and genocide on the Eastern Front 1941, Lanham, Md u. a. 2006.

4. Literatur zur Militärgeschichte zwischen 1890 und 1990   133

277. G. Schreiber, Die italienischen Militärinternierten im deutschen Machtbereich 1943 bis 1945. Verraten, verachtet, vergessen, München 1990.
278. H.-G. Thiele (Hrsg.), Die Wehrmachtsausstellung. Dokumentation einer Kontroverse. Dokumentation der Fachtagung in Bremen am 26. Februar 1997 und der Bundestagsdebatten am 13. März und 24. April 1997, Bremen 1997.
279. G. R. Ueberschär/W. Wette (Hrsg.), Der deutsche Überfall auf die Sowjetunion „Unternehmen Barbarossa" 1941, Frankfurt/Main 1991.
280. H. Welzer, Das kommunikative Gedächtnis. Eine Theorie der Erinnerung, München 2005.

4.3.9 Militärische Opposition und Widerstand

281. P. Hoffmann, Widerstand, Staatsstreich, Attentat. Der Kampf der Opposition gegen Hitler. 4. Aufl., München 1985.
282. J. Hürter, Auf dem Weg zur Militäropposition, in: VfZ 53 (2005) H. 1, 141–147.
283. J. Kammler, Ich habe die Metzelei satt und laufe über ... Kasseler Soldaten zwischen Verweigerung und Widerstand (1939–1945). Eine Dokumentation, Fuldabrück 1985.
284. B. R. Kroener, „Der starke Mann im Heimatkriegsgebiet". Generaloberst Friedrich Fromm. Eine Biographie, Paderborn u. a. 2005.
285. K.-J. Müller/H. Mommsen, Der deutsche Widerstand gegen das NS Regime. Zur Historiographie des Widerstandes, in: Der deutsche Widerstand 1933–1945. Hrsg. v. K.-J. Müller/H. Mommsen. 2. Aufl., Paderborn 1986, 13–21.
286. J. Schmädecke/P. Steinbach (Hrsg.), Der Widerstand gegen den Nationalsozialismus. Die deutsche Gesellschaft und der Widerstand gegen Hitler, München 1985.
287. P. Steinbach, Widerstand im Widerstreit. Der Widerstand gegen den Nationalsozialismus in der Erinnerung der Deutschen. 2. wes. erw. Aufl., Paderborn u. a. 2001.
288. G. R. Ueberschär (Hrsg.), Der Deutsche Widerstand gegen Hitler. Wahrnehmung und Wertung in Europa und den USA, Darmstadt 2002.
289. B. Ziemann, Fluchten aus dem Konsens zum Durchhalten. Ergebnisse, Probleme und Perspektiven der Erforschung soldatischer Verweigerungsformen in der Wehrmacht 1939–1945, in: Die

Wehrmacht. Mythos und Realität. Hrsg. v. R.-D. Müller/H.-E. Volkmann, München 1999, 589–613.

4.3.10 Kriegsende 1945

290. M. GEYER, Endkampf 1918 and 1945. German Nationalism, Annihilation and Self-Destruction, in: No Man's Land of Violence. Ed. by A. Lüdtke/B. Weisbrod, Göttingen 2006, 35–68.
291. J. HILLMANN/J. ZIMMERMANN (Hrsg.), Kriegsende 1945 in Deutschland, München 2002.
292. A. KUNZ, Wehrmacht und Niederlage. Die bewaffnete Macht in der Endphase der nationalsozialistischen Herrschaft 1944 bis 1945, München 2005.
293. R. OVERMANS, Deutsche militärische Verluste im Zweiten Weltkrieg, München 1999.
294. I. ZIMMERMANN, Pflicht zum Untergang. Die deutsche Kriegsführung im Westen 1944/45, Paderborn u. a. 2009.

4.3.11 Blitzkrieg und Totaler Krieg

295. R. M. CITINO, The Path to Blitzkrieg. Doctrine and Training in the German Army 1920–1939, Boulder/Col. 1999.
296. J. CORUM, The Roots of Blitzkrieg and German Military Reform, Lawrence 1992.
297. K.-H. FRIESER, Blitzkrieg-Legende. Der Westfeldzug 1940, München 1995.
298. B. R. KROENER, ‚Der erfrorene Blitzkrieg'. Strategische Planungen der deutschen Führung gegen die Sowjetunion und die Ursachen ihres Scheiterns, in: Zwei Wege nach Moskau. Vom Hitler-Stalin-Pakt zum „Unternehmen Barbarossa". Hrsg. v. B. Wegner, München 1991, 133–148.
299. A. B. ROSSINO, Hitler strikes Poland. Blitzkrieg, Ideology and Atrocities, Lawrence Les. 2003.

4.4 Nachkriegszeit und Wiederbewaffnung in der Bundesrepublik und in der DDR 1945–1990

4.4.1 Der lange Schatten des „Dritten Reiches"

300. U. BROCHHAGEN, Nach Nürnberg. Vergangenheitsbewältigung und Westintegration in der Ära Adenauer, Hamburg 1994.

301. N. FREI, Vergangenheitspolitik. Die Anfänge der Bundesrepublik und die NS-Vergangenheit, München 1996.
302. J. FRIEDRICH, Die kalte Amnestie. NS-Täter in der Bundesrepublik, Frankfurt/Main 1984.
303. M. KITTEL, Die Legende von der „Zweiten Schuld". Vergangenheitsbewältigung in der Ära Adenauer, Berlin u. a. 1993.
304. U. LAPPENKÜPER, Die deutsch-französischen Beziehungen 1949–1963. Von der Erbfeindschaft zur ‚entente elementaire'. 2 Bde., München 2001.
305. Militärgeschichtlichen Forschungsamt (Hrsg.), Anfänge westdeutscher Sicherheitspolitik 1945–1956. 4 Bde. München u. a. 1982–1997.
306. H.-P. SCHWARZ, Vom Reich zur Bundesrepublik. Deutschland im Widerstreit der außenpolitischen Konzeptionen in den Jahren der Besatzungsherrschaft 1945–1949, Neuwied 1996.
307. H.-E. VOLKMANN (Hrsg.), Der Verteidigungsausschuss des Deutschen Bundestages. Der Ausschuss zur Mitberatung des EVG-Vertrages. Juli bis Dezember 1952, Düsseldorf 2006.
308. B. WEGNER, Erschriebene Siege. Franz Halder, die „Historical Division" und die Rekonstruktion des Zweiten Weltkrieges im Geist des deutschen Generalstabes, in: Politischer Wandel, Organisierte Gewalt und nationale Sicherheit. Beiträge zur neueren Geschichte Deutschlands und Frankreichs. Festschrift für K.-J. Müller. Hrsg. v. E. W. Hansen/G. Schreiber/B. Wegner, München 1995, 287–302.
309. R. WENZKE (Hrsg.), Staatsfeinde in Uniform? Widerständiges Verhalten und politische Verfolgung in der NVA, Berlin 2005.
310. W. WETTE, Die Wehrmacht. Feindbilder, Vernichtungskrieg, Legenden, Frankfurt/Main 2002.
311. O. v. WROCHEM, Erich von Manstein. Vernichtungskrieg und Geschichtspolitik, Paderborn u. a. 2006.

4.4.2 Die Wiederbewaffnung in den beiden deutschen Staaten

312. G. MEYER, A. Heusinger. Dienst eines deutschen Soldaten 1915 bis 1964, Hamburg 2001.
313. K. ARLT, Das Wirken der Sowjetischen Militäradministration in Deutschland (SMAD) im Spannungsfeld zwischen den Beschlüssen von Potsdam und den sicherheitspolitischen Interessen Moskaus 1945–1949, in: Volksarmee schaffen – ohne Geschrei! Studien zu den Anfängen einer „verdeckten Aufrüs-

tung" in der SBZ/DDR 1947–1952. Hrsg. v. B. Thoß, München 1994, 91–139.
314. H. BISPINCK, Die Zukunft der DDR-Geschichte. Potentiale und Probleme zeithistorischer Forschung, in: VZG 53 (2005) 547–570.
315. H. BRÖCKERMANN/T. DIEDRICH/W. HEINEMANN/M. ROGG/R. WENZKE, Die Zukunft der DDR-Militärgeschichte. Gedanken zum Stand und Perspektiven der Forschung, in: MGZ 66 (2007) 71–99.
316. R. BRÜHL, Zum Neubeginn der Militärgeschichtsschreibung in der DDR. Gegenstand, theoretische Grundlagen, Aufgabenstellung, in: MGM 52 (1993) 303–322.
317. T. DIEDRICH/H. EHLERT/R. WENZKE (Hrsg.), Im Dienste der Partei. Handbuch der bewaffneten Organe der DDR, Berlin 1998.
318. T. DIEDRICH, Herrschaftssicherung, Aufrüstung und Militarisierung im SED-Staat, in: Militär, Staat und Gesellschaft in der DDR. Forschungsfelder, Ergebnisse, Perspektiven. Hrsg. v. H. Ehlert/M. Rogg, Berlin 2004, 257–284.
319. T. DIEDRICH/I.-S. KOWALCZUK (Hrsg.), Staatsgründung auf Raten? Zu den Auswirkungen des Volksaufstandes 1953 und des Mauerbaus 1961 auf Staat, Militär und Gesellschaft der DDR, Berlin 2005.
320. T. DIEDRICH/R. WENZKE, Die getarnte Armee. Geschichte der Kasernierten Volkspolizei der DDR 1952–1956, Berlin 2001.
321. H. EHLERT/A. WAGNER, Äußere Sicherheit und innere Ordnung. Armee, Polizei und paramilitärische Organisationen im SED Staat, in: Bilanz und Perspektiven der DDR-Forschung. Hrsg. v. R. Eppelmann, Paderborn u. a. 2003, 141–150.
322. H. EHLERT/A. WAGNER, Genosse General! Die Militärelite der DDR in biografischen Skizzen, Berlin 2003.
323. H. EHLERT/M. ROGG (Hrsg.), Militär, Staat und Gesellschaft in der DDR. Forschungsfelder, Ergebnisse, Perspektiven, Berlin 2004.
324. S. FINGERLE, Waffen in Arbeiterhand. Die Rekrutierung des Offizierkorps der NVA und ihrer Vorläufer, Berlin 2001.
325. K. FROH/R. WENZKE, Die Generäle und Admirale der NVA. Ein biographisches Handbuch, Berlin 2007.
326. D. GENSCHEL, Wehrreform und Reaktion. Die Vorbereitung der inneren Führung 1951–1956, Hamburg 1972.
327. G. V. GERSDORFF, Adenauers Außenpolitik gegenüber den Siegermächten 1954. Westdeutsche Bewaffnung und internationale Politik, München 1994.

4. Literatur zur Militärgeschichte zwischen 1890 und 1990   137

328. D. GIESE, Die SED und ihre Armee. Die NVA zwischen Politisierung und Professionalismus 1956–1965, München 2002.
329. F. HAGEMANN, Parteiherrschaft in der NVA. Zur Rolle der SED bei der inneren Entwicklung der DDR-Streitkräfte (1956–1971), Berlin 2002.
330. H.-J. HARDER/N. WIGGERSHAUS, Tradition und Reform in den Aufbaujahren der Bundeswehr, Herford 1985.
331. K. HÖFNER, Die Aufrüstung Westdeutschlands. Willensbildung, Entscheidungsprozesse und Spielräume westdeutscher Politik 1945–1950, München 1990.
332. W. KOPENHAGEN/H. MEHL/K. SCHÄFER, Die NVA. Land-, Luft- und Seestreitkräfte, Stuttgart 2006.
333. C. T. MÜLLER, Tausend Tage bei der Asche. Unteroffiziere in der NVA. Untersuchungen zu Alltag und Binnenstruktur einer „sozialistischen" Armee, Berlin 2003.
334. F. NÄGLER, Die personelle Rüstung der Bundeswehr vom Aufstellungsbeginn bis zur Konsolidierungsphase (1955–1964). Bedingungen, Anlage und Wirklichkeit der „Inneren Führung", München 2009.
335. D. NIEMETZ, Das feldgraue Erbe. Die Wehrmachteinflüsse im Militär der SBZ/DDR, Berlin 2006.
336. H.-J. RAUTENBERG, Zur Standortbestimmung für künftige deutsche Streitkräfte, in: Anfänge westdeutscher Sicherheitspolitik. Hrsg. v. Militärgeschichtlichen Forschungsamt, Bd. 1: Von der Kapitulation bis zum Pleven-Plan, München u. a. 1982, 737–879.
337. M. ROGG, Armee des Volkes? Militär und Gesellschaft in der DDR, Berlin 2008.
338. W. SCHMIDT, Integration und Wandel. Die Infrastruktur der Streitkräfte als Faktor sozioökonomischer Modernisierung in der Bundesrepublik 1955 bis 1975, München 2006.
339. B. THOSS (Hrsg.), Volksarmee schaffen – ohne Geschrei! Studien zu den Anfängen einer „verdeckten Aufrüstung" in der SBZ/DDR 1947–1952, München 1994.
340. B. THOSS (Hrsg.), Vom Kalten Krieg zur deutschen Einheit. Analysen und Zeitzeugenberichte zur deutschen Militärgeschichte 1945–1995. Im Auftrag des Militärgeschichtlichen Forschungsamtes, München 1995.
341. G. WETTIG, Entmilitarisierung und Wiederbewaffnung in Deutschland 1943–1955, München 1967.

4.4.3 Das innere Gefüge der Bundeswehr zwischen Tradition und Reform. Idee und Gestalt der „Inneren Führung"

342. D. ABENHEIM, Bundeswehr und Tradition. Die Suche nach dem gültigen Erbe des deutschen Soldaten, München 1989.
343. D. BALD, Militär und Gesellschaft 1945–1990. Die Bundeswehr der Bonner Republik, Baden-Baden 1994.
344. D. BALD/J. KLOTZ/W. WETTE (Hrsg.), Mythos Wehrmacht. Nachkriegsdebatten und Traditionspflege, Berlin 2001.
345. K. NAUMANN, Generale in der Demokratie. Generationsgeschichtliche Studien zur Bundeswehrelite, Hamburg 2007.
346. F. PAULI, Wehrmachtsoffiziere in der Bundeswehr. Das kriegsgediente Offizierkorps in der Bundeswehr und die Innere Führung, Paderborn u. a. 2009.
347. H. J. RAUTENBERG, Aspekte zur Entwicklung der Traditionspflege, in: Tradition als Last? Legitimationsprobleme der Bundeswehr. Hrsg. v. K.-M. Kodalle, Köln 1981, 133–151.
348. H.-J. RAUTENBERG/N. WIGGERSHAUS, Die „Himmeroder Denkschrift" vom Oktober 1950. Politische und militärische Überlegungen für einen Beitrag der Bundesrepublik Deutschland zu einer westeuropäischen Verteidigung, in: MGM 21 (1977) H. 1, 135–206.
349. R. J. SCHLAFFER/W. SCHMIDT (Hrsg.), Wolf Graf Baudissin 1907–1993. Modernisierer zwischen totalitärer Herrschaft und freiheitlicher Ordnung, München 2007.
350. H.-P. SCHWARZ, Die Europäische Integration als Aufgabe der Zeitgeschichtsforschung, in: VfZ 31 (1983) 559 ff.
351. F. NÄGLER, Die Bundeswehr 1955 bis 2005. Rückblenden, Einsichten, Perspektiven. München 2007.

4.4.4 Die Bundesrepublik und die DDR im Spannungsfeld nuklearer Bedrohung

352. H. EHLERT, Von der „Wende" zur Einheit – Ein sicherheitspolitischer Rückblick auf das letzte Jahr der Nationalen Volksarmee, in: Armee ohne Zukunft. Das Ende der NVA und die deutsche Einheit. Zeitzeugenberichte und Dokumente. Hrsg. v. Dems., Berlin 2002, 1–73.
353. V. MASTNY (Hrsg.), War plans and alliances in the Cold War. Threat perceptions in the East and West, London 2006.
354. H. NIELSEN, Die DDR und die Kernwaffen. Die nukleare Rolle der Nationalen Volksarmee im Warschauer Pakt, Baden-Baden 1998.

355. PHP Collection Series. Published by Parallel History Project on Cooperative Security (PHP)/Center for Security Studies (CSS), Zurich 2000. (www.php.isn.ethz.ch)
356. B. THOSS, NATO-Strategie und nationale Verteidigungsplanung. Planung und Aufbau der Bundeswehr unter den Bedingungen einer massiven atomaren Vergeltungsstrategie 1952 bis 1960, München 2006.

0
Register

1. Personen- und Autorenregister

ABENHEIM, D. 108
Adenauer, K. 38, 43f., 99f.
ANDRAE, F. 82
ANGELOW, J. 57
AUGUSTINE, D. L. 64

BALD, D. 68, 75, 96, 106, 108
BARING, A. 100
BARTH, B. 74
BARTOV, O. 80f., 84
Beck, L. 25
BERGHAHN, V. R. 53, 56, 67
BESSEL, R. 74
BESSLICH, B. 72
Bethmann Hollweg, M. A. v. 7
Bismarck, O. v. 1, 4, 68, 70
BISPINCK, H. 102
BLACKBOURN, D. 64
Blomberg, W. v. 24
BOURDIEU, P. 65
BOURKE, J. 74
BRADLEY, D. 55
Brauchitsch, W. v. 32
Bredow, F. v. 22
BREDOW, W. 106
BROCHHAGEN, U. 97
BRÖCKERMANN, H. 102f.
BROSZAT, M. 95
BROWNING, C. R. 60, 79, 86
BRÜHL, R. 54, 57
BRUENDEL, S. 73
Brussilov, A. 12
BUCHBENDER, O. 83
BUSCHMANN, N. 61, 72f.

Canaris, W. 90
Caprivi, L. v. 68
CARL, H. 61, 72–74

CARSTEN, F. L. 75
CHICKERING, R. 63, 73, 94
CITINO, R. M. 77, 93
Clausewitz, C. v. 51
CORUM, J. 93
CREVELD, M. v. 77

DE KERKHOF, S. v. 56
DEHIO, L. 68
DEIST, W. 67, 75
Delbrück, H. 51
DIEDRICH, T. 57, 101–104
DIEHL, J. M. 76
DINER, D. 72
DLUGOBORSKI, W. 78
Dönitz, K. 35
DUPPLER, J. 75

EHLERT, H. 101–105
Eisenhower, D. D. 42
ELEY, G. 64, 67
Elze, W. 53
ENDRES, F. C. 53
ENGELBERG, E. 57
EPKENHANS, M. 67, 69

Falkenhayn, E. v. 10–13
FINGERLE, S. 103
FISCHER, F. 55, 64, 71
FÖRSTER, J. 78–81, 96, 98
FÖRSTER, S. 69f., 73, 76, 92, 94
FOUCAULT, M. 64
Frauenholz, E. v. 53
FREVERT, U. 64
FRIEDRICH, J. 97
FRIESER, K.-H. 93
Fritsch, W. v. 24
FRITZ, S. G. 81

FROH, K. 104
Fromm, F. 90
FUNCK, M. 64, 66, 76

GABLIK, A. F. 110
GEINITZ, C. 73
GENSCHEL, G. 107
GERLACH, C. 81, 86
GERSDORFF, G. v. 100
GERSDORFF, U. v. 54, 58
Geßler, O. 21
GEYER, M. 2, 59, 69, 74, 76f., 92
GIESE, D. 105
GLASER, G. 102
Goebbels, J. 94
Göring, H. 28
GOFFMAN, E. 64
GREINER, B. 94
Groener, W. 14, 21
GROSS, G. P. 75
Guderian, H. 29

HAGEMANN, F. 105
Hahlweg, W. 55
Halder, F. 31
HAMMERICH, H. R. 110
HARDER, H.-J. 108
HARTMANN, C. 86
Hartung, F. 53
HEHL, U. v. 95
HEIDER, P. 103
HEINEMANN, U. 90
HEINEMANN, W. 102f.
HERBERT, U. 78
Herzfeld, H. 64
HEWITSON, M. 68, 71
HILLGRUBER, A. 78
HILLMANN, J. 92
Hindenburg, P. v. 13, 16, 21–23
HIRSCHFELD, G. 73f.
Hitler, A. 22–25, 27–33, 35f.
HOBSON, R. 67
HOFFMANN, P. 89
Honecker, E. 48
Hoßbach, F. 23
HÜRTEN, H. 58, 76
HÜRTER, J. 79, 86, 90f.
HULL, I. V. 64, 77
HUMBURG, M. 84f.

JABS-KRIEGSMANN, M. 82
JANOWITZ, M. 80
JUREIT, U. 86

KAMMLER, J. 83
KEHR, E. 68
Keitel, W. 29
Kennan, G. F. 1
KITCHEN, M. 68
KITTEL, M. 96
KLEIN, F. 55
KLOTZ, J. 108
Kluge, G. v. 90
KNOCH, P. 83
KOCH, M. 83
Kohl, H. 45
KOPENHAGEN, W. 102
KORTÜM, H.-H. 74
KOWALCZUK, I.-S. 104
KRAUSNICK, H. 79, 98
KROENER, B. R. 67, 76, 80, 90f., 93, 96
KRONENBITTER, G. 82
KÜHNE, T. 74, 80f., 84
KUNZ, A. 92

LAMBI, I. N. 67
LANGEWIESCHE, D. 74
LAPPENKÜPER, U. 100
LATZEL, K. 84
LENGER, F. 74
LINNENKOHL, H. 70
LIPP, A. 60, 74
Ludendorff, E. 13, 15f.
Lüttwitz, W. v. 18

MALINOWSKI, S. 66
MANOSCHEK, W. 81
Manstein, E. v. 29
MASCHKE, E. 98
MASTNY, V. 109
MAWDSLEY, E. 78
MAZOWER, M. 81
MEGARGEE, G. P. 79, 81, 91
MEHL, H. 102
Meinecke, F. 64
MEISNER, H. O. 68
MESSERSCHMIDT, M. 64, 78f., 83f., 98
MEYER, A. 82

1. Personen- und Autorenregister

MEYER, G. 96
MILWARD, A. S. 78, 93
MOLLIN, V. 69
Moltke, H. v. 7, 10
MOMMSEN, H. 89, 91
MÜLLER, C. T. 105
MÜLLER, K.-J. 79, 89
MÜLLER, R.-D. 81, 94
MULLIGAN, T. 77
NÄGLER, F. 107, 109f.
NAKATA, J. 76
NEITZEL, S. 63, 71
NEUGEBAUER, K.-V. 103
Neurath, K. v. 24
NIELSEN, H. 109
NIEMETZ, D. 103
NOWOSADTKO, J. 54f., 58

OESTREICH, G. 53f.
OVERMANS, R. 91
OVERY, R. 94
OVERY, R. J. 78

PAUL, G. 82
PAULI, F. 108
Paulus, F. 56
PÖHLMANN, M. 53
POHL, D. 86
PROST, A. 72

QUANDT, S. 73

Raeder, E. 35
RAITHEL, T. 73
RASS, C. 80
RAUCHENSTEINER, M. 71
RAUTENBERG, H.-J. 107
REIMANN, A. 73
RITTER, G. 56, 64, 68
Röhm, E. J. 22
ROGG, M. 101–105
Rommel, E. 90
ROSENHAFT, E. 76
ROTHER, R. 77
RÜPKE, J. 87

Sauckel, F. 33
SCHÄFER, K. 103

Scherff, W. 54
SCHICHTEL, H. 73
SCHILLING, R. 81
SCHIVELBUSCH, W. 74
SCHLAFFER, R. J. 107
Schleicher, K. v. 21f.
Schlieffen, A. v. 6
SCHMÄDECKE, J. 89
Schmidt, H. 41
SCHMIDT, W. 106f.
Schmitthenner, P. 53
SCHÖNING, M. 64
SCHORNSTHEIMER, M. 82
SCHREIBER, G. 78
SCHUMANN, D. 62, 77
SCHWARZ, H.-P. 100, 105
Seeckt, H. v. 18f.
SHILS, E. S. 80
SIEDER, R. 61
SMELSER, R. 79
Speer, A. 33
Stalin, J. 37, 99
STEIN, O. 70
STEINBACH, P. 89
STEINERT, M. 78
STERZ, R. 83
STIETENCRON, H. v. 87
STONEMAN, M. R. 66
STORZ, D. 70
STRACHAN, H. 63, 72
Strauß, F.-J. 44
STREIT, C. 78, 98
STUMPF, R. 79, 96

THEWELEIT, K. 76
THOSS, B. 72f., 101–103, 109
Tirpitz, A. v. 67
Todt, F. 28, 33
TRAVERS, T. 70

UEBERSCHÄR, G. R. 79, 81, 87, 98
Ulbricht, W. 48
ULRICH, B. 74f., 83
UMBREIT, H. 54, 78

V. MOLLIN 70
VAGTS, A. 53
VERHEY, J. 73
VOLKMANN, H.-E. 72

VONDUNG, K.   73
WAGNER, A.   102, 104
WALLACH, J. H.   51
WEGNER, B.   55, 75, 91
WEHLER, H.-U.   76
Weizsäcker, R. v.   98
WELZER, H.   87
WENZKE, R.   101–105
WERNER, F.   62
WETTE, W.   58, 64, 74, 83, 98, 108
WETTIG, G.   99f.

WIGGERSHAUS, N.   108
WILHARM, I.   82
WILHELM, H.-H.   79, 98
Wilhelm, II.   4f., 13, 17, 65, 67
WINTER, J.   72
WOHLFEIL, R.   55, 58

ZEIDLER, M.   76
ZIEMANN, B.   60, 73–77, 83
ZIMMERMANN, I.   92
ZIMMERMANN, J.   92, 109

2. Ortsregister

Aachen   35
Äthiopien   24
Amiens   16
Ardennen   29
Atlantik   28
Atlantikküste   28

Baku   33
Balkan   35
Baltikum   9
Belgien   7, 29, 35
Benelux-Staaten   38
Berlin   25f., 36, 53, 84
Berlin-Karlshorst   36
Biskaya   30
Brest-Litowsk   15
Britische Inseln   28
Bundesrepublik   37–40, 43, 45, 55–57, 82, 88, 96f., 99–101, 105f., 108–110

ČSR   25

DDR   38–41, 46–49, 56f., 89, 99, 101–105, 109f.
Deutsches Reich   7f., 14, 23, 26, 29, 33, 36, 67, 93
Deutschland   21, 26, 28, 30, 34, 37f., 64, 68, 99–101
Dresden   54, 56
Dünkirchen   30

England   7, 25, 29–32
Erlangen   53

Frankreich   6f., 9, 25, 27–31, 35, 38, 67, 93
Freiburg im Breisgau   55

Gallipoli   11
Gorlice-Tarnow   11
Griechenland   32
Großbritannien   9, 11f., 27, 29f., 32, 67, 100

Halbe   36
Heidelberg   53
Himmerod   44
Holland   17, 36

Indien   32
Italien   11, 15, 24f., 35, 38

Japan   26, 33
Jena   53
Jugoslawien   25, 32

Kaiserreich   63–69
Kaukasus   33
Krakau   11

London   11, 30
Luxemburg   7

Maas 11, 29
Marne 9f.
Mecklenburg 18
Memel 35
Mittelgebirgszug 29
Mittelitalien 35
Mittelost 32
Moskau 32, 37–40, 91, 101
München 53f.

Niederlande 29
Nordafrika 32f.
Nordfrankreich 29
Norditalien 36
Nordkap 30
Nordwestdeutschland 36
Nordwestfrankreich 35
Norwegen 29, 34
Nürnberg 97

Österreich 8, 16, 23–25
Österreich-Ungarn 71
Osmanisches Reich 11, 17
Ostdeutschland 101
Ostpreußen 9, 36

Paris 7, 11
Piave 15
Polen 22, 26f., 31f., 48, 93
Potsdam 54f.
Prag 54
Preußen-Deutschland 56

Reims 36
Rom 35
Rumänien 13, 25, 35
Russisch-Polen 9

Russland 4, 7f.

Saloniki 11
Sarajewo 8
Sedan 29
Serbien 11
Sizilien 33
Slowakei 25
Somme 12
Sowjetunion 20, 25f., 30f., 33f., 36f., 39–41, 56, 81, 86, 93f., 100–104, 109f.
Stalingrad 33
Stuttgart 54, 84
Südfrankreich 35
Suezkanal 32

Tannenberg 9
Transkaukasischer Raum 33
Trier 35
Tschechoslowakei 23, 25

UdSSR 45f., 48
Ulm-Langenau 55
Ungarn 71
USA 12, 14, 33, 37, 39–41, 46, 100, 110

Verdun 10–12

Warschau 46, 49
Washington 110
Westdeutschland 55, 99, 101
Wien 54
Wolga 33

Ypern 10

3. Sachregister

3. Oberste Heeresleitung 13–15
20. Juli 1944 35

ABC-Waffen 39
Abnutzungskrieg 10, 93
Abrüstung 3, 45

Abschreckungsdoktrin 45
Adel 5f., 66
Admiralität 68
Allgemeine Wehrpflicht 3–5, 22f., 47, 65, 67, 69
Alliierte 34f., 80

Alltagsgeschichte 82f., 98
Amt „Blank" 55
Angloamerikanisch 35
Anti-Hitler-Koalition 34, 37, 87, 99
Applikatorisch 51
Applikatorische Kriegsgeschichte 52
Arbeiterrat 17
Ardennenoffensive 36
Atomare Rüstung 40
Atomwaffe 39
Atomwaffensperrvertrag 110
Augusterlebnis 8, 72f.
Ausbeutungspolitik 81

Befehlsgewalt 6
Befreiungskrieg 17
Begrenzung der strategischen Rüstung (SALT – Strategic Arms Limitation Talks) 41
Berlin-Krise 1948 37
Berlin-Krise 1961 40
Berufsarmee 21
Berufsförderung 45
Berufsoffizier 42
Besatzungsherrschaft 81f., 86
Bewegungskrieg 11, 28, 93
Blitzkrieg 32, 92–95
Blitzkriegstrategie 31, 93
Blitzsieg 30
Blockadekrieg 34
Blomberg-Fritsch-Krise 24
Bomber Command 34
Bürgerlicher Militarismus 69
Bürgerlichkeit 64, 66
Bürgertum 5f., 43, 65f.
Bund Deutscher Offiziere 89
Bundesgrenzschutz 37, 42
Bundesminister der Verteidigung 49
Bundesregierung 43–45
Bundesrepublik 41, 102
Bundestag 43
Bundesverteidigungsministerium 55
Bundeswehr 39–45, 49, 55, 97, 103, 105–108
Bundeswehrhochschule 45

Chef der Heeresleitung 18f.
Chef des Generalstabes des Heeres 25, 31, 54

DDR 102
DDR-Führung 38
Desertion 83
Deutsches Reich 77
Dienststelle Blank 43
Disziplin 27, 32, 65, 80
Dolchstoßlegende 16f., 72, 74
Dolomitenfront 16
Doppelter Militarismus 69
Drittes Reich 30, 32, 71, 75, 94, 96f., 108

Ehrenerklärung 88
Einigungskrieg 77
Einjährig-Freiwilliger 5, 65, 67
Einsatzgruppe 97
Einsatzgruppe des SD 79
Entente 12
Entmilitarisierung 37
Entspannungspolitik 3, 41, 48
Ermattungsstrategie 51
Erster Weltkrieg 1, 7, 18, 22, 27f., 30, 36, 42, 51–53, 55, 64f., 69, 71f., 75–77, 80–82, 91–93
Erstes Rüstungsprogramm 21
Etappe 13, 16f.
Etappenformation 17
Europaarmee 100
EVG 101
EVG-Vertrag 38

Fahnenflüchtiger 83
Feldartillerie 5
Feldpost 83–85, 98
Feldpostbriefforschung 61
Fischer-Kontroverse 72
Flexible Response (flexible Antwort) 40, 110
Flottenpropaganda 65
Flottenrüstung 4, 67
Frankreichfeldzug 93
Franktireur 9
Freikorps 17, 19f.
Friedens- und Konfliktforschung 59
Friedensbewegung 45

3. Sachregister

Friedensforschung 58
Friedensheer 25
Frontalltag 13
Frontkämpferideologie 72
Frontkameradschaft 19
Frontoffizier 76
Frontsoldat 13, 42
Frontstaat 46

Gardeformation 5
Garderegiment 6
Gaskrieg 10
Gefangenschaft 36
Gefechtstüchtigkeit 46
Generalstab 4, 6f., 18f., 22, 29, 42, 68–70, 76, 97
Gesellschaftliche Militarisierung 65, 69
Gesellschaftsgeschichte 60, 86
Gesinnungsmilitarismus 8
Gewaltgeschichte 87
Glasnost 48, 110
Gleichgewicht 27
Grenztruppe 48, 102
Großer Generalstab 6

Heeresführung 28, 31
Heeresrüstung 4, 68
Hegemonie 27
Heimatfront 73
Himmeroder Denkschrift 44, 107
Hindenburg-Programm 13
Historikerstreit 95
Historischer Materialismus 57
Hitler-Putsch 19
Hochrüstung 69
Hochseeflotte 17
Hoßbach-Protokoll 23

Industrialisierter Massenkrieg 10
Industrialisierung 56
Industrielle Revolution 92
Infanterieregiment 5
Innere Führung 44, 106–108
Integrationsmilitarismus 3
Intentionalist 89
Interalliierte Militärkontrolle 20f.
Interalliierte Militärkontrollkommission 20

Interkontinentalrakete 40
Internationaler Militärgerichtshof 42
Invalide 12
Isonzofront 15

Judenvernichtung 79
Justiz 88

Kaiserreich 2, 8, 73, 75
Kalter Krieg 2f., 40, 59, 88, 98, 109
Kampftüchtigkeit 46
Kapitulation 16
Kapp-Lüttwitz-Putsch 18
Kasernierte Polizeibereitschaft 37
Kasernierte Volkspolizei (KVP) 38f., 41, 99, 102f.
Kavallerieregiment 5
Kerenskioffensive 15
Koalitionskriegführung 75
Kommandowirtschaft 48
Kommissarbefehl 32
Kommunismus 26
Konferenz für Sicherheit und Zusammenarbeit in Europa (KSZE) 40
Konservativer Militarismus 69
Konventionelle Verteidigung 40
Koreakrieg 37, 88, 99f.
Kriegerverein 3, 65
Kriegsalltag 73
Kriegsamt 14, 21
Kriegsbild 65, 70
Kriegserfahrung 84
Kriegsfreiwilliger 17
Kriegsgefangener 14, 34
Kriegsgeschichte 51f., 54f.
Kriegsgeschichtliche Abteilung 53
Kriegsgeschichtsschreibung 51, 53–55
Kriegsgesellschaft 53
Kriegsmarine 28–30, 32, 91
Kriegsministerium 4–6, 13f., 22, 65, 68–70
Kriegspropaganda 9, 16
Kriegsschuldfrage 71
Kriegsverbrechen 43, 86
Kriegsvermeidung 7

Kriegswirtschaft 13f., 28, 78, 94
Kriegszieldiskussion 14, 75
KSZE-Prozess 48, 110
Kuba-Krise 1962 40
Kulturgeschichte 60–62, 74, 86, 106
Kulturgeschichte der Gewalt 62, 110
Kulturgeschichte des Militärs 67
Kulturwissenschaft 72, 82

Landesverteidigung 40, 46
Lebensraum 26, 31
Logistik 5, 29
Luftkrieg 28
Luftkriegsdoktrin 28
Luftstreitkraft 93
Luftwaffe 23, 28, 30, 32
Luftwaffenführung 28
Luftwaffenstrategie 34

Maginotlinie 27, 29
Manneszucht 27, 32
Marineführung 17
Marinekabinett 68
Marinerüstung 67
Marokkokrise 4
Marxismus-Leninismus 57
Massenarmee 16
Massive Retaliation (massive Vergeltung) 40, 110
Materialschlacht 11
Mauerbau 47
Mentalität 83
Michaeloffensive 15
Militärgeschichte 44, 52, 55, 57–64, 68, 73–75, 87, 95f., 102, 104, 106, 110
Militärgeschichtliches Forschungsamt 55, 57, 59, 78, 85
Militärgeschichtliches Institut 57
Militärgeschichtsschreibung 55, 58, 104
Militärische Strafpraxis 83
Militärischer Widerstand 25, 34, 87–90
Militärisch-industrieller Komplex 56, 69
Militärjustiz 65, 83

Militärkabinett 6, 68
Militärkultur 66, 77
Militäropposition 90
Militärrecht 65
Militärwissenschaft 57
Militarisierter Sozialismus 47
Militarisierung 46, 56, 99
Militarismus 37, 56f., 68
Miliz 21f.
Ministerium für Nationale Verteidigung 48
Ministerium für Staatssicherheit 47
Mittelmacht 10f., 15
Mittelstreckenrakete des Typs Pershing II 41
Mobilmachung 4f., 7f., 22, 25, 48, 66, 71, 93
Modernes Massenheer 66
Modernisierungstheorie 95

Nachrüstung 48, 110
Nachrüstungsdebatte 45
Nachschuborganisation 8
Nationale Volksarmee 39, 41, 47–49, 99, 102–105
Nationaler Wehrverband 19
Nationalismus 87
Nationalsozialismus 21, 23, 26, 55, 62, 64, 75, 78f., 84, 87–90, 95f., 98
Nationalsozialistische Führung 22, 93–95
Nationalsozialistische Politik 25
Nationalsozialistische Volksarmee 34, 103
Nationalsozialistische Wehrideologie 54
Nationalsozialistische Weltanschauung 27, 53
Nationalsozialistisches Regime 34, 43, 81, 91, 94, 96f.
NATO 37, 39–41, 44, 100f., 109
NATO-Doppelbeschluss 41, 45
Navalismus 67
Neue Militärgeschichte 60, 66
Niederwerfung 51
Nordatlantikpakt 41
NSDAP 21
NS-Ideologie 31, 81

3. Sachregister

Nürnberger Prozess 97
Nukleare Abschreckung 46
Nukleares Trägersystem 41, 45
Nukleares Waffensystem 40
Nuklearmonopol 39
Nuklearstrategie 40

Oberbefehl 24
Oberbefehl der Kriegsmarine 35
Oberbefehlshaber des Heeres 24, 32
Oberkommando der Wehrmacht (OKW) 24, 29, 54, 97
Oberste Heeresleitung 10, 14–16
Oberster Kriegsherr 30, 68
Offizierkorps 5f.
Operationsgeschichte 63, 75
Ost-West-Gegensatz 42

Panzer 32, 93
Paramilitarismus 76
Partisan 34, 79, 85, 90
Perestroika 48, 110
Personalgutachterausschuss (PGA) 43
Polarisrakete 41
Polizei 27, 31, 79, 100
Prager Frühling 48
Preußisch-Deutscher Generalstab 51
Primat der Außenpolitik 68
Primat der Innenpolitik 56, 68
Propaganda 34, 80

Rasseideologie 25, 31, 79–81, 84, 86, 90, 95, 107
Rasseideologischer Massenmord 97
Rasseideologischer Vernichtungskrieg 27, 32, 78
Reaktionäre Modernisierung 95
Regime 85f., 90, 94f.
Regimentskultur 66
Reichsarchiv 53
Reichsaußenminister 23
Reichskanzler 69
Reichskriegsminister 23
Reichsmarine 23
Reichsmarineamt 68
Reichspogromnacht 26

Reichsschatzamt 68
Reichstag 70
Reichswehr 2, 18–22, 42, 75f.
Reiterregiment 6
Reserveoffizier 5
Reserveoffizierkorps 65
Revisionismus 89
Rheinlandbesetzung 93
Risikoflotte 23, 67
Röhm-Putsch 22
Rote Armee 31, 36, 98
Rüstung 3f., 7, 21, 23, 30, 32f., 39f., 48, 54, 67–70, 76, 95
Rüstungsindustrie 28, 31, 56, 69, 71
Rüstungsproduktion 14, 20, 23, 39, 69, 94
Ruhrkessel 36
Russische Revolution 15

SA 22f.
SALT-Abkommen 110
Satellit 40
SBZ 101–103
Schlieffenplan 6f.
Schwarze Reichswehr 19f., 76
Schwere Artillerie 5, 12, 66
SD 31
SED 47, 102–105
SED-Staat 48, 99
Seekriegführung 29
Seestrategie 91
Shoah 98
Sichelschnitt 29, 35
Skagerrak-Schlacht 14
Sklavenarbeiter 34
Soldatenmisshandlung 66
Soldatenrat 17
Sonderwegsthese 64, 67, 77, 95
Sowjetische Militäradministration (SMAD) 102
Sozialdemokratie 66, 69
Soziale Militarisierung 68
Sozialgeschichte 58, 60, 64, 66–68, 72, 76, 83, 89, 106
Sozialgeschichte des Militärs 67
Sozialistische Militarisierung 48
Spiegel-Affäre 44
Spitzengliederung 24

Sputnikschock 40
SS 27, 31
Staatsbürger 106
Staatsbürger in Uniform 42, 107
Staatsstreich 18, 21
Stahlhelm 20
START-Abkommen 110
Stellungskrieg 9f., 12f., 93
Stellvertreterkrieg 41
Strategic Defense Initiative (SDI) 46
Strategiestreit 51
Strategischer Bombenkrieg 34

Taktische Atomwaffe 40
Teilmobilmachung 25
Totaler Krieg 52, 59, 90–94
Totalitarismustheorie 88
Truppenamt 22

U-Boot 30, 35, 41
UdSSR 38
Uneingeschränkter U-Bootkrieg 12, 14
Unternehmen Barbarossa 31, 94

Vergangenheitspolitik 96
Vernichtungskrieg 78, 86, 90, 107
Vernichtungspolitik 25, 81
Vernichtungsschlacht 51
Versailler Vertrag 18, 20f., 71
Versorgung 9, 28, 33
Verteidigungsausgaben 44
Verteidigungsgemeinschaft (EVG) 38
Verteidigungsministerium 43–45
Vietnamkrieg 41
Volksgemeinschaft 2, 81
Volksgemeinschaftsideologie 73
Volkskrieg 9, 92
Volksoffizier 42

Volkspolizei 47
Volkstumskampf 26f.

Waffenstillstand 16
Warschauer Pakt 39, 46, 101, 104, 109
Warschauer Vertrag 41, 49, 101
Wehr- und Kriegsgeschichtsschreibung 54
Wehrgemeinschaft 2
Wehrgeschichte 52, 54f.
Wehrhaftmachung 23, 52f.
Wehrmacht 23f., 27, 42f., 54, 75, 77–81, 83–86, 89–91, 95f., 98, 103, 108
Wehrpflichtarmee 22, 86
Wehrverband 19f.
Weimarer Republik 20, 76
Weltkrieg 42, 72
Weltwirtschaftskrise 21
Weserübung 29
Westalliierte 40
Westeuropäische Union (WEU) 39
Westintegration 100
Westorientierung 100
Wettrüsten 41
WEU 39, 101
Wiederbewaffnung 38f., 88, 99–101
Wilhelminisches Reich 55
Wilhelminismus 53

Zivilismus 46
Zufuhrkrieg 34
Zwangsarbeiter 34, 78
Zweifrontenkrieg 6, 26
Zwei-Säulen-Theorie 23
Zweiter Weltkrieg 2, 24, 36, 39, 42, 54, 56, 71f., 77, 82f., 87, 92, 94, 97f.

Enzyklopädie deutscher Geschichte
Themen und Autoren

Mittelalter

Agrarwirtschaft, Agrarverfassung und ländliche Gesellschaft im Mittelalter (Werner Rösener) 1992. EdG 13
Adel, Rittertum und Ministerialität im Mittelalter (Werner Hechberger) 2. Aufl. 2010. EdG 72
Die Stadt im Mittelalter (Frank G. Hirschmann) 2009. EdG 84
Die Armen im Mittelalter (Otto Gerhard Oexle)
Frauen- und Geschlechtergeschichte des Mittelalters (N. N.)
Die Juden im mittelalterlichen Reich (Michael Toch) 2. Aufl. 2003. EdG 44

Gesellschaft

Wirtschaftlicher Wandel und Wirtschaftspolitik im Mittelalter (Michael Rothmann)

Wirtschaft

Wissen als soziales System im Frühen und Hochmittelalter (Johannes Fried)
Die geistige Kultur im späteren Mittelalter (Johannes Helmrath)
Die ritterlich-höfische Kultur des Mittelalters (Werner Paravicini) 2. Aufl. 1999. EdG 32

Kultur, Alltag, Mentalitäten

Die mittelalterliche Kirche (Michael Borgolte) 2. Aufl. 2004. EdG 17
Grundformen der Frömmigkeit im Mittelalter (Arnold Angenendt) 2. Aufl. 2004. EdG 68

Religion und Kirche

Die Germanen (Walter Pohl) 2. Aufl. 2004. EdG 57
Das römische Erbe und das Merowingerreich (Reinhold Kaiser) 3., überarb. u. erw. Aufl. 2004. EdG 26
Das Karolingerreich (Jörg W. Busch)
Die Entstehung des Deutschen Reiches (Joachim Ehlers) 3., um einen Nachtrag erw. Aufl. 2010. EdG 31
Königtum und Königsherrschaft im 10. und 11. Jahrhundert (Egon Boshof) 3., aktual. und um einen Nachtrag erw. Aufl. 2010. EdG 27
Der Investiturstreit (Wilfried Hartmann) 3., überarb. u. erw. Aufl. 2007. EdG 21
Könige und Fürsten, Kaiser und Papst im 12. Jahrhundert (Bernhard Schimmelpfennig) 2. Aufl. 2010. EdG 37
Deutschland und seine Nachbarn 1200–1500 (Dieter Berg) 1996. EdG 40
Die kirchliche Krise des Spätmittelalters (Heribert Müller)
König, Reich und Reichsreform im Spätmittelalter (Karl-Friedrich Krieger) 2., durchges. Aufl. 2005. EdG 14
Fürstliche Herrschaft und Territorien im späten Mittelalter (Ernst Schubert) 2. Aufl. 2006. EdG 35

Politik, Staat, Verfassung

Frühe Neuzeit

Bevölkerungsgeschichte und historische Demographie 1500–1800 (Christian Pfister) 2. Aufl. 2007. EdG 28
Umweltgeschichte der Frühen Neuzeit (Reinhold Reith)
Bauern zwischen Bauernkrieg und Dreißigjährigem Krieg (André Holenstein) 1996. EdG 38

Gesellschaft

152 Themen und Autoren

Bauern 1648–1806 (Werner Troßbach) 1992. EdG 19
Adel in der Frühen Neuzeit (Rudolf Endres) 1993. EdG 18
Der Fürstenhof in der Frühen Neuzeit (Rainer A. Müller) 2. Aufl. 2004.
EdG 33
Die Stadt in der Frühen Neuzeit (Heinz Schilling) 2. Aufl. 2004. EdG 24
Armut, Unterschichten, Randgruppen in der Frühen Neuzeit
(Wolfgang von Hippel) 1995. EdG 34
Unruhen in der ständischen Gesellschaft 1300–1800 (Peter Blickle) 2., stark
erw. Aufl. 2010. EdG 1
Frauen- und Geschlechtergeschichte 1500–1800 (N. N.)
Die deutschen Juden vom 16. bis zum Ende des 18. Jahrhunderts
(J. Friedrich Battenberg) 2001. EdG 60

Wirtschaft Die deutsche Wirtschaft im 16. Jahrhundert (Franz Mathis) 1992. EdG 11
Die Entwicklung der Wirtschaft im Zeitalter des Merkantilismus 1620–1800
(Rainer Gömmel) 1998. EdG 46
Landwirtschaft in der Frühen Neuzeit (Walter Achilles) 1991. EdG 10
Gewerbe in der Frühen Neuzeit (Wilfried Reininghaus) 1990. EdG 3
Kommunikation, Handel, Geld und Banken in der Frühen Neuzeit
(Michael North) 2000. EdG 59

Kultur, Alltag, Renaissance und Humanismus (Ulrich Muhlack)
Mentalitäten Medien in der Frühen Neuzeit (Andreas Würgler) 2009. EdG 85
Bildung und Wissenschaft vom 15. bis zum 17. Jahrhundert
(Notker Hammerstein) 2003. EdG 64
Bildung und Wissenschaft in der Frühen Neuzeit 1650–1800
(Anton Schindling) 2. Aufl. 1999. EdG 30
Die Aufklärung (Winfried Müller) 2002. EdG 61
Lebenswelt und Kultur des Bürgertums in der Frühen Neuzeit (Bernd Roeck)
2., um einen Nachtrag erw. Aufl. 2011. EdG 9
Lebenswelt und Kultur der unterständischen Schichten in der Frühen Neuzeit
(Robert von Friedeburg) 2002. EdG 62

Religion Die Reformation. Voraussetzungen und Durchsetzung (Olaf Mörke) 2., aktua-
und Kirche lisierte Aufl. 2011. EdG 74
Konfessionalisierung im 16. Jahrhundert (Heinrich Richard Schmidt)
1992. EdG 12
Kirche, Staat und Gesellschaft im 17. und 18. Jahrhundert (Michael Maurer)
1999. EdG 51
Religiöse Bewegungen in der Frühen Neuzeit (Hans-Jürgen Goertz)
1993. EdG 20

Politik, Staat, Das Reich in der Frühen Neuzeit (Helmut Neuhaus) 2. Aufl. 2003. EdG 42
Verfassung Landesherrschaft, Territorien und Staat in der Frühen Neuzeit (Joachim Bahlcke)
Die Landständische Verfassung (Kersten Krüger) 2003. EdG 67
Vom aufgeklärten Reformstaat zum bürokratischen Staatsabsolutismus
(Walter Demel) 2., um einen Nachtrag erw. Aufl. 2010. EdG 23
Militärgeschichte des späten Mittelalters und der Frühen Neuzeit
(Bernhard R. Kroener)

Staatensystem, Das Reich im Kampf um die Hegemonie in Europa 1521–1648 (Alfred Kohler)
internationale 2., um einen Nachtrag erw. Aufl. 2010. EdG 6
Beziehungen

Altes Reich und europäische Staatenwelt 1648–1806 (Heinz Duchhardt)
1990. EdG 4

19. und 20. Jahrhundert

Bevölkerungsgeschichte und Historische Demographie 1800–2000   Gesellschaft
(Josef Ehmer) 2004. EdG 71
Migration im 19. und 20. Jahrhundert (Jochen Oltmer) 2010. EdG 86
Umweltgeschichte im 19. und 20. Jahrhundert (Frank Uekötter) 2007. EdG 81
Adel im 19. und 20. Jahrhundert (Heinz Reif) 1999. EdG 55
Geschichte der Familie im 19. und 20. Jahrhundert (Andreas Gestrich) 2. Aufl.
2010. EdG 50
Urbanisierung im 19. und 20. Jahrhundert (Klaus Tenfelde)
Von der ständischen zur bürgerlichen Gesellschaft (Lothar Gall) 1993.
EdG 25
Die Angestellten seit dem 19. Jahrhundert (Günter Schulz) 2000. EdG 54
Die Arbeiterschaft im 19. und 20. Jahrhundert (Gerhard Schildt)
1996. EdG 36
Frauen- und Geschlechtergeschichte im 19. und 20. Jahrhundert (Gisela Mettele)
Die Juden in Deutschland 1780–1918 (Shulamit Volkov) 2. Aufl. 2000. EdG 16
Die deutschen Juden 1914–1945 (Moshe Zimmermann) 1997. EdG 43

Die Industrielle Revolution in Deutschland (Hans-Werner Hahn)   Wirtschaft
3., um einen Nachtrag erw. Aufl. 2011. EdG 49
Die deutsche Wirtschaft im 20. Jahrhundert (Wilfried Feldenkirchen) 1998.
EdG 47
Agrarwirtschaft und ländliche Gesellschaft im 19. Jahrhundert (N. N.)
Agrarwirtschaft und ländliche Gesellschaft im 20. Jahrhundert (Ulrich Kluge)
2005. EdG 73
Gewerbe und Industrie im 19. und 20. Jahrhundert (Toni Pierenkemper)
2., um einen Nachtrag erw. Aufl. 2007. EdG 29
Handel und Verkehr im 19. Jahrhundert (Karl Heinrich Kaufhold)
Handel und Verkehr im 20. Jahrhundert (Christopher Kopper) 2002. EdG 63
Banken und Versicherungen im 19. und 20. Jahrhundert (Eckhard Wandel)
1998. EdG 45
Technik und Wirtschaft im 19. und 20. Jahrhundert (Christian Kleinschmidt)
2007. EdG 79
Unternehmensgeschichte im 19. und 20. Jahrhundert (Werner Plumpe)
Staat und Wirtschaft im 19. Jahrhundert (Rudolf Boch) 2004. EdG 70
Staat und Wirtschaft im 20. Jahrhundert (Gerold Ambrosius) 1990. EdG 7

Kultur, Bildung und Wissenschaft im 19. Jahrhundert (Hans-Christof Kraus)   Kultur, Alltag,
2008. EdG 82   Mentalitäten
Kultur, Bildung und Wissenschaft im 20. Jahrhundert (Frank-Lothar Kroll)
2003. EdG 65
Lebenswelt und Kultur des Bürgertums im 19. und 20. Jahrhundert
(Andreas Schulz) 2005. EdG 75
Lebenswelt und Kultur der unterbürgerlichen Schichten im 19. und
20. Jahrhundert (Wolfgang Kaschuba) 1990. EdG 5

Kirche, Politik und Gesellschaft im 19. Jahrhundert (Gerhard Besier)   Religion und
1998. EdG 48   Kirche

Kirche, Politik und Gesellschaft im 20. Jahrhundert (Gerhard Besier) 2000. EdG 56

Politik, Staat, Verfassung

Der Deutsche Bund 1815–1866 (Jürgen Müller) 2006. EdG 78
Verfassungsstaat und Nationsbildung 1815–1871 (Elisabeth Fehrenbach) 2., um einen Nachtrag erw. Aufl. 2007. EdG 22
Politik im deutschen Kaiserreich (Hans-Peter Ullmann) 2., durchges. Aufl. 2005. EdG 52
Die Weimarer Republik. Politik und Gesellschaft (Andreas Wirsching) 2., um einen Nachtrag erw. Aufl. 2008. EdG 58
Nationalsozialistische Herrschaft (Ulrich von Hehl) 2. Aufl. 2001. EdG 39
Die Bundesrepublik Deutschland. Verfassung, Parlament und Parteien (Adolf M. Birke) 2. Aufl. 2010 mit Ergänzungen von Udo Wengst. EdG 41
Militär, Staat und Gesellschaft im 19. Jahrhundert (Ralf Pröve) 2006. EdG 77
Militär, Staat und Gesellschaft im 20. Jahrhundert (Bernhard R. Kroener) 2011. EdG 87
Die Sozialgeschichte der Bundesrepublik Deutschland bis 1989/90 (Axel Schildt) 2007. EdG 80
Die Sozialgeschichte der DDR (Arnd Bauerkämper) 2005. EdG 76
Die Innenpolitik der DDR (Günther Heydemann) 2003. EdG 66

Staatensystem, internationale Beziehungen

Die deutsche Frage und das europäische Staatensystem 1815–1871 (Anselm Doering-Manteuffel) 3., um einen Nachtrag erw. Aufl. 2010. EdG 15
Deutsche Außenpolitik 1871–1918 (Klaus Hildebrand) 3., überarb. und um einen Nachtrag erw. Aufl. 2008. EdG 2
Die Außenpolitik der Weimarer Republik (Gottfried Niedhart) 2., aktualisierte Aufl. 2006. EdG 53
Die Außenpolitik des Dritten Reiches (Marie-Luise Recker) 2., um einen Nachtrag erw. Aufl. 2009. EdG 8
Die Außenpolitik der Bundesrepublik Deutschland 1949 bis 1990 (Ulrich Lappenküper) 2008. EdG 83
Die Außenpolitik der DDR (Joachim Scholtyseck) 2003. EDG 69

Hervorgehobene Titel sind bereits erschienen.

Stand: November 2010